一個香港歷史學者的教學筆記

扭轉乾坤

革命年代的中國（1900-1949 年）

Turning Fortunes Around: China in the Era of
Revolutions, 1900-1949

連浩鋈　著

Alfred H.Y. Lin

www.cosmosbooks.com.hk

書　　名　扭轉乾坤——革命年代的中國（1900-1949年）

作　　者　連浩鋈

圖片提供　林準祥　徐宗懋

責任編輯　張宇程

美術編輯　蔡學彰

出　　版　天地圖書有限公司
　　　　　香港黃竹坑道46號
　　　　　新興工業大廈11樓（總寫字樓）
　　　　　電話：2528 3671　傳真：2865 2609
　　　　　香港灣仔莊士敦道30號地庫（門市部）
　　　　　電話：2865 0708　傳真：2861 1541

印　　刷　美雅印刷製本有限公司
　　　　　香港九龍官塘榮業街6號海濱工業大廈4字樓A室
　　　　　電話：2342 0109　傳真：2407 3062

發　　行　聯合新零售（香港）有限公司
　　　　　香港新界荃灣德士古道220-248號荃灣工業中心16樓
　　　　　電話：2150 2100　傳真：2407 3062

出版日期　2022年11月／初版

ISBN：978-988-8550-50-0

目錄

自序

　　歷史的巨輪在 20 世紀中國整整轉了一圈。我在給香港中史老師編寫的一本參考書中，把這個大循環概括為「改革　革命　再革命　繼續革命　告別革命（改革開放）的歷程」。[1] 上述的「改革」是指「清末新政」（史稱「庚子新政」或「庚子後新政」），「革命」指「共和革命」（史稱「辛亥革命」）。「再革命」有三個含義：其一是五四新文化運動所掀起的思想、文化革命；其二是由孫中山，繼而由蔣介石領導的、強調在推翻暴政後進行和平「革命建設」的「國民革命」；其三是由中國共產黨領導的、強調動員群眾進行階級鬥爭的共產主義革命。至於「繼續革命」，是指後革命時期（1949 年中華人民共和國成立之後）不斷發生的革命，即毛澤東在沒有階級的社會裏繼續不斷策動的階級鬥爭。最後，「告別革命」指鄧小平於 1978 年 12 月中共十一屆三中全會上台後摒棄「以階級鬥爭為綱」，並以「改革開放」來「建設有中國特色的社會主義」。

　　改革和革命是解決社會問題的兩種不同方法、手段——改革是在維護建制的大前提下，力求建制更趨完善；革命則是推翻建制、打破條框，以達到建構嶄新制度、樹立新規範之目的。鴉片戰爭（1839-1842 年）以降，中國長期處於內憂外患的窘境之中，有識之士無不以「救亡」為己任。他們當中有主張改革者，也有主張革命者；儘管

1　連浩鋈：《改革　革命　再革命　繼續革命　告別革命（改革開放）的歷程（1900-2000 年）》，香港：香港教育局課程發展處個人、社會及人文教育組，2009 年。

各人主張不同，大家卻抱着同一希望，即藉改革或革命來扭轉乾坤。「清末新政」失敗觸發「共和革命」，並導致古老帝制覆亡。「革命」從此成為中華民國時期（1912-1949 年）被稱譽的一個政治口號。當時孫中山、蔣介石、毛澤東等政治領袖都敢於宣稱自己所領導的政治活動是革命，雖然他們對革命的定義、目標和策略各有自己的一套看法。20 世紀上半葉對中國來說確實是一個革命的年代。

　　人們怎樣看待歷史，除了基本上取決於史料的可用性外，還會受到社會規範和政治氛圍等環境因素影響。因此，人們對歷史的看法，也會隨着生活環境的變遷而產生變化。就記憶所及，我最早認識到中國近代史是上高中歷史課時聽老師講述由鴉片戰爭到武昌起義（1911年 10 月 10 日）的史事。這段歷史給我留下了三點深刻的印象：一、「不平等條約」極具掠奪性色彩，對中國造成無法彌補的損害；二、滿清政府積弱不振、腐敗無能；三、洋務運動（亦稱自強運動，1861-1895 年）、百日維新（1898 年）及「清末新政」（1901-1911 年）相繼失敗表明改革無法解決當前問題，似乎只有革命才能使中國擺脫窘境，儘管我當時對辛亥革命之後的歷史一無所知。我於 1968-1971年在香港大學歷史系唸書時，才首次接觸到中華民國史及中華人民共和國史，並對清史有較全面及深入的認識。[2] 由於港大規定除中文系外一律用英語授課，所以歷史系中史組教授的講義主要取材自西方有關「中國問題研究」（China Studies）的各類書刊，尤其是主流派（即美國哈佛學派，the Harvard School）權威學者從 1950 年代開始出版的一系列具開拓性的論著。須知，在 1960 年代下半葉，整個世界都

_____

2　香港大學歷史系為學生提供世界歷史課程，這當然包括中國歷史。當時歷史系開辦的中史課有：清史、中華民國史、中華人民共和國史（到「文化大革命」爆發為止），還有幾門有關中國近、現代史的專題研究課程。中文系（即現時的中文學院）則提供中國通史、斷代史、制度史、思想史、史學史等課程，但它不開辦中國近、現代史的課。

被捲進洶湧澎湃的革命洪流中——全球爆發激烈的群眾運動,大型的包括美國的反戰（反越戰）運動和黑人民權運動、歐洲和日本的學生運動、中國的「文化大革命」等等。「新左派」（the New Left）及若干「新馬克思主義」（neo-Marxist）理論,在當時西方的大學校園內風靡一時。在「中國問題研究」的領域裏,「新左派」青年師生對哈佛學派的權威學者發動全面攻擊,並公開指控他們所倡導的「現代化理論」（modernization theory）並非甚麼學術綱領,而是為帝國主義服務的一種意識形態。儘管這股強勢的左傾學風並沒有對港大歷史系的教與學產生明顯的衝擊,但當時歷史系開辦有關近、現代中國的革命運動史課程還是頗受學生歡迎的。認識辛亥革命之後的中國歷史加深了我對改革成效的懷疑——滿清政府因改革失敗而失掉江山;蔣介石同樣因改革徒勞無功而失去中國大陸。革命似乎是大勢所趨,而且革命進行得越激烈就越能解決國家和社會的基本問題——共產主義革命比「共和革命」和「國民革命」來得激烈,所以中國終能一雪百年恥辱而成為一個獨立自主的國家;還有,毛澤東大概認為中國革命還未夠徹底,所以他領導中華人民共和國繼續革命下去。

1973 年,我到英國倫敦大學亞非學院（School of Oriental and African Studies, University of London）準備撰寫博士論文時,才親身體會到「新左派」與傳統主流學派在多個學術領域的激爭。當時學院內激進、保守學派林立,雙方的教授和研究生往往在不同學系或學會舉辦的學術論壇上毫無保留地激辯不休,使我大開眼界、耳目一新。我選擇的歷史研究課題是晚清、民國時期華南的農村經濟,它在性質上屬於「新左派」所稱的「農民研究」（peasant studies）範疇,而這恰好是激進、保守兩個對立學派在其跨學科大論戰（multi-disciplinary polemics）中的一個熱門話題。由於撰寫博士論文不能不

先做好「文獻綜述」（literature review），即對研究領域範圍內前人的研究成果及最新學術動態作報道和總結，所以我在搜集原始資料時，還翻閱了差不多所有涉及中國近、現代社會經濟（特別是有關農業、農村、農民）的中、英文專著和論文，這使我掌握到由極左到極右的學術觀點及見解。回顧這段經歷，我可以毫不猶豫地説，學習撰寫「文獻綜述」非常有助擴充視野、增廣見聞，是一種終身受用的專業訓練。[3] 從那時開始，無論是為了從事個人研究還是為了備課，我總會盡量翻看不同立場的專著，漸漸不知不覺地養成了從不同角度看同一問題的習慣。這並非意味着個人毋須擁有自己的觀點，惟在提出己見時就有需要解釋它在哪方面比其他觀點更具説服力。

1979 年，我開始在香港大學歷史系任教中國近代、現代和當代史，直到 2004 年退休為止。執起教鞭，適逢中國走出極「左」歲月的陰霾，舉世震驚；鄧小平改革開放的創舉，更在各地掀起了中國熱潮。無怪乎當年的大學生對中國的未來充滿憧憬，又對中共從革命走向改革開放的歷史充滿好奇。歷史系開辦的 20 世紀中國歷史課程因此大受歡迎，講堂那座無虛席的情景，至今猶歷歷在目。在那漫長的教學日子裏，我目睹了世界翻天覆地的變化。中國和蘇聯在 1980 年代先後告別革命並走上了不可逆轉的改革道路。隨着東歐共產政權的崩潰（1989-1990 年）及蘇聯解體（1991 年 12 月），威脅世界和平長達 40 多年的冷戰（1947-1991 年）宣告結束。在 20 世紀最後的十

3　我從倫敦返回香港後，大部份時間都忙於教學及完成新的研究項目，所以博士論文一直被我束之高閣。後因經不起好友們一再敦促，我才決定先把論文整理好，然後去找出版社商討出書事宜。意想不到的是，我花了數年時間去搜集新資料務求使論文更加充實，之後又花了數年去修改論文，到論文終於修訂付印時，已經是 1997 年了。書中的第一章〈引言〉包括了有關中國近、現代農村經濟史研究的「文獻綜述」。見 Alfred H. Y. Lin, *The Rural Economy of Guangdong, 1870-1937: A Study of the Agrarian Crisis and its Origins in Southernmost China*. Basingstoke: Macmillan Press Ltd. & New York: St. Martin's Press Inc., 1997。

年，整個世界彷彿邁進了一個以維護穩定和平及促進經濟繁榮為共同目標的新紀元。在這個新趨勢的影響下，一般人對未來皆抱持樂觀態度，並且鄙棄用任何暴力形式去解決問題。我漸漸意識到，當今的世界跟我求學時期的世界，是兩個截然不同的世界。新世界觀、新社會規範的確立，加上新史料、新研究成果的湧現，迫使我對歷史上很多重大問題的看法進行反思並作出修正，務求提升教學水準。我任教的20世紀中國歷史，主要是一部由改革和革命構成的歷史，革命更是貫穿着整部民國史的主線。在革命意識高漲的年代，革命往往被譽為一往無前精神的象徵，而改革則被譏為固步自封心態的體現；兩種取向孰優孰劣，不言而喻。惟當革命的實踐釀成無數悲劇時，「革命」便隨着人們對它產生厭惡而成為「禍害」、「浩劫」、「罪惡」、「罪孽」的同義詞。1980年代以來，學術界普遍認為20世紀的革命是歷史上的一個反常現象（an aberration in history）。一般青年學生對革命均持否定態度，這對一個講授革命史的老師來說，無疑是一種挑戰。我經歷過崇尚革命和唾棄革命的兩個不同時代。事後看來，我認為大家不應用革命去否定改革有積極、進取的一面。改革失敗觸發革命，不能歸咎於改革的本質；革命是由許多主觀及客觀因素的相互作用所引發的。另一方面，儘管革命給許多人帶來慘痛不安的回憶，但我們卻不能否認革命曾經在某些歷史時段（如晚清、民國時期）起過積極作用。這是我經過反覆思考有關問題後所得出的結論，學生是否同意我的看法，不得而知。

當年學生的世界觀也在一定程度上受到1970-1990年代亞洲四小龍（南韓、新加坡、台灣、香港）經濟騰飛的影響。由於東亞及東南亞地區的「經濟奇蹟」（economic miracle）被公認為現代化的成果，因此，曾於1950-1960年代盛行於歐美學術界的「現代化理論」，到

1980 年代便在東亞及東南亞大受歡迎。學生對「現代化理論」的認同，卻直接影響了他們對中國近、現代史的理解。學生普遍認為，現代化即是西化，所以走上現代化道路的中國將會是現代西方的翻版；按此邏輯推斷，中國近、現代史理應被視為歐洲近世歷史的延續。學生抱持上述的觀點很大程度上是因為他們受到體現在哈佛學派經典論著中的「西方中心觀」（"the Western-centered approach"），特別是「美國中心觀」（"the US-centered approach"）的影響。早於 1984 年，美國歷史學家柯文（Paul A. Cohen）就批評哈佛學派純粹以西方為出發點來闡釋中國歷史，因此對中國歷史造成了「由種族中心主義引致的歪曲」（"ethnocentric distortion"）。他遂主張以中國社會內部的變化動力為出發點來建構一套「中國中心觀的中國歷史」（"a China-centered history of China"），把不可能徹底消除的種族中心的歪曲減到最低限度。[4] 儘管有不少學者響應柯文的呼籲，惟傳統學派的經典巨著卻繼續受到學生普遍歡迎。

植根於「西方中心觀」的「全球一體化」（globalization）理念在 20 世紀末葉風靡全球。1989 年，日裔美籍政治經濟學家法蘭西斯·福山（Yoshihiro Francis Fukuyama）因目睹東歐共產主義集團解體而提出了他的所謂「歷史的終結」（"the end of history"）。福山斷言西方自由主義民主將成為所有國家政府的唯一形式，而且是最後的形式（"the universalization of Western liberal democracy as the final

4　Paul A. Cohen, *Discovering History in China: American Historical Writing on the Recent Chinese Past*. New York: Columbia University Press, 1984；柯文著，林同奇譯：《在中國發現歷史——中國中心觀在美國的興起》，北京：中華書局，1989 年。

form of human government"）。[5] 儘管「歷史的終結」終於經不起歷史的考驗，[6] 但福山把自由主義民主作為定於一尊的普世價值，卻深深地影響了西方知識界及政界長達四分之一個世紀之久。由於「普世主義」（universalism）在 1990 年代的學術界大行其道，因此我經常叮囑歷史科學生要多注重民族國家的獨特性（uniqueness）。這意味着讀中國歷史便要多看中文歷史書刊，藉此洞悉中國歷史學家如何看待自己國家的歷史，以彌補一般「中國問題研究」專家用西方觀點去分析中國歷史的不足。然而，上述建議對從外國來的、不懂中文的交換生（exchange students）是不切實際的。踏進 1990 年代，香港大學大力擴充它與世界各地大學的交換學生計劃。當時來上我的 20 世紀中國歷史課的學生，半數是來自世界各地的交換生。初來乍到的交換生面對陌生的中國歷史，自然會以其慣用的思維方式去理解中國過往所發生的事情，故當我指出這種做法恐怕會造成對中國歷史的曲解時，他們都感到驚訝並請我道出箇中原因。我反問他們：「如果我純粹以中國為出發點去解讀你們國家的歷史，行嗎？」他們都搶着說：「不行！」我故作驚奇地問：「為甚麼不行呢？」他們毫不猶豫地給我同樣的解釋：「大家的政治制度、意識形態、文化背景都不同，你若不嘗試從我們的角度去看問題，那麼你對我們歷史的看法就一定會存有偏見。」我亦直截了當地跟他們說：「你們的解釋絕對正確。我先前

5　1989 年，法蘭西斯・福山在國際期刊 *The National Interest*（《國家利益》）上發表了一篇以 "The End of History?"（〈歷史的終結？〉）為題的論文。他後來將該論文的要點擴充成書，由自由出版社（Free Press）於 1992 年出版。見 Francis Fukuyama, *The End of History and the Last Man*. New York: Free Press, 1992. 中文版：法蘭西斯・福山著，李永熾譯：《歷史之終結與最後一人》，台北時報文化，1993 年；法蘭西斯・福山著，黃勝強、許銘原譯：《歷史的終結及最後之人》，北京中國社會科學出版社，2003 年。

6　2001 年在美國發生的「九一一事件」、2007-2008 年爆發的環球金融危機，以及中國和俄羅斯在冷戰結束後的崛起，使福山的主張受到質疑和批評。有論者甚至指出上述各項事實正好表明「歷史終結論的終結」（"the end of the end of history"）。

提醒你們要當心曲解中國歷史，其實是同一個道理。」學生聽罷無不喊出一聲：「噢！明白了。」為了幫助學生深入理解「西方中心觀」對闡釋中國歷史的局限性，我建議他們首先仔細閱讀柯文於 1984 年出版的經典論著，[7] 然後多看一些我給他們推介的、新近面世的、以中國歷史實際為出發點的英文專著。我上課時又反覆強調課程的幾個重點：一、現代化以及實現現代化的兩種不同手段（即改革和革命）是 19-20 世紀中國歷史的主線，但它們並不構成該段歷史的全部內容；二、現代化是通過民族形式表現出來的，任何國家的現代化都離不開其民族發展的歷史和現狀。現代中國的政治領袖無不銳意把中國變成一個現代化強國，但他們都明白學習外國經驗要聯繫實際，不能生搬硬套。孫中山領導「共和革命」和「國民革命」、蔣介石繼承孫中山領導「國民革命」，以及毛澤東領導馬列主義革命皆着眼於探索出一條適合中國國情的革命道路。因此，無論中國走資本主義或共產主義道路，它都不會是歐美或蘇聯的翻版，而將會是一個具有中國特色的資本主義或共產主義國家；三、每個國家都有其自身發展的動力，外來因素只能通過內在因素才能產生某種程度的影響。毋庸諱言，現代西方對中國產生了極大的影響，但我們不能因此把中國近、現代史視為西方歷史的延續。儘管交換生不熟悉中國歷史，但由於他們有良好的學習態度，喜歡看書、發問、交換意見，故一般都能交出好成績。當時的本地生也多樂於表達己見，表現進取，給我留下了深刻的印象。

我退休後喜獲香港大學中文學院（前中文系）邀請，給它的碩士課程學生講授中華人民共和國史，直到現在。大概因為我在退休前是

---

7 見本章註釋 4。

香港各所大學的歷史系中唯一一個講授整段中國近代、現代和當代歷史的老師，所以時任教育統籌局（今教育局）課程發展總主任李志雄先生在 2004-2007 年期間，先後六次邀請我給香港高中歷史科（世界歷史科）及中國歷史科老師主講有關 20 世紀中國歷史專題的講座。這使我有機會和高中老師分享執教的苦與樂，不勝慶幸；而老師熱烈的反應，也對我起了極大的鼓舞作用。在講座期間，不少老師向我訴說，他們很想精通 20 世紀中國歷史，但總是力不從心。最令他感到困擾的，是這段歷史急劇轉折的歷程與錯綜複雜的人際關係。儘管他們上課前已掌握了一定程度上的基本史實，但到講解這段歷史時，仍會覺得思緒紛亂、吃力萬分。我對他們解釋說，20 世紀中國是一個風起雲湧、變幻無常、新舊交替的複雜時代，對它感到困惑及難以梳理，實不足為奇。但若能分辨出這個時代的主流與支流，勾勒出這個時代的輪廓和面貌，認清這個時代的普遍與特殊形態，以及看清這個時代的本質和精神，則不難理出頭緒。舉辦專題講座的基本目的，是幫助老師抓緊這個時代的發展脈絡，把握這個時代的脈搏，以收融會貫通之效。在港大歷史系的 25 載，經過我不斷進行增補、刪改和修訂的整套教學筆記，是用英文寫成的；由於 2004 年後全用粵語授課，我因此花了數年時間將英文教學筆記用中文重寫，以方便粵語教學使用。2009 年，為了滿足高中老師備課的需求，我將演講內容以書面形式寫下來交給李志雄先生，並由教育局按照高中歷史科與中史科的課程，分別出版了《中國現代化與蛻變的歷程（1900-2000年）》與《改革 革命 再革命 繼續革命 告別革命（改革開放）的歷程（1900-2000 年）》這兩本書。2010 年，又出版了前書的英文版：*China: Modernization and Transformation (1900-2000)*。有需要指出，上述三本書都是以「中國歷史科教師專業發展課程講座記錄」形式出

版的（條目印在封面上），並由教育局派贈給學校及圖書館，從來沒有公開發售。[8] 其後，因得悉不少高中老師渴望對當代中國有更深認識，又為了提升大學碩士班的教學水準起見，我遂將教學筆記的當代中國史部份（1949-2000 年）增補成為一個進階版本。2016 年 1 月，我再獲教育局邀請為高中老師講授教師專業發展課程時就用了這個進階版，並選擇了「崢嶸歲月：當代中國社會主義建設的探索與實踐（1949-2000 年）」作為講題。課程完結時，李志雄先生剛從教育局退任，他一向對我寫的東西甚感興趣，退休後就不厭其煩地再三敦促我早日將「崢嶸歲月」講座的內容公開出版，以饗廣大讀者。李先生大概見我猶豫不決，便主動替我聯繫上天地圖書，於是啟動了我和天地圖書洽商合作事宜，最終達成出版協議；有關詳情已在拙著《崢嶸歲月：當代中國歷史（1949-2000 年）》的〈導論（代序）〉中交代清楚，[9] 於此不再贅述。

《崢嶸歲月》面世後，我立即準備將教學筆記的晚清民國史部份（1900-1949 年）增補成為另一個進階版本。其實，我早已有這個打算，主要是因為民國史研究在過去的十年間有兩個重大的突破，令歷史學家對這段歷史有新的認識和了解。其一涉及與蔣介石有關的歷史。2006 年，寄存於美國斯坦福大學胡佛研究院（Hoover Institution, Stanford University）的《蔣介石日記》手稿本首次向外開放，引起了

8　我當初並不贊成把演講錄音、筆記整理成書，因為擔心老師一書在手，便會把它奉為金科玉律，以致把其他書本的觀點拒諸門外，甚至把自己的一貫立場拋到九霄雲外。倘若發生上述情況，令老師不再去獨立思考問題，我豈不是好心做壞事？但由於經不起老師言辭懇切地再三敦促，又考慮到老師面對新課程所遭受的沉重壓力，我終於改變初衷。至今，我仍希望老師把我講的、寫的作為一種參考材料，並多看不同作者的書，以收擴闊視野之效。

9　見連浩鋈：《崢嶸歲月：當代中國歷史（1949-2000 年）》，香港：天地圖書有限公司，2018 年，〈導論（代序）〉。

學界廣泛的注意。[10] 不少研究民國史的學者在閱覽上述手稿後便撰寫文章，着力還原蔣介石的本相，致使「蔣學」在短短數年間成為民國史研究的一門「顯學」。當中的一位佼佼者，是長期研究蔣介石及民國史的專家楊天石。楊天石憶述說，他在 2006-2009 年間曾四次應邀前往胡佛研究院，一共用了十個半月，讀完蔣介石從 1918-1972 年的全部日記；與此同時，他又廣泛參考過海峽兩岸以及美國、日本、英國、俄羅斯等地的檔案和文獻，開展了百餘個專題研究，並於 2008-2017 年間陸續出版了四輯《蔣介石日記解讀》，以滿足學界對《蔣介石日記》的好奇。[11] 楊天石又說：「蔣的日記有相當的真實性」，但他也坦率地承認：「蔣記日記有選擇性」，「有些事，他是『諱莫如深』的」，所以「研究近現代中國的歷史，不看蔣日記會是很大的不足，但是，看了，甚麼都相信，也會上當。」其所言甚是。毋庸置疑，對於那些想進入蔣介石的內心世界，或想由蔣的角度來看歷史的學者來說，《蔣介石日記》是無與倫比的珍貴史料。

　　民國史研究的第二個重大突破涉及 1949 年之前蘇共與中共的關係。2012 年，美國俄亥俄州哥倫布市首都大學（Capital University）俄裔歷史學家亞歷山大・潘佐夫（Alexander Pantsov）利用前蘇聯

10　蔣介石的日記起於 1915 年，其時蔣 28 歲，止於 1972 年 8 月，其時蔣 85 歲，因手肌萎縮，不能執筆，所以不再寫日記。蔣的 57 年日記，缺 4 年——1915、1916、1917 年的日記，遺失於 1918 年底的福建永泰戰役；1924 年的日記，則可能遺失於黃埔軍校時期。蔣介石每天記日記通常僅為一頁紙篇幅，字數至多不過四五百字，因此，他所記的每件事僅寥寥數語，若用上一二百字來記述某一件事，就顯示他重視該事。蔣又習慣每週增寫一週反省錄，每月、每年又寫該月、該年反省錄。蔣一生戎馬倥傯，居然能夠 57 年來天天寫日記，可見他是一個律己極嚴的人。

11　這四輯《蔣介石日記解讀》包含了楊天石寫的 80 多篇文章，其中一部份是他根據新資料作出增補或修訂的舊作，餘下的都是他在看過《蔣介石日記》手稿本後才寫的專題文章。楊天石以治學嚴謹、思路清晰著稱，其文章內容充實、條理分明，讀畢獲益良多。見楊天石：《找尋真實的蔣介石——蔣介石日記解讀》，香港：三聯書店（香港）有限公司，2008 年；《找尋真實的蔣介石——蔣介石日記解讀》（二），香港：三聯書店（香港）有限公司，2010 年；《找尋真實的蔣介石——蔣介石日記解讀》（三），香港：三聯書店（香港）有限公司，2014 年；《找尋真實的蔣介石——蔣介石日記解讀》（四），香港：三聯書店（香港）有限公司，2017 年。

共產黨及第三（共產）國際（the Comintern）的秘密檔案出版了一部毛澤東傳記。[12] 該書披露了很多鮮為人知的、有關斯大林（Joseph Stalin）和毛澤東之間的真相。原來，斯大林從來沒有瞧不起毛澤東；實際上，協助毛澤東最後成為中共一把手的人，正是斯大林（本書正文將會詳細交代）。

中國有句古語叫「蓋棺定論」，不少人視之為至理名言。然而，我並不同意歷史有「定論」（definitive verdict）這種見解——歷史人物和事件之所以不能論定，是因為每一個時代的歷史學家都會利用新發現的史料，或利用一向乏人注意的史料，對舊課題重新進行探討，提出新問題，得出新結論，從而擴大我們看歷史的視野，加深我們對歷史的認識。上述民國史研究的兩個重大突破，使我對這段歷史獲得新的認識和了解。對事物有新的認識和了解，便會產生新的觀點和立場。我一向認為，從事歷史研究，就不應該為了堅守一貫立場而拒絕接受更具說服力的觀點。這個信念驅使我重新審視 20 世紀上半葉的中國歷史，然後為這段歷史撰寫一個進階版本，以彌補教學筆記的不足。上文談及香港教育局於 2009-2010 年出版了三本我給高中歷史科及中史科老師寫的參考書。我在上述三本書的「後記」中這樣說：「在過去的四分之一個世紀，筆者對近代、現代及當代中國歷史的看法也由於新史料和新研究成果的不斷湧現而經歷了不少變化，這是毋須諱言的事實。……本書反映出目前筆者對 20 世紀中國歷史的理解，希望將來有機會為它作增補或修訂，以饗讀者。」現時呈現在讀者眼前的這本《扭轉乾坤：革命年代的中國（1900-1949 年）》，體現了我

12　Alexander V. Pantsov with Steven I. Levine, *Mao: The Real Story*. New York: Simon & Schuster, 2012；（俄）歷山大．潘佐夫著，卿文輝、崔海智、周益躍譯：《毛澤東傳》，上、下冊，北京：中國人民大學出版社，2015 年；亞歷山大．潘佐夫、梁思文著，林添貴譯：《毛澤東——真實的故事》，台北：聯經出版事業股份有限公司，2015 年。

履行對老師許下的諾言。

在介紹這本書內容之前，有需要說明我對研習歷史的幾點看法，好讓讀者更易掌握拙著的論述。歷史比一般人想像中的複雜。我從事歷史研究多年，習慣了用辯證思維方式去理解錯綜複雜、矛盾重重的歷史現實。我相信：好人可以做壞事、壞人可以做好事；每一種制度都會有其優點和缺點；每一個決定都可能產生好或壞的結果。這與時下不少人非黑即白，非友即敵，全盤肯定或全盤否定的二元思維方式大相徑庭。恕我大膽直說，用二元思維方式去看歷史，就會不適當地把歷史人物貼上好、壞，忠、奸之類的標籤。其實，好人有時也會懷有惡意，壞人有時也會釋出善意，每個人都不是單一的色彩。我講歷史、寫歷史既非旨在表揚「好人」，也非為了聲討「壞人」。黃宇翔先生給拙著《崢嶸歲月》寫的書評裏有這麼一席話：「《崢嶸歲月》懷有哲學家斯賓諾莎所說的精神：『不笑，不悲，不怒，只是為了理解』，鋪陳建國以來數次範式轉移引發的變局始末，以及嘗試耙梳這些結構矛盾、背後的思想作用，至於中國現代史的災難或躍進則交由讀者去判斷。」[13] 黃先生正好道出了我寫作的動機。我一直堅信，歷史學家的職責不是說教，而是助人認識、理解過去；要達到這個目的，就要嘗試解釋往事為何如此這般地發生（attempt to explain why things happened the ways they did）。

研習歷史但求認識、理解過去。這似乎是一件相當簡單的事情：看看相關史實，再按日常慣用的邏輯去分析事件的來龍去脈，然後作出一個合理的論斷，那就大功告成了。問題是，我們應如何去解讀

---

13 黃宇翔：〈香港歷史學者連浩鋈回眸共和國範式轉變〉，《亞洲週刊》，2018 年 9 月 16 日。斯賓諾莎（Baruch de Spinoza）是 17 世紀猶太裔荷蘭籍的著名理性主義（rationalism）哲學家。

歷史上眾多不合理、甚至荒誕的現象？若以慣用的邏輯去解釋這些令人費解的現象，就必然得出一個簡單的結論：那是人類非理性或反理性的意識和行為的具體表現。然而，用現代人的眼光和心態去解讀歷史，是有局限性的。這是因為我們和歷史人物生活在不同的時代、不同的環境中。環境的變遷，不單會改變人類的物質生活條件，也會衍生新的道德規範、價值標準、思維模式和行為模式。在人類歷史中，不同的思維和行為模式（可稱為「範式」"paradigm"[14]）是廣泛地存在的。要好好認識過去，就要嘗試代入歷史人物的思維和行為模式框框，盡可能從當事人的角度去了解為何事情如此這般地發生。當然，我們並非當事人，只能根據那個時代的文化特質——政治與經濟形態、社會心態、思維邏輯、潮流與品味取向等各方面去作些推測。換句話說，我們只有嘗試回到歷史現場並盡可能用當事人的眼光去看問題，才能明白現在看似不合常理的事情，從而對過去有更好的認識。但我必須指出，認識、了解並不等如認同、接受。認識到新的「範式」並不意味着要摒棄自己的一套思想方法與工作方法；但在堅持己見的同時，我們應該承認有無數的「範式」存在於這個世界上。承認這些

14　「範式」一詞之原義，見於孔恩（Thomas S. Kuhn；另譯庫恩）的著作《科學革命的結構》（*The Structure of Scientific Revolutions*）。簡而言之，它指「一個科學共同體的宇宙觀」（A paradigm is what members of a scientific community share）。其實，孔恩所謂「範式」可解釋為一種「概念的架構」（a conceptual framework），每當概念發生革命性之變化時就會出現新的「範式」。《科學革命的結構》是一本從嶄新的角度去理解科學發展的專著。傳統的觀點認為，科學的發展基本上是科學知識積累的過程；孔恩卻認為，科學的發展乃由一場又一場的革命所構成，每場革命勢必推翻前人的宇宙觀及帶來「範式的轉變」（paradigm change）。「範式」這個概念後來被自然科學界以外的許多學術領域廣泛應用，如社會科學、歷史學、語言學、文學、文化研究等等。就人類活動的範疇而言，「範式」可被理解為一個獨特的思維、行為模式的框框。生活在某一個「範式」裏的人，很難明白（遑論接受）生活在別的「範式」裏的人的思維、行為模式；他們也許不知道在這個世界上有其他「範式」的存在。這種情況妨礙了人類之間的了解和溝通。見 Thomas S. Kuhn, *The Structure of Scientific Revolutions*. Chicago: University of Chicago Press, 1962. 中文版參見孔恩著，王道還編譯：《科學革命的結構》，台北：允晨文化實業股份有限公司，1985 年；（美）托馬斯·庫恩著，金吾倫、胡新和譯：《科學革命的結構》，北京：北京大學出版社，2003 年。

「範式」各自有其存在的價值（即承認矛盾可共存）和嘗試去認識這些「範式」（即嘗試去認識別的文化），確實有助我們培養一個寬容的人生觀，固可利己，亦可利人。

研習歷史的首要任務，是好好掌握曾經存在過的事實。除了尊重史實外，還須進一步對過去所發生的事情作合理而非基於主觀意願的解釋。由於解讀過去是一種思維過程，必然滲入主觀成份，所以歷史學家在闡釋過去時往往持不同看法，以至史學界常常出現百家爭鳴的現象。以中華民國史為例，傳統學派認為，清朝覆亡後，中國的政治、社會及經濟情況不但沒有好轉，反而每況愈下——國家分裂、軍閥橫行、外患頻仍、經濟蕭條、民不聊生，致使中國走進一個多災多難的黑暗時代。傳統學派又指出，儘管中國在 1928 年後恢復名義上的統一，但由於國民政府無心推行改革（或說推行改革有心無力），革命浪潮因而席捲全國；日本全面侵華，更令形勢急轉直下，並直接影響國共鬥爭，最終由中共取得勝利，給這一段衰亂的歷史畫上句號。荷蘭歷史學家馮客（Frank Dikötter）於 2008 年出版的 *The Age of Openness: China Before Mao*（《開放的時代——毛澤東之前的中國——筆者譯）[15] 則持截然不同的見解。據馮客的分析，20 世紀上半葉是中國與世界全面接觸的黃金時代。當時中國在政治、社會、文化及經濟各方面均呈現高度的開放性，這主要體現於：第一、民主與法制的進展；第二、出入境自由的保障；第三、人們對新思潮的追求和接受；第四、技術的不斷引進與外貿的持續增長。由此觀之，民國時期並不是一個災來如山倒的黑暗時代；恰恰相反，它是一個極之開放、進取和進步的時代。習慣接受傳統智慧的人自然會對馮客的見解

15　Frank Dikötter, *The Age of Openness: China Before Mao*. Hong Kong: Hong Kong University Press, 2008.

感到困惑，他們或許會問：「新舊二說，孰是孰非？」其實，新舊二說並不存在對與錯的問題；二說的分別，只是反映出「橫看成嶺側成峰，遠近高低各不同」的觀點與角度問題而已。至於哪一種說法比較令人信服，則見仁見智，亦是一個極具爭議性的問題。教歷史、寫歷史沒有觀點、立場不行，可是提出觀點、立場只是提供一種看法，並非宣揚甚麼大道理。我寫《扭轉乾坤》旨在表達我個人在現階段對1900-1949 年這段歷史的理解和看法。書中不少觀點與一般中國近、現代史論著和教科書有很大差別。冀望讀者就自己所知，用審慎的目光去判斷這本書所說的是否合情合理，做到有疑必問、有問必究，切忌照單全收。

本書以革命為主線，論述 1900-1949 年間中國如何在列強環伺、侵犯的窘境當中力圖扭轉乾坤，爭取成為一個獨立自主的現代化強國。這是一個曲折艱辛的歷程。20 世紀伊始，大清王朝在內憂外患雙重壓迫下未能力挽狂瀾，結果被革命推翻。意想不到的是，帝制的覆滅竟然開創了一個因舊秩序已解體而新秩序尚未能及時建立起來的、全無秩序可言的時代。當時關心國家福祉的各黨各派人士莫不盼望中國能及早抵禦外侮，統一領土，臻於富強的境地。然而，他們對如何實現該等共同目標卻爭拗不休，甚至反目成仇、兵戎相見。這體現於「國民革命」與馬列主義革命的兩次合流（1923-1927 年、1937-1945 年）與兩次交鋒（1927-1937 年、1946-1949 年），即國共兩黨從合作到分裂，又從再合作到再分裂的歷程。毛澤東終於領導中共為中國完成了扭轉乾坤的任務，並帶領中國走上現代化強國之路。

就中國現代革命史而言，建立現代化強國是革命之目的，而革命則是實現現代化強國的手段。本書〈導言〉交代了「現代化」和「革命」這兩個關鍵詞語的由來及含義。正文由四個部份組成。第一部份

「蛻變的年代（1900-1912 年）」，先從宏觀角度鳥瞰大清王朝在西力東漸之前及之後的對外關係，繼而闡述滿清政府、君主立憲派、共和革命派三者在「清末新政」推行期間的互動，以及「新政」所帶來的蛻變如何導致帝制的滅亡。第二部份「革命多元化的年代（1912-1927 年）」，探討民國初年出現在不同領域的革命，包括由袁世凱策劃的現代版「湯武革命」[16]，由先進知識分子掀起的思想及文化革命，由中國共產黨領導的馬列主義革命，以及由中國國民黨領導的「國民革命」。這部份又剖析軍閥割據的緣起，以及國共兩黨從合作到分裂的因由。第三部份「革命本土化的年代（1928-1937 年）」，論述「南京十年」期間國民黨、共產黨、「新軍閥」（又稱「地方實力派」）及日本這四股勢力的互動。又闡明蔣介石與毛澤東二人如何分別將「國民革命」與馬列主義革命「儒家化」和「中國化」。第四部份「生死存亡的年代（1937-1949 年）」，闡釋全面抗日戰爭如何影響國共兩黨的力量對比，以及國共全面內戰如何導致國民政府的崩潰。這部份亦揭示蘇聯和美國對國共鬥爭所產生的影響。〈總結〉用「變革（斷裂）與承傳（延續）」的歷史角度來檢視中國在 20 世紀上半葉的發展，並指出該段歷史留給後世的重要啟示。

這本書能夠順利出版，首先要衷心感謝好友李志雄先生多年來對我的信任和勉勵。其次要感謝天地圖書的董事長曾協泰先生、副總編輯林苑鶯小姐及出版經理張宇程先生為拙作提供寶貴的意見；張先生在審稿及編輯工作上所表現的專業精神，我謹致敬意。此外，非常感謝我在港大歷史系指導的最後一位碩士研究生傅磊先生，他在過去的

16　中國古語有「革命」一詞，意思是「革除天命」，即以武力推翻前朝。古人因此稱商湯推翻夏朝及周武王推翻商朝的行為為「湯武革命」。見本書〈導言〉中「中國近、現代史上『革命』一詞的由來及含義」一節。袁世凱策劃復辟帝制可稱為現代版的「湯武革命」。

十多年不斷給我提供有關中國現代史研究新動向的信息，實際上在分文不取的情況下當了我的研究助理；傅先生對於追求及分享知識的熱忱，我必須向他致以崇高的敬意。本書的插圖分別屬於林準祥博士和徐宗懋先生二人的藏品，我謹向他們允許我使用這些圖片致以謝意。林博士是我在港大歷史系指導的最後一位博士研究生，他既是中西古籍藏家，亦是研究錢幣和舊相片的專家。林博士不單慷慨地讓我細看他收藏的照片，更撥冗和我一起選擇照片及確定照片的可用性，特此致謝。這些年來，我不時與林準祥和傅磊二人一起促膝長談學習心得，倒也能充分體會到切磋琢磨的樂趣。還有很多幫助過我的人，包括我的老師、同事、朋友，特別是家人，實在無法在這裏一一致謝，特此致歉。前文已表明這本書體現了我履行對歷史科和中史科老師許下的諾言，它也體現了我對終生學習（life-long learning）這個理念的堅持。冀望老師、學生，以及廣大讀者以史為鑒，共勉之！書中有不足不妥之處，當然由我個人負責。特此敬請大家不吝指正及賜教。

連浩鋈

2022 年 8 月

導言：現代化與革命在中國

　　20 世紀上半葉的中國，長期處於內憂外患、水深火熱之中。當時國家分裂、兵燹禍連、經濟蕭條、社會動盪，加上列強在中國國土上橫行無忌、競相掠奪，百姓苦不堪言。擺脫當前困境、實現富強的方法大致有二：其一是改革（傳統上稱為「變法」）；其二是革命。清末新政（1901-1911 年）失敗觸發革命，表明改革一途之不足。革命的呼聲從此高唱入雲，並且成為中華民國時期（1912-1949 年）被稱譽的一個政治口號。孫中山、蔣介石、毛澤東這三位顯赫的政治領袖都宣稱以領導革命為己任，雖然他們對革命的定義、目標和策略各有自己的一套看法。

　　可以說，20 世紀上半葉的中國歷史，是一部革命的歷史，也是一部追尋現代化的歷史——建立現代化強國是革命之目的，而革命則是實現現代化強國的一種手段。現代化和革命是關於中國往何處去及該怎樣去的基本問題，也是涉及所有中國人民福祉的重大問題。在論述1900-1949 年這段歷史之前，實有需要對「現代化」和「革命」這兩個關鍵詞語加以解釋。

1、現代化的史觀與史實

　　首先談談有關現代化的史觀問題。

「現代化」一詞，是英語 "modernization" 的相應譯名。它大概在 1915 年新文化運動開展後才出現，含有「要求趕上時代」的意思。當時的白話文翻譯，出現了一些與「現代化」相關的名詞，例如「西方化」（"westernization"）、「電力化」（"electrification"）、「機械化」（"mechanization"）、「時髦」（"fashionable"），以及「摩登」（"modern"）等等。直到 1950-1960 年代「現代化理論」（theory of modernization）在西方學術界流行時，這個用語才廣泛地被中國知識分了提及和接受。

「現代化理論」是西方社會科學（the Social Sciences）領域的一種「發展理論」（theory of development）。它具有兩個現實意義：第一、為對抗共產主義的擴張提供一個學術綱領；第二、為「第三世界」國家（Third World countries）提供一個植根於一種「發展的意識形態」（development ideology）的發展藍圖，相信通過科學、理性、啟蒙，通過資本主義自由經濟、民主來建構一個安定、自由、幸福的世界。因此，「現代化理論」不只是一個學術性綱領，它還帶有很強的政治意識形態意味。在這個時期，「現代化理論」的特色是把人類社會的發展劃分為「傳統」（traditional）和「現代」（modern）兩個不同時期，並強調「傳統」與「現代」的對立和相互排斥。傳統時期被認為是停滯不前、一成不變的。而現代時期則是生機勃勃、經歷根本變化，並以歐洲啟蒙運動（The Enlightenment）的理性觀點為依歸的。傳統與現代的關係是相互排斥、對立的，因此，若要實現現代化，必須徹底消滅傳統。

若以「現代化理論」來分析中國歷史，則可得出如下結論：

第一、傳統中國無法自發產生現代化，即無法產生根本變化；

第二、中國需要受到外來的強烈刺激，才能產生根本變化；

第三、只有受到啟蒙思想洗禮的西方才能為中國帶來這種根本變化；

第四、根本變化的必然結局是按照現代西方的形象，塑造出另外一個嶄新的中國。意思是若中國走上了現代化道路，也是由西方複製而來的。

上述觀點首先由美國「中國問題研究」（China Studies）之鼻祖費正清（John King Fairbank）提出。他用「〔西方〕衝擊──〔中國〕回應」（"〔Western〕impact──〔Chinese〕response"）這個模式去闡釋中國近代史的發展脈絡；[1] 又反覆強調傳統社會因循守舊，具「異常的惰性」（"remarkable inertia"），所以只會發生「傳統框架內的變革」（"change within tradition"），而不可能產生「現代的蛻變」（"modern transformation"）。[2] 費正清要說明，近代中國「對西方挑戰回應不力」，乃中國傳統文化使然。換言之，儒家文化是中國走上現代化道路的絆腳石。除了費正清外，把上述一套觀點發揚光大的美國學者包括：研究中國思想史的李文森（Joseph R. Levenson）、[3] 研究晚清「同治中興」（1862-1874 年）的芮瑪麗（Mary C. Wright）、[4]

1　Ssu-yu, Teng and John King Fairbank, *China's Response to the West: A Documentary Survey, 1839-1923*. Cambridge: Harvard University Press, 1954.

2　「現代的蛻變」是現代化導致的一種根本變化（fundamental change），與一般的轉變或「變革」（change）不同。轉變（「變革」）在每一個歷史時期都會發生，但「現代的蛻變」則是近世才出現的一個歷史現象。John King Fairbank, Edwin O. Reischauer and Albert M. Craig, *East Asia: The Great Tradition*. Boston: Houghton Mifflin, 1958, 1960; *East Asia: The Modern Transformation*. Boston: Houghton Mifflin, 1965.

3　Joseph Levenson, Confucian China and Its Modern Fate: Vol. 1, *The Problem of Intellectual Continuity*. Berkeley: University of California Press, 1958; Vol. 2, *The Problem of Monarchical Decay*. Berkeley: University of California Press, 1964; Vol. 3, *The Problem of Historical Significance*. Berkeley: University of California Press, 1965.

4　Mary C. Wright, *The Last Stand of Chinese Conservatism: The T'ung-Chih Restoration, 1862-1874*. New York: Atheneum, 1965.

研究中國近代經濟史的費維愷（Albert Feuerwerker）[5]等人。李文森把「傳統」與「現代」根本上不相容這個觀點講得很清楚：古老而強韌的儒家秩序在「船堅炮利」（solid ships and effective guns）的西方面前全無招架能力；只有在該古老秩序崩解後，才有可能在中國建構一個以現代西方為典範的嶄新秩序。

到了 1970 年代，部份「現代化理論」學者，例如史華慈（Benjamin Schwartz）、狄百瑞（Theodore de Bary）、墨子刻（Thomas A. Metzger）等人，對「傳統」與「現代」的關係作出了全新的闡釋。他們認為「傳統」與「現代」並不構成對立的關係；不單如此，傳統中的一些特徵也可能是推進現代化的一股力量。然而，該等學者的「現代化」觀點還未能擺脫用「西方中心觀」（"the Western-centered approach"）去了解世界的發展。

與此同時，西方學術界出現了另一種嶄新的走向。1960 年代後半期，世界動盪不安，群眾運動四起，例如美國的反戰（反越戰）運動和黑人民權運動、歐洲和日本的學生運動、中國的「文化大革命」等等。在反建制浪潮席捲全球的情勢下，傳統學派受到空前的圍攻。「新左派」（the New Left）及若干「新馬克思主義」（neo-Marxist）理論，如「依賴理論」（dependency theory）、「帝國主義理論」（imperialism theory）以及「世界系統理論」（world system theory），在大學校園內風靡一時。這些理論掀起了一股反「西方中心觀」（特別是反「美國中心觀」及反「現代化理論」的熱潮。「新左派」學者批評傳統學派以「現代化理論」來掩飾西方帝國主義的行徑。他們認為「現代化理論」並非學術綱領，而是政治的

5　Albert Feuerwerker, *China's Early Industrialization: Sheng Hsuan-huai (1844-1916) and Mandarin Enterprise*. Cambridge: Harvard University Press, 1958.

意識形態。[6] 部份「新左派」學者認為，自「地理大發現時代」（The Age of Great Discovery）開始，「第三世界」國家或落後地區逐一被「納入」（"incorporated" into）資本主義世界的經濟體系，及被工業化地區剝削。研究東亞史的社會學家法蘭西斯・莫爾德（Frances Moulder）指出，中國未能走上現代化的道路，並非因為中國傳統文化阻礙現代化（這是 1950-1960 年代「現代化理論」學者的論點），而是因為近代中國長期被「納入」世界資本主義經濟體系中。而日本之所以走上了現代化道路，是因為它在中日戰爭（1894-1895 年）與日俄戰爭（1904-1905 年）中打敗了中國和俄國而成為一個帝國主義國家，終於逃脫被「納入」這個資本主義經濟體系的命運。[7] 正如日本學者信夫清三郎（Shinobu Seizaburō）解釋：「日清戰爭〔中日戰爭〕的賠款成為確立金本位制的資金，提高了日本資本主義在國際經濟中的地位。日清戰爭〔中日戰爭〕與日俄戰爭推動日本由一個潛在着殖民地化危機的國家，轉變為領有殖民地的帝國主義國家。」[8] 誠然，日本打敗中國之後，始見經濟騰飛；戰勝俄國之後，現代化表現更為顯著。

到 1980-1990 年代，隨着「後現代主義」（post-modernism）的興起，「現代化理論」再次受到新挑戰。「後」在這裏具有兩層意思：一是「之後」（after），例如後工業社會；另外，可以解釋為「反對」

---

6 James Peck, "The Roots of Rhetoric: The Professional Ideology of America's China Watchers", *Bulletin of Concerned Asian Scholars*, Vol. 2, No. 1 (1969), pp.59-69; Joseph Esherick, "Harvard on China: The Apologetics of Imperialism", *Bulletin of Concerned Asian Scholars*, Vol. 4, No. 4 (1972), pp.9-16.

7 Frances Moulder, *Japan, China, and the Modern World Economy: Toward a Reinterpretation of East Asian Development, ca. 1600 to ca. 1918*. Cambridge: Cambridge University Press, 1979.

8 信夫清三郎著，周啟乾譯：《日本政治史》（第四卷），上海：上海譯文出版社，1982 年。

扭轉乾坤 　　27
——革命年代的中國（1900-1949 年）

（against）。「現代主義」（modernism）出現於 18 世紀啟蒙時期，是一個主流思潮，一直影響着人類的思維方式。「後現代主義」從「現代主義」開始之時就一直存在，只是非主流而已。「後現代主義」最初體現於繪畫、音樂等藝術領域，其後逐漸影響到建築、文學以及其他一些學術領域。到 20 世紀末，「後現代主義」全盤否定基於啟蒙理性觀（rationalism）和啟蒙普世觀（universalism）的現代文明結構。它意味着「現代的終結」（the end of what constitutes the modern）。

正當「現代化理論」在西方受到挑戰和批判時，亞洲四小龍（南韓、新加坡、台灣、香港）的「經濟奇蹟」卻為「現代化理論」提供了具體經驗的支持。無怪乎「現代化理論」在東亞及東南亞地區時至今日仍然盛行。

繼而談談現代化的緣起及其定義。

現代化是歐洲歷史發展的產物。從 14 至 18 世紀，歐洲經歷了文藝復興、地理大發現、科學革命、農業革命、工業革命以及啟蒙運動，導致歐洲出現了社會大轉型。歐洲歷史的進程表明，要啟動現代化，就要具備兩個先決條件：其一是「世俗化」（secularization），即強調以「人」為本，主張滿足現實生活的需要，而反對過於理想化的行為取向；其二是「革新」（innovation），即摒棄墨守成規的心態，打破條框。發展現代化，即從以「神」為中心的社會解放出來，進入以「人」為中心的理性、科學社會。追根究底，「現代化」乃「人」的現代化。

就歐洲的歷史經驗而言，要走上現代化的道路，必須發揚理性、發展科學。從這個角度來看，現代化是一個「啟蒙方案」（an Enlightenment project），即有意識地建構一個植根於理性、科學、進步觀的社會體系。啟蒙思想表現在制度層面最突出的是資本主義的工

業體系、自由主義的民主，以及民族主義的民族國家。可以說，現代化最根本的內涵是工業化，而工業化則建立在「科技革命」的基礎上。科學是了解世界的基本方法，而技術則是改變世界的主要工具。工業化是改善人類生活素質的一個必要手段。現代化社會以工業化為基調；工業化雖然是現代化的基本內容，卻不是現代化的全部，它只是現代化中許多價值與目的的其中之一而已。

現代化產生「現代性」（modernity），即現代社會的基本屬性和特徵，以及反映這些現代社會特徵的指標體系。因此，現代化也可以理解為一個「現代性方案」（project of modernity）。直到 20 世紀中葉，所謂「現代性」，乃建基於歐洲啟蒙運動的理性、科學、文明之上，是單一的「西方現代性」（Western modernity），其具體指標如下：第一、生產方式機械化（包括工業化和農業機械化）；第二、由工業化直接啟動的都市化或城市化；第三、社會成員參與公共事務的擴大化；第四、個人價值的肯定；第五、教育（尤其是科學知識）的普及化；第六、交通、通訊網的擴張；第七、社會結構的「科層化」（bureaucratization）；[9] 第八、國際關係的增進。

根據歐洲的歷史發展，一個國家走向現代化，必將經歷「現代的蛻變」。具體內容是：經濟上，從傳統農業文明轉變為現代工業文明；政治上，從封建專制制度轉變為現代民主制度；文化上，從蒙昧群體主義轉變為自覺個體主義，建立起獨立自主的人格。民主制度的主要內容包括：權力法律化、政黨多元化、軍隊國家化、選舉直接化、政府責任化、職能分散化、參與廣泛化。

---

9 著名社會學家韋伯（Max Weber）認為，任何國家走上現代化之路，必經歷一個「科層化」過程。這指一種依功能分「科」（即專業化），並按照權威分「層」的組織方式，不僅經濟領域如此，在政治、軍事、文化領域也是如此。

隨着西方勢力的擴張，西方現代化的趨向也開始對非西方國家產生了影響。「現代化理論」盛行之初，流行所謂「匯流論」（theory of convergence）。該理論認為，現代化從西方擴展到非西方地區，終會創造一個具同質性的世界，也就是全球性的西方現代性翻版。上述主張卻漠視了現代化是通過民族形式表現出來的，儘管它已成為一種普世潮流。誠然，任何國家的現代化都離不開其民族發展的歷史和現狀。20世紀末葉，全球現代化的趨勢不僅沒有如「匯流論」所説的一樣，反而助長了另外一種發展，即「現代性的本土化」（the indigenization of modernity），意謂在非西方世界中衍生了「另類現代性」（alternative modernities）或「多元現代性」（multiple modernities）。人類因而進入了一個如學者馬丁·雅克（Martin Jacques）所稱的「現代性競爭的時代」（"the era of contested modernity"）。[10] 東亞的「非個人主義形式的資本主義現代性」（non-individualistic version of capitalist modernity）和「有中國特色的社會主義」（socialism with Chinese characteristics）毫無疑問打破了西方社會對「現代性」的壟斷。2021年10月14日，中國共產黨總書記習近平在中共中央人大工作會議上表示，一個國家的民主，應由這個國家的人民來評判。而評價一個國家政治制度是不是民主的、有效的，主要看國家領導層能否依法有序更替，人民群眾能否暢通表達利益要求，國家決策能否實現科學化、民主化，權力運用能否得到有效制約和監督等。他又表示，實現民主有多種方式，不可能千篇一律。用單一的標尺衡量世界豐富多彩的政治制度，用單調的眼光審視人類五彩

---

10 Martin Jacques, *When China Rules the World: The End of the Western World and the Birth of a New Global Order.* London: Penguin Books, 2nd edition, 2012. （英）馬丁·雅克著，張莉、劉曲譯：《當中國統治世界：中國的崛起和西方世界的衰落》，北京：中信出版社，2010年。

繽紛的政治文明，本身就是不民主的。同年 12 月 4 日，即美國在線上舉行首屆「民主峰會」（The Summit for Democracy）的前五天，中國國務院新聞辦公室發佈了《中國的民主》白皮書，表明中國所發展的是「全過程人民民主」。[11] 該白皮書明確地指出：「民主不是裝飾品，不是用來做擺設的，而是要用來解決人民需要解決的問題的」；「廣泛真實管用的民主」體現於「人民享有廣泛權利」、「人民民主參與不斷擴大」、「國家治理高效」、「社會和諧穩定」，以及「權力運用得到有效制約和監督」；「民主沒有最好，只有更好。人類對民主的探索和實踐永無止境」。上述發展表明中國旨在打破以美國為首的西方國家長期以來對民主下定義的壟斷。

歸根結底，現代化是以工業為發端、以一個個民族的實體為載體的社會變革。這種變革的結果是帶來現代社會。

現代化的概念有兩層含義：第一、「現代性」的體現，是現代社會的屬性。對已經實現現代化的國家而言，「現代性」是一個結果、一種狀態；而對於發展中國家、後發展國家而言，「現代性」是目標體系。第二、現代化也是實現現代社會的過程，是一個動態的歷史過程，也就是「現代性」的「化」（the process of realizing modernity）。

以下談談在中國的現代化。

中國的傳統文化，是「制度化儒家」（institutional Confucianism），其核心內容是「三綱」（君為臣綱、父為子綱、夫為妻綱）和「五倫」（父子、君臣、夫婦、兄弟、朋友），核心價值是「仁」。傳統中國

11　美國沒有邀請中國參加首屆「民主峰會」。「全過程民主」是習近平於 2019 年 11 月 2 日在上海考察時首次提出的。他當時表示：「我們走的是一條中國特色社會主義政治發展道路，人民民主是一種全過程的民主，所有的重大立法決策都是依照程序、經過民主醞釀，通過科學決策、民主決策產生的。」

是一個以家庭（族）、男性、父權、農業、家庭手工業為中心，自給自足，知識未普及的農業社會。同時，中國文化走的是「泛道德主義」（pan-moralism）之路，即人間的任何事物都逃脫不出道德的審判。中國人對價值的追求和固守，超過了對事實的分析，故不利於現代科學的發展。

中國的現代化始於19世紀中葉，屬於「晚發外生型」（late exogenous model of development），有別於「早發內生型」（early cndogcnous modcl of development）的西歐國家。中國的現代化是由西方列強的侵略所引發的。在這個層面上，西方充當了侵略者與文明使者的雙重角色。對充滿「文明的使命感」（civilizational mission）的西方國家來説，中國與「第三世界」的現代化歷程，同時也是一種「文明化過程」（a civilizing process）。然而，中國在19世紀所接觸到的西方文明，其實是「現代性」大扭曲的帝國主義和殖民主義。中國進行現代化，是為了回應這個扭曲的「西方現代性」的挑戰，是被迫的；因此，中國的現代化之根本動力乃來自「雪恥強國」的意識。

從文化層面來理解，中國的現代化進程可以説經歷了以下三個階段：

第一階段是器物技能的現代化，這從洋務運動（亦稱自強運動）開始。由於西方的「船堅炮利」嚴重威脅中國，中國也開始追求「船堅炮利」。傳統的「經世致用」精神，確實能為中國早期的現代化提供原動力。洋務思潮經歷了由「師夷長技以制夷」到「中本西末」，再到「中體西用」的轉變。而洋務運動又經歷了由發展軍事國防工業到發展民用工業，即由「求強」發展到「求富」及「富強並舉」的歷程。

第二階段是制度的現代化，這從百日維新、清末新政、辛亥革命開始。甲午戰爭（1894-1895年）之後，部份有遠見的士人認識到現

代化國防不但需要現代化的交通、教育、經濟，並且需要有現代化的政治和國民，故主張「體」與「用」皆須變革。有人主張君主立憲，另有人主張共和政體，遂產生了百日維新、清末新政、辛亥革命的歷史事件。

第三階段是思想、價值、行為的現代化，這從新文化運動（廣義上稱「五四」運動）開始。民國成立以後，「共和」有名無實，更有復辟之舉。先進的知識分子認為中國需要的是國民思想、態度、價值觀以及人格的改造，故產生了「打倒孔家店」、迎接「新思潮」的「五四」新文化運動。

值得注意的是，三個階段的發展是並行不悖的。第二個階段的開始不等於第一個階段的結束，第三個階段的開始不等於第一、二個階段的終結。就推行現代化而言，第一個階段是改革，第二個階段包括改革和革命，第三個階段是革命，並且是深層次的思想、文化革命，有別於第二個階段的政治革命。

現代化進程的特徵，與現代化運作背景密切相關。中國推行現代化除了前文提及是被西方列強侵略所引發外，還有本身的問題需待解決所使然。19世紀以來，由於中國出現人口過剩、自然資源相對稀少的現象，兼且長期處於憂患當中，所以推行現代化是以解決國家民族所面臨的危機為依歸的，具有功利的目的。新文化運動原本的目的是要把西方的啟蒙文化帶來中國，但是中國當時的當務之急卻是「救亡」，其導致的結果就是中國哲學家李澤厚所稱的「救亡壓倒啟蒙」。

現代化毫無疑問是20世紀中國歷史發展的一條重要主線。其成效如何？學者有不同意見。譬如，徐中約（Immanuel C.Y. Hsu）在 *The Rise of Modern China* 一書闡明，20世紀體現了現代中國的崛起；英文書名清楚地表明他的觀點，可惜中譯本《中國近代史》這個書

名卻未能帶出作者的立場。[12] 史景遷（Jonathan D. Spence）也用書名 *The Search for Modern China*（中譯《追尋現代中國》）來概括他對中國現代化的看法：中國人從 19 世紀開始已經自覺地去追尋現代化，但是到了 20 世紀末，他們仍在追尋中。[13] 金耀基與史景遷的觀點相似。他在《中國的「現代轉向」》一書中指出：中國自 19 世紀中葉開展的現代化運動，不僅是對富強、獨立、自由的追求，同時也是對一個現代文明秩序的塑造；現代化是一個「漫長革命」，標誌着中國傳統文明的一個「現代轉向」，但直到現在，這個大轉向還在進行中。[14]

2、中國近、現代史上「革命」一詞的由來及含義

中國古語有「革命」一詞，源出《周易·革卦·傳》：「天地革而四時成，湯武革命，順乎天而應乎人。」「革」，即「變革」；「命」，指「天命」。古代中國人相信上天授權王者管理天下，乃為「天命」。當統治者不敬天、不愛民，弄得天怒人怨時，「天命」就要更改，乃稱「革命」，即「革除天命」，實際上就是以武力推翻前朝。例如，商湯推翻夏朝及周武王推翻商朝的行為，稱為「湯武革命」。可見，中國古代「革命」的基本含義是：王者易姓，改朝換代。歷史上改朝換代的循環，就像春、夏、秋、冬四季的運行（「四時成」），是具

12 Immanuel C. Y. Hsu, *The Rise of Modern China*. New York: Oxford University Press, 6th edition, 2000。徐中約著，計秋楓、朱慶葆、鄭會欣譯：《中國近代史》，上、下冊，香港：香港中文大學出版社，2001 年。

13 Jonathan D. Spence, *The Search for Modern China*. New York: W.W. Norton & Co., 2nd edition, 1999。史景遷著，溫洽溢譯：《追尋現代中國》，3 冊，台北：時報文化出版企業股份有限公司，2001 年。

14 金耀基著：《中國的「現代轉向」》，香港：牛津大學出版社，2004 年。

有必然性的，也是合乎天意與民心的（「順乎天而應乎人」）。毋庸諱言，古語「革命」一詞是儒家政治理論的一個重要部份：它既能為新政權提供法定根據，也能成為任何腐朽政權的威脅。

　　有趣的是，中國近、現代史上「革命」一詞，並非上述儒家學說中的政治話語，而是英語 "revolution" 的相應譯名。把 "revolution" 翻譯為漢語「革命」者，是明治（1868-1912 年）初年的日本人，之後才被中國知識分子使用。"Revolution" 源自拉丁文 *revolvere*，指天體周而復始的時空運動（詞根 "re" 是「翻轉」的意思）。*Revolvere* 在 13 世紀成為法語 *revolución*，並在 14 世紀後期成為英語 "revolution"。自 15 世紀以來，"revolution" 一詞在英語世界裏被用來表示重大及具有深遠影響的社會、經濟、思想、技術變革，諸如 "The Commercial Revolution"（「商業革命」）、"The Scientific Revolution"（「科學革命」）、"The Agricultural Revolution"（「農業革命」）、"The Industrial Revolution"（「工業革命」），以及當今的 "Digital Revolution"（「數碼革命」）。就政治而言，所有反政府活動自 15 世紀起皆被稱為 "rebellion" 或 "revolt"，意謂「叛亂」、「造反」。值得注意的是，"rebellion" 及 "revolt" 與 "revolution" 的詞根是一樣的，惟 "revolution" 在初時並沒有任何政治含義。1688 年，信奉新教（英國國教會）的輝格黨（the Whigs）和托利黨（the Tories）在英國國會聯手罷黜了信奉舊教（天主教）的國王詹姆斯二世（King James II），改由詹姆斯之女瑪麗二世（Mary II）與夫婿威廉三世（William III）共治英國。翌年，輝格黨黨員約翰・漢普登（John Hampden）將這場政變冠以 "The Glorious Revolution"（「光榮革命」）之稱（後來小有人稱之為 "The Bloodless Revolution"（「不流血的革命」））。自此，"revolution" 一詞就衍生出政治含義。到了

18 世紀，又發生了兩個劃時代的 "revolutions"——其一是 1765-1783 年的 "American Revolution"（「美國革命」）；其二是 1789-1799 年的 "French Revolution〔*Révolution française*〕"（「法國大革命」）。前者是北美「13 個殖民地」（the Thirteen Colonies）爭取脫離英國，結果打敗了英國並創建美利堅合眾國（The United States of America）的獨立運動，故亦稱 "The American War of Independence"（「美國獨立戰爭」）。後者是法國平民在「自由、平等、博愛」（liberty〔*liberté*〕, equality〔*égalité*〕, fraternity〔*fraternité*〕）的旗幟下推翻「舊制度」（the Ancient Regime〔*Ancien Régime*〕）、處死國王路易十六（King Louis XVI），以及創立法蘭西共和國（the French Republic〔*République française*〕）的一場大型政治運動。它標誌着絕對君主制與封建制度的崩潰，以及共和、自由民主政體的崛興。無可置疑，「法國大革命」對法國、全歐洲，甚至全世界都留下了深刻的影響；19 世紀以來的暴力革命，無不視它為先驅。無怪乎歷史學家普遍認為，「法國大革命」是現代歷史（modern history）上一個新紀元的開端。可見 "revolution" 到了 19 世紀，已成為一個多重含義的詞語。著名歐洲歷史專家霍布斯鮑姆（Eric J. Hobsbawm）在 *The Age of Revolution: 1789-1848*（《革命時代：1789-1848 年》——筆者譯）一書中提出了「雙輪革命」（"dual revolution"）的觀點。[15] 這個「曾經改造，並繼續在改造整個世界」的「雙輪革命」包括：一、英國和平的政治及工業革命；二、法國激進、血腥的政治革命。使 "revolution" 的含義變得更複雜是共產主義（Communism）的出現。 1848 年，卡爾·馬克思（Karl Marx）和弗里德里希·恩格斯（Friedrich Engels）在 *Manifesto of the Communist*

15　Eric J. Hobsbawm: *The Age of Revolution: 1789-1848*〔Series: History of Civilization〕. England: Weidenfeld and Nicolson, 1962.

Party（《共產黨宣言》）反諷地指出：「一個幽靈，共產主義的幽靈，在歐洲遊蕩。」（"A specter is haunting Europe – the specter of Communism."）這意味着在英、法「雙輪革命」以外，現代革命又出現了另一走向。

隨着西方勢力的擴張，其包括 "revolution" 在內的歷史經驗，也廣泛地流傳。如前所述，日本人率先把英語 "revolution" 翻譯成漢語「革命」。其實，日本對「革命」一詞並不陌生，因為中國儒家「革命」話語早已輸入日本，雖然它進入日本之後純屬一個僅有音讀（「かくめい」）的外來詞。由於中國王者易姓、改朝換代的「革命」傳統與日本萬世一系的天皇觀格格不入，因此，中國「革命」話語在傳入日本後便遭到被改造的命運──「革命」遂成為日本神武天皇（Jimmu Tennō）辛酉年（公元前 660 年）開國的「革命」傳統。在江戶（Edo）時代（1603-1867 年），日本儒學者越來越鼓吹民族主義及神道（Shintō）教，有學者甚至把商湯、周武王描繪為「殺主的大罪人」。江戶末期，德川幕府（the Tokugawa Shogunate）在歐美武力威迫下放棄「鎖國」（sakoku）政策，掀起了以長州（Chōshū）藩為中心的「尊王攘夷」（sonnō jōi）運動。參與者在聲討幕府專橫無能的同時，主張在天皇領導下進行封建制度的改革。在這種情勢下，日本傳統「革命」話語就和當時的「改革」（kaikaku）或「維新」（ishin）主張構成一套相輔相成的概念。進入明治（Meiji）時代（1868-1912 年），由於「革命」一詞所包含的「尊王」及「改革」的雙重意義已深入人心，故「明治維新」與「明治革命」變成同義語。梁啟超對這個情況有很貼切的描述：「日人今語及慶應〔Keiō，1865-1868 年〕明治之交無不指為革命時代，語及尊王討幕廢藩置縣諸舉動無不指為革命事業，語及藤田東湖〔Fujita Tōko〕、吉田松陰〔Yoshida Shōin〕、西鄉南

洲〔Saigō Takamori〕諸先輩，無不指為革命人物。」[16] 在「明治維新」
或「明治革命」的歷程中，日本人最傾慕英國模式的 "revolution"，
即走不流血的議會政治路線。在他們眼中，「明治維新」是以英國式
的 "revolution" 為楷模的，所以他們稱之為「維新革命」。日本人用
「革命」作為英語 "revolution" 的相對譯名，想必是因為日本人心目
中的「革命」與英國式的 "revolution" 是相符的。問題是："revolution"
作為現代西方話語具有多種含義——在政治方面，它指英國式的和平
"revolution"，也指法國式的暴力 "revolution"；在政治以外，它又指「群
治中一切萬事萬物莫不有」的「淘汰」或「變革」（梁啟超語）。這
表明日本現代「革命」話語的複雜性——它既有肯定的意義，也有否
定的意義。無怪乎明治時代日本學者對西方「革命」歷史的評述，往
往呈現模稜兩可的態度；例如，對「法國大革命」，就有既否定、又
肯定的兩種迥然不同的評價了。

回說中國。自 1860 年代起，改良派致力於探究西方富強之道，
冀望借鑒西方的文明經驗，擺脫中國當時所處之困境。西方列強的
現代史，特別引起他們關注。當時不少在華的西方傳教士，也切實地
用中文編寫或翻譯西方歷史，意圖一面介紹西方文明，一面弘揚基督
教的精神。1882 年，美國牧師謝衛樓（Devello Z. Sheffield）用淺易
文言寫成《萬國通鑒》，由上海美華書館刊印面世。期後，英國傳
教士李提摩太（Timothy Richard）與華人學者蔡爾康合作翻譯了英國
歷史學家羅伯特・麥肯齊（Robert Mackenzie）著的 *The Nineteenth
Century: A History*（《十九世紀史》）；中譯本以《泰西新史攬要》
為書名，於 1895 年由英美基督教傳教士在上海創辦的廣學會出版。

16　梁啟超：〈釋革〉，《新民叢報》，1902 年 12 月。

由於此類書刊的作者或翻譯者一致使用傳教士的觀點去論述歐洲歷史，因此，所有涉及暴力的歷史事件，都受到他們非議——在《萬國通鑒》一書中，"The French Revolution" 被稱為「法國民變」，而巴黎市民則被稱為「亂民」；在《泰西新史攬要》中，"The French Revolution" 更被稱為「法國大亂」或「法國大患」。其實，當時已有中國知識分子把上述事件稱為「法國革命」。曾經遊歷歐洲及日本的改良派先驅王韜，在其 1890 年面世的《重訂法國志略》中首次將 "The French Revolution" 譯為「法國革命」。奇怪的是，他一方面對「法國革命」在世界歷史上的普遍意義作一種抽象的肯定，另一方面卻把巴黎市民稱為「暴徒」、「叛黨」，且在描述整個事件的過程中避免使用「革命」一詞，直到敘述 1814 年波旁王朝（the Bourbon Dynasty）復辟時才提到。把革命作為話語來研究的學者陳建華分析說，王韜深受明治時期日本學者岡本監輔（Okamoto Kansuke）等人的影響；《重訂法國志略》基本上因襲了岡本監輔《萬國史記》（1878 年）的敘述語彙和框架，也即因襲了明治時代對「法國革命」的模稜兩可的歷史評判。陳建華進一步指出，如果說王韜還保留了明治時代「革命」的多重性意義，那麼，其後的革命派和改良派在使用日本現代「革命」話語時便各取所需了。[17]

　　自幼接受西式教育的孫中山，想必熟悉歐美歷史。他大概是中國首位用帶有進步意義的「革命」這個詞語來形容自己的政治活動的人。孫中山何時何地開始以「革命」作為推翻大清王朝的口號？這個問題實在難以釐清，因為至今仍然找不到確鑿的證據。可以肯定說，孫中山於 1894 年 11 月 24 日在檀香山（Honolulu）創立他第一個反清組織

17　陳建華：《「革命」的現代性——中國革命話語考論》，上海古籍出版社，2000 年。

「興中會」時，還未提出「革命」的口號；當日「興中會」通過由孫草擬的《興中會章程》及《興中會盟書》，皆沒有「革命」一詞。以往論者普遍認為，孫中山是在 1895 年廣州起義失敗逃到神戶（Kobe）時，在日本人影響下自稱為「革命黨」的。上述說法的依據是馮自由〈革命逸史‧革命二字之由來〉一文。[18] 而馮有關這方面的敍述是根據陳少白在《興中會革命史要》中的回憶略加補充寫成的：「及乙未九月〔1895 年 10 月〕興中會在廣州失敗，孫中山、陳少白、鄭弼臣〔士良〕三人自香港東渡日本。舟過神戶時〔11 月 12 日〕，三人登岸購得日本報紙，中有新聞一則，題曰〈支那革命黨首領孫逸仙抵日〉。中山語少白：『「革命」二字出於《易經》「湯武革命，順乎天而應乎人」一語，日人稱吾黨為革命黨，意義甚佳，吾黨以後即稱革命黨可也。』」[19] 陳少白的回憶是否可靠？學者陳德仁與安井三吉（Yasui Sankichi）合著的《孫文と神戶》一書披露，他們翻查了當時的神戶報紙，並沒有發現〈支那革命黨首領孫逸仙抵日〉的一則新聞，但發現了《神戶又新日報》（*Kobe Yushin Nippo*）於 11 月 10 日以〈廣東暴徒巨魁之履歷及計劃〉為題的報道。[20] 陳少白與馮自由的說法，可謂不攻自破。日本人首稱孫中山為「革命黨」卻是事實，但這並非發生在廣州起義失敗後孫中山逃到神戶之時。1896 年 9 月，日本松方正義（Matsukata Masayoshi）就任第六任內閣總理大臣；之後不久，他經外務大臣大隈重信（Ōkuma Shigenobu）的心腹犬養毅（Inukai Tsuyoshi）派遣宮崎滔天（Miyazaki Tōten，本名寅藏 Torazō）及平山周（Hirayama Shu）等人去中國調查反清的會黨勢力，企圖通過扶

18　馮自由：〈革命逸史‧革命二字之由來〉，《逸經》，1936 年第一期。

19　陳少白：《興中會革命史要》，台北中央文物供應社，1935 年初版，1956 年再版。

20　陳德仁、安井三吉：《孫文と神戶》，神戶新聞出版中心，1985 年。

植會黨力量促成中國政治的現代轉換，藉此阻撓西方勢力在東亞的擴張。當犬養毅得悉宮崎滔天從陳少白那裏了解到孫中山後，就於 1897 年 6 月 21 日致宮崎滔天一函：「以外行人論之，愚意以為投入革命黨中，不久即能熟習其語言，故當下定決心投身其間，不知尊意以為如何？當然，所冒危險亦在意料之中，甚或可能以前程無限之心與犬犽之輩同歸於盡。」此函似是迄今所見的最早日人稱孫中山為「革命黨」的可靠文字資料。8 月，不懂中國話的宮崎滔天在橫濱（Yokohama）與孫中山會面兼筆談。據悉，孫中山同宮崎滔天晤談時重申：「人民自治為政治之極則，故於政治之精神，執共和主義。」這大概是孫中山首次公開他的「共和」主張。1898 年 5 月，宮崎滔天將孫中山的 *Kidnapped in London* 譯成日文，題為《清國革命黨領袖孫逸仙——幽囚錄》（*Shinkuko kakumeito shuryo Son Issen yushu roku*）在《九州日報》（*Kyushu Nippo*）連載。[21] 宮崎滔天稱孫中山為「清國革命黨領袖」不無特殊意義。陳建華對此作了精闢的分析：「當宮崎滔天稱孫中山為『革命黨領袖』，這在日本語境裏含有世界性與現代性的豐富涵意。所謂『清國革命黨領袖』說明這『革命』的真正語境是在中國，其中的政治暴力意義不言而喻，但這已經不是傳統意義上以推翻一朝一姓為目的的「革命」，而同時帶有西方革命與明治維新意義上的政治及社會制度的整體變革。」有理由相信，主張「共和」、「民權」的孫中山大概就在這個時候接受了「革命」的現代使用，將「革命」從「湯武革命」的傳統解放出來，並把它引領到「法國大革命」的現代軌道上去。這一「革命」的形象是嶄新的，因為它把推翻滿清統治和建立共和兩個目的結合在一起。至於孫中山何時以「革命」作為達

---

21 Yat-sen, Sun, *Kidnapped in London*. London: Bristol, 1897.

到上述雙重政治目的口號？合理的推測是在 1899-1903 年間，因為「革命」一詞從 1903 年年底開始就在孫中山的公開演講及私函中頻頻出現了。

到 19 世紀末，在日本經歷了「現代化」的「革命」話語，已在中國知識界引起迴響。若孫中山是在肯定的意義上使用現代「革命」一詞，那麼，改良派就是用否定的意義去使用它。1897 年 2 月，上海改良派刊物《時務報》主筆章太炎（炳麟）在其〈論學會有大益於黃人，亟宜保護〉一文中，表達他對時局的不安。他説：原先中國的「革命」「係一國一姓之興亡而已」，但如今「不逞之黨，假稱革命以圖顛覆者，蔓延於泰西矣」。章太炎故此提倡改革，所謂「以革政挽革命」。戊戌變法（1898 年）的主要發起人康有為在給光緒皇帝的〈進呈法國革命記序〉中，強烈批判「法國革命」造成極其悲慘的社會動亂。當他使用「法國革命」一詞時，其實已在否定的意義上接受現代西方「革命」的意義。章太炎和康有為對西方的「革命」都深感恐懼，但他們同時相信這樣的「革命」已成為難以抗拒的世界潮流，並認為中國如不及時改革，就難免發生這種「革命」。

改良派另一要員梁啟超的經歷較為特別，值得我們多點留意。戊戌變法失敗後，梁啟超流亡日本，並開始對日本現代「革命」話語的多重含義（特別是「變革」這個含義）產生興趣。1900 年 2 月，梁啟超在〈汗漫錄〉（又名〈夏威夷遊記〉）一文首次使用由日語轉譯 "revolution" 的新義，提出「詩界革命」的口號。[22] 對梁啟超來説，此「革命」乃一種含有歷史性的「變革」，旨在「輸入」「歐洲之真精神真思想」，使詩歌能負起啟迪國民心靈的責任。梁啟超因此鼓勵作

22　梁啟超：〈汗漫錄〉，《清議報》，1900 年 2 月。

者多使用如「共和」、「代表」、「自由」、「團體」、「歸納」、「無機」等從英文翻譯過來的「新名詞」。在「詩界革命」的旗號下，《清議報》和《新民叢報》陸續刊登了許多宣傳西方「自由」、「民主」的詩歌，其中更有借機宣洩反滿情緒。令梁啟超感到錯愕，是「詩界革命」竟然促進了暴力政治運動的實際效果。眼見自己提倡「詩界革命」適得其反，梁啟超便對使用「革命」一詞的合理性產生懷疑。1902 年 12 月，他在〈釋革〉一文中公開聲明他所提倡的「詩界革命」是「變革」的意思，並主張放棄使用「革命」而採用「變革」一詞來翻譯 "revolution"。[23] 翌年，鄒容《革命軍》面世。由於「革命」被鄒容讚美為「天演之公例也」、「世界之公理也」、「去腐敗而存良善者也」、「由野蠻而進文明者也」、「處奴隸而為主人者也」，「革命」作為一個具有世界性和現代性意義的詞語很快便深入人心。在這種情勢下，梁啟超不再堅持把「革命」和 "revolution" 分開，轉而主張區分出「革命」的廣狹二義。他在 1904 年初寫的〈中國歷史上革命之研究〉把這「二義」解釋得很清楚：「革命之義有廣狹。其最廣義，則社會上一切無形有形之事物所生之大變動者皆是也。其次廣義，則政治上之異動與前此畫然成一新時代者，無論以平和得之以鐵血得之皆是也。其狹義則專以武力向於中央政府者是也。」[24]

1905 年 8 月，孫中山在日本東京（Tokyo）創立同盟會；10 月，提出包括「民族主義」、「民權主義」與「民生主義」的「三民主義」。同盟會機關報《民報》和保皇會機關報《新民叢報》在隨後的兩年間又開展了有關「共和」與「立憲」的激烈論戰。到這個時候，中國現代「革命」話語已水到渠成；共和國的建立也指日可待。1912

---

23 梁啟超：〈釋革〉，《新民叢報》，1902 年 12 月。

24 梁啟超：〈中國歷史上革命之研究〉，《新民叢報》，1904 年 2 月。

年 1 月 1 日，中華民國南京臨時政府成立；2 月 12 日，清朝皇帝溥儀退位，正式結束延續了二千多年的帝制時代。可惜，共和只是剎那的光輝——袁世凱倒行逆施及隨後軍閥割據、互相傾軋，使中國的民主進程急驟轉折。在這個困境中，孫中山一方面領導「護法運動」捍衛共和，另一方面著書立說以豐富中國現代「革命」話語的內涵。按孫中山的主張，「國民革命」要分三個階段完成：一、實行「軍法之治」的「軍政」時期；二、實行「約法之治」的「訓政」時期；三、實行「憲法之治」的「憲政」時期。重要的一點是，「國民革命」首先要使用暴力去推翻舊政權；惟在上述目的達到後，「國民革命」就不能再訴諸暴力而亟需着眼於和平「建設」。儘管孫中山在 1920 年代初決定「以俄為師」，並制訂了「聯俄、容共（又稱聯共）、扶助農工」三大政策，但他同時指出中國只可「師馬克思之意」，而不可「用馬克思之法」。他相信「社會之所以有進化，是由於社會上大多數的經濟利益相調和，不是由於社會上大多數的經濟利益相衝突」。因此，在論述「社會革命」時，孫中山就強調要找出一個既能令農民和工人得利，又能令地主和資本家不吃虧的雙贏方案。可見，孫中山宣導的「國民革命」，實際上包含了革命和改良的雙重性質；我們可以稱它為「保守的革命」（"conservative revolution"）。[25] 孫中山為「國民革命」奔忙數十年，未能「竟辛亥革命之功」，抱憾而終，並留下遺言：「現在革命尚未成功，凡我同志，務須依照余所著《建國方略》、《建國大綱》、《三民主義》及《第一次全國代表大會宣言》，繼續努力，以求貫徹。」

25　「保守的革命」這個片語取自徐啟軒（Brian Tsui）的專著 *China's Conservative Revolution: The Quest for a New Order, 1927-1949.* Cambridge: Cambridge University Press, 2018（《中國保守的革命：追尋一個新秩序，1927-1949 年》——筆者譯）。徐指出：蔣介石在 1927 年 4 月進行「清黨」後，就承繼了孫中山在「以俄為師」之前那套「正統」的「國民革命」。他認為，蔣介石在 1927-1949 年領導國民黨進行了一場「保守的革命」。此觀點容後再作介紹。

（《遺囑》，1925 年 3 月 11 日）眾所周知，繼承孫中山革命遺產的是黃埔軍校校長、國民革命軍總司令、1928 年後國民政府主席兼陸海空三軍司令、軍事委員會委員長、國民黨總裁蔣介石。

1927 年，毛澤東在《湖南農民運動考察報告》把「暴力革命」和「馬克思主義階級鬥爭」兩個概念簡單地結合起來；他說：「革命是暴動，是一個階級推翻一個階級的暴烈的行動。」這意味着在「國民革命」以外，中國現代「革命」又出現了另一走向。直至 1949 年，領導國民政府的蔣介石和領導中國馬列主義運動的毛澤東可謂誓不兩立——他們各自為「革命」下定義，用「革命」作為口號，開展有關中國往何處去的激烈鬥爭。對中國來說，20 世紀上半葉是「革命」的年代，雖然「革命」在當時有不同定義。中國也因「革命」成為政治主流而加快與世界接軌。

扭轉乾坤之一
蛻變的年代
（1900-1912 年）

第一章

大清王朝與世界

人類歷史是一個新舊交錯、貫穿着的連續體，治史者因此必須兼顧歷史的變革（斷裂）與承傳（延續）兩面。撰寫任何一個歷史時段的變遷，都不免破壞了大歷史（macro-history）的整體連續性；然而，除了寫通史外，歷史學家不能不按其論述的既定範圍設立時序的上下限。用某一個年份作為切入點，一定有它的合理性，但亦有其局限性。本書以 1900（庚子）年作為論述的起點，這並非因為該年巧合地標誌着一個新世紀的開始，而是因為 1900 年是中國近代史上一個具決定性的轉捩點。是年，八國聯軍攻佔北京，清廷為了力保老祖宗打下來的江山，遂於翌年宣佈厲行全方位的、激進的、令社會產生蛻變的「新政」。另一方面，社會上反滿族統治、反傳統帝制意識的高漲，又掀起了澎湃的革命浪潮。毫無疑問，中國在 20 世紀伊始正好邁進一個急劇轉變的時代。但把它作為論述中國近、現代革命史的起點，不無缺陷。為何這樣說？大清王朝雖以外族身份入主中國，但它畢竟統治了中國 268 年（1644-1912 年），並且經歷了朝代興衰的循環。須知，清朝有別於中國帝制時期的其他朝代，因為最後使它陷入絕境的，是近代世界歷史舞台上才出現的帝國主義和革命洪流。[1] 凡事皆有前因後果，若一切從 1900 年說起，恐怕無法理解清廷為何走上絕路。況且，中國史學界長期受辛亥（1911 年）革命之後冒起的「民族革命史觀」

1　清朝還有兩方面與過往的朝代不同：其一是領土的空前擴大；其二是人口的空前膨脹。大清王朝的疆域是明代的兩倍多。清初，滿洲及內蒙被納入清帝國的版圖。到 18 世紀，乾隆皇帝（1735-1796 年）通過其「十全武功」（即在 1747-1792 年間十次出兵征討邊疆地區），結果在外蒙及西藏建立宗主地位，並征服了新疆和青海。清廷又對雲南、貴州、四川、廣西等地的少數民族進行「華化」，積極落實「改土歸流」政策（即以清廷派遣有一定任期的「流官」來取代當地的「土司」制度）。實際上，在其擴張領土及鞏固內部邊界的過程中，大清王朝在性質上已成為一個多民族的帝國；中國（前明朝的屬地）不過是其中的一個部份，雖然它是核心而且是經濟上最有生產力的部分。故此，有西方學者把大清帝國等同於當時在歐亞大陸興起的近代早期帝國，包括蒙兀兒帝國（the Mughal Empire）、羅曼諾夫王朝（the Romanov Dynasty）、鄂圖曼帝國（the Ottoman Empire）與大英帝國（the British Empire）。至於清代的人口，則超過明代的三倍，詳情將會在本章正文交代。清朝是中國歷史上最後的一個王朝，無怪乎當代中國不少層面（如領土和人口），都承繼自清朝發展出來的結果。

影響，傳統歷史學家因此一直把滿清入關後的 268 年歷史，描繪成中華民族先受滿清異族的暴政宰制，後受帝國主義蹂躪，最終在雙重壓迫下起來革命的屈辱、抗爭史。整個清代歷史就此被定性為一部滿清殘暴、腐敗、拒變、無能、無法抗拒列強侵略，因而產生辛亥革命，建立民國的大敍述（meta-narrative）。這套反滿族統治的史觀一直被教科書宣揚而深入人心。論述有關清史的問題若只着眼於清朝覆亡前的十多年，只會增強一般人對滿清政府軟弱無能的看法。有見及此，筆者決定在正式闡述革命年代的中國之前，先寫一個清史概述，藉此澄清大清王朝在近世歷史上的地位。問題是：如何用有限的篇幅去交代 268 年的清史？

　　本書所涵蓋的範圍是 20 世紀上半葉的中國歷史。當時中國在各個領域都與世界接軌，其歷史正與全球歷史的進程緊密交疊着。這並非一個嶄新的局面。早在明末清初之際，中國與西方的接觸已較前期來得頻繁。從 16 世紀開始，西歐的探險家、商人、傳教士（主要是耶穌會傳教士〔Jesuits〕）陸續來華。後者不僅將西方的天文學、地理學、數學、製圖學、建築學、鑄造大炮技術及繪畫技術介紹給中國，還將中國的儒家思想文化向西方推薦。俄羅斯人也於 17 世紀中葉經西伯利亞來到滿洲的邊境，並分別於 1689 年與 1727 年與清廷在平等的基礎上簽訂了《尼布楚條約》（Treaty of Nerchinsk）和《恰克圖條約》（Treaty of Kiakhta）。由此可見，中國在 16-18 世紀並不是一個孤立、封閉的國家。到了 19 世紀，受益於工業革命的西方國家憑其船堅炮利的優勢，強迫中國簽下了一系列喪權辱國的條約。從積極方面來看，帝國主義促使中國走上改革和革命兩條不同的現代化道路。筆者認為，用中西歷史匯合的長遠角度透視清史，會比用政治、社會、經濟、思想史的角度更能將 1900 年前、後的中國歷史連繫起來，故

選擇了「大清王朝與世界」作為清史概述的主線。

　　傳統歷史學家往往批評滿族統治者迂腐無能、盲目排外。這種看法值得商榷。女真 27 個部落中的愛新覺羅貴族，一向酷愛學習、勤奮務實。他們入關前不只採用了包括六部的明式文官吏治制度，還從被俘虜或變節的明朝武將學會了由耶穌會傳教士帶來中國的歐式火炮技術。清初，耶穌會傳教士頗受朝廷歡迎，他們並且在中西文化交流上起過重要的作用。德籍耶穌會傳教士湯若望（Johann Adam Schall von Bell）以翻譯、編纂、整理天文曆法書籍見稱。由於湯若望的曆法計算精準無誤，故於 1657 年被朝廷賜予欽天監監正官爵。順治皇帝（1644-1661 年）於 1651-1657 年間與湯若望過從甚密。據悉，順治以滿語稱湯若望為「瑪法」（"mafa"，即「爺爺」），並定期傳召湯若望參加宗教及政治會議，甚至准許他在京城建立教堂。繼任的康熙皇帝（1661-1722 年）刻苦好學、知識廣博──他熱衷數學、天文及繪製地圖，喜愛聽講各種思想學派（包括傳教士）的演說和辯論，也曾公開演證科學與數學的原理。康熙在位的大部份時間都重用耶穌會傳教士──1669 年，任命比利時籍耶穌會傳教士南懷仁（Ferdinand Verbiest）為欽天監監正；1689 年，任命法籍耶穌會傳教士張誠（Jean-François Gerbillon）以顧問和翻譯員身份隨中國使團出發到尼布楚與俄國簽署中俄邊界條約；1708 年，頒詔聘請法籍耶穌會傳教士白晉（Joachim Bouvet）和雷孝思（Jean-Baptiste Régis）等十人進行測繪全中國地圖，終於 1717 年完成，賜名《皇輿全覽圖》。儘管康熙在 1692 年把天主教合法化，但情況在 18 世紀初起了變化。事緣於耶穌會容忍中國基督徒的祭祖儀式被方濟各會（Franciscans）和多明我會（Dominicans）指罵為對基督教原則的背叛。1705 年，教皇下令

取締「儀禮」，即禁止中國基督徒進行祭祖祭孔的儀式，還宣佈耶穌會為「遷就主義」（"accommodationism"）的異端門派。這場所謂「儀禮之爭」（the Rites Controversy）大大削減了耶穌會傳教士在清廷的影響力。康熙對教皇干預中國一事感到震怒，遂於 1717 年對傳教下禁令，除了個別獲得朝廷特許的傳教士外，其餘一律禁止進行傳教活動。不過，康熙的禁教令並沒有嚴格執行。雍正皇帝（1722-1735 年）對天主教禁令的執行則比其父親嚴格得多；他下令驅逐全國的傳教士，在北京有官職者除外。個別傳教士如意大利籍耶穌會傳教士兼畫家郎世寧（Giuseppe Castiglione），仍深得雍正寵信。欽天監監正一職，直至 1838 年皆由洋人擔任。

禁止耶穌會傳教士在中國活動，使中國在往下的百多年無法追上西方最新的科學知識，[2] 故當受惠於工業革命的西歐國家擴張其勢力到東亞時，中國在其船堅炮利面前就無法招架，結果開啟了這個古老文明國家向現代西方學習的新時代。很多人知道西方在鴉片戰爭後對中國產生了深遠的影響，相反，卻很少人知道 18 世紀歐洲也曾深受中國的影響。使歐洲認識中國的人，正是堪稱「西方漢學之父」（Father of Western Sinology）的耶穌會傳教士。鑑於有需要為他們容許中國基督徒祭祖的傳教方式提供合理的解釋，耶穌會傳教士不辭勞苦地指出，中國儒家的道德和倫理信條與天主教的教義是相輔相成的。1687年，他們出版了首次被翻譯成外語（拉丁文，Latin）的《論語》、《中

2　從 18 世紀開始，耶穌會在歐洲的勢力也逐漸式微，最終在 1773 年解散。

庸》及《大學》。[3] 他們又長期出版遊記、[4] 回憶錄、[5] 書信錄，[6] 以及專論，[7] 給歐洲人介紹中國的歷史、地理、政治、文化、風俗和現狀。法國是「漢學家」（Sinologists）的大本營，無怪乎 18 世紀法國出現了一股由所謂「模仿中國者」（magots de la Chine, apes〔imitators〕of China）掀起的「中國風」（chinoiserie）——在雕刻、瓷器製作、建築、庭園設計、喝茶等各方面，都興起了一種中西合璧的潮流。從當時的畫作可見，法國及奧地利的君主皆模仿中國皇帝主持每年舉行的春耕儀式，以表明統治者對農業的重視。

　　中國儒家文化對 18 世紀歐洲思想的影響，是一個相當重要但往往被人忽略的課題。17-18 世紀的歐洲，正值「啟蒙時代」（The Age of Enlightenment），其知識分子相信一切須以「理性」（reason）為依歸。耶穌會傳教士筆下的孔子，並非一個宗教領袖，而是一位學者、老師；他們推崇的儒家學說，並非一種宗教信仰，而是理性哲學的一個門派。這就解釋了為何不少持反宗教、反教會權力立場的「啟蒙」思想家（Enlightenment thinkers），也被儒學深深地吸引住了。第一位褒揚儒家學說的「啟蒙」思想家，大概是德國的沃爾夫（Christian

3　*Confucius Sinarum Philosophus (Confucius: Philosopher of the Chinese)*. N. p., 1687.

4　Louis le Comte（李明），*Nouveau mémoire sur l'état présent de la Chine (New Memoirs on the Present State of China)*. Paris, 1696.

5　*Mémoires concernant l'histoire, les sciences, les arts, les moeurs, les usages, etc., des chinois, par les missionaries de Pékin (Memoirs on the History, Sciences, Arts, Manners, Customs, &c. of the Chinese, by the Missionaries of Beijing)*. N. p., 1776-1814.

6　*Lettres édifiantes et curieuses écrites des missions étrangères par quelques missionaries de la Compagnie de Jésus (Edifying and Curious Letters of Some Missionaries, of the Society of Jesus, from Foreign Missions)*. N. p., 1702-76.

7　Joachim Bouvet (1656-1730), *Portrait historique de l'empereur de la Chine (Historical Portrait of the Emperor of China)*. Paris, 1697; *L'État présent de la Chine (Present State of China)*. Paris, 1697; Jean-Baptiste Du Halde（杜　赫　德）(1674-1743), *Description géographique, historique, chronologique, politique, et physique de l'empire de la Chine et de la Tartarie Chinoise (A Geographical, Historical, Chronological, Political, and Physical Description of the Empire of China and Chinese Tartary)*. The Hague, 1736.

Wolff）——他認為儒學是一套植根於理性的實用哲學，它能塑造一個理想的政體，並能為個人及社會提供實際的效益；又指出儒學表明道德操守可以獨立自主於基督教之外。然而，使儒家學說在歐洲發揚光大的是法國的「啟蒙」思想家（*philosophes*, philosophers）。當中一位是有「重農主義之父」（Father of Physiocracy）及「歐洲的孔夫子」（the Confucius of Europe）之稱的弗朗索瓦‧魁奈（François Quesnay）——他認為中國的專制是寬容及出於善意的；又認為法國應靠農業重組經濟，並仿效中國政府對農業所採取的不干預（*laissez faire*, let things alone）政策。另一位是曾於 1740-1760 年間出版了一系列極具影響力的著作並對中國大加讚揚的伏爾泰（François-Marie Arouet de Voltaire）——他認為中國並非專制統治（despotism）而是「開明君主」（enlightened monarchy）的典範，因為中國的皇帝在儒家思想的浸染下用理性對待人民；他相信乾隆皇帝是他無法在歐洲人身上找到的「哲王」（philosopher-king）；又把中國的士人政府譽為值得歐洲效法的楷模。上述的沃爾夫、弗朗索瓦‧魁奈、伏爾泰皆屬當時的「親華派」（Sinophile）。至於「反（恐）華派」（Sinophobe）的表表者，乃主張立法、行政、司法「三權分立」（the separate of powers）的孟德斯鳩（Charles Louis de Secondat, Baron de La Brède et de Montesquieu）——他把世界上的政府歸納為三類，即共和政府、君主政府、專制政府，繼而指出中國是建基於威嚇和暴力的專制政府。到 18 世紀後期，由於自由、平等、法治、進步等觀念流行起來，越來越多歐洲知識分子認為伏爾泰筆下的中國不可置信。他們認同孟德斯鳩的看法，認為中國人沒有真正的自由、沒有奠基於理性的法律、沒有進步，甚至沒有進步的觀念。歐洲社會曾一度盛行的「中國風」，也很快就退卻了。在此有需要說明，每一個國家或地區的歷史，都有

其自身發展的動力，外來因素只能通過內在因素才能產生某種程度上的影響；[8] 儘管中國對 18 世紀歐洲的思想和時尚產生過影響，但我們切勿把該時段的歐洲歷史當作是中國歷史的延續。

16-18 世紀中西接觸的另一個層面是貿易。當歐洲商人來到亞洲尋找商機時，他們所遇到的，並非一個由很多各自不相干的國家拼湊成的靜態區域，而是一個多層次的、互動的、以中國為中心的統一亞洲體系。在這個體系中，中國是宗主，其他國家是履行朝貢的藩屬；藩屬間亦可能存在着「宗主——藩屬」的關係（如日本與琉球、日本與朝鮮、安南與南掌）。與上述「宗主——藩屬」網絡並存的，還有交疊着一個亞洲各國之間的雙邊或多邊貿易網絡。西方「中國問題研究」始創人費正清早在 1941 年就撰寫專文闡釋中國在帝制時代的外交理念與實踐，即他所謂在「儒家世界秩序」（"the Confucian world order"）中的「朝貢體系」（"the tributary system"）。[9] 費正清的基本論點是，整套「朝貢體系」的運作乃建基於中華儒家文化的優越感及藩屬對宗主國文化優越的認同；隨着「條約體系」（"the treaty system"）在鴉片戰爭後誕生及擴大，古老的「朝貢體系」就走向滅亡了。這是一個片面的看法，因為它側重政治文化成因而忽視另一個同樣重要的經濟因素。日本區域研究歷史學家濱下武志（Hamashita Takeshi）指出，中國在明代（1368-1644 年）就有 144 個藩屬——62 個在東亞及東南亞；8 個在北面；2 個在東北面；72 個在西面。他解釋說，所謂「朝貢體系」能長久地有效運作，正是由於這個體系內

8　一個明顯的例子是，歐洲若沒有經歷過文藝復興與科學革命，把歐洲人從以「神」為中心的社會解放出來，進入以「人」為中心並以「理性」為依歸的社會，那麼，儒家學說就不會吸引歐洲知識分子了。

9　J. K. Fairbank and S. Y. Teng, "On the Ch'ing Tributary System", *Harvard Journal of Asiatic Studies*, Vol. 6, No. 2 (June, 1941), pp.135-246.

的「宗主──藩屬」關係並非是一種單純的「尊（控制）──卑（被控制）」關係，而是一種能使雙方都感到滿足的互惠互利關係（見下文）。濱下武志貼切地把它稱為「朝貢──貿易體系」（"the tribute-trade system"）。[10]

在帝制時代，中國是以「天下」（世界）中的「天朝上國」自居的。這個以「天朝上國」為中心的「天下」，有五個同心、向外伸延的區域：一、中央政府；二、地方政府；三、邊區少數民族及由「土司」管轄的地區；四、藩屬；五、有互市關係的地區。「天朝上國」的天職，就是要將儒家的核心價值（「仁」）散播到「天下」。從政治文化的角度來看，「天朝上國」與藩屬乃「宗主──藩屬」關係，這個關係體現於兩項儀式──宗主主持冊封與藩屬履行朝貢。有關每一個藩屬來華朝貢的細節，包括朝貢的頻次、使團的人數、使團抵達中國的入口點、使團在中國境內的往返路線、使團在京城的住宿地點、使團觀見皇帝時的禮儀等等，「天朝上國」都有明確規定。從經濟的角度來看，朝貢意味着一種商業行為，原因是皇帝接受貢物後就會回賜使團，回賜通常以白銀計算，多少則由皇帝決定。在這個意義上，朝貢是一種賣和買的關係，是「天朝上國」與藩屬定時進行的一項商業交易。「天朝上國」還允許指定數目的商人隨使團來華，並給予他們特許證在京城（清朝是北京會同館）做買賣，以及在邊陲或沿海的指定地點與當地的中國商人進行貿易。無可置疑，「朝貢──貿易體系」不單為「天朝上國」實現其主導「天下」的宏願，還替藩屬帶來一定的經濟收益，無怪乎它歷久不衰。歐洲商人所發現的亞洲，已是一個被中

10 Takeshi Hamashita, "The Tribute Trade System and Modern Asia", in A. J. Latham and Heita Kawakatsu, eds., *Japanese Industrialization and the Asian Economy*. London: Routledge, 1994；（日）濱下武志著，朱蔭貴、歐陽菲譯：《近代中國的國際契機：朝貢貿易體系與近代亞洲經濟圈》，北京：中國社會科學出版社，1999 年。

國整合為單一銀本位的貿易地區，他們亦只能以藩屬的身份先向禮部登記才能與中國建立關係。

清初，英國、法國及荷蘭已取代西班牙和葡萄牙成為當時的海上強權。早於1600年，英國政府授予剛成立的「英屬東印度公司」（The British East India Company，以後簡稱東印度公司）壟斷東印度地區的貿易權利。雖然東印度公司的船隻從1635年起就偶爾在中國東部海域出沒，惟該公司要到1680年代才正式與中國開展貿易，這大概與康熙皇帝於1683年收復台灣後取消沿海貿易的禁令有直接關係。解除海禁使所有西方強權皆蒙其利，西方商船抵華數目日漸增多。為了便於控制對外貿易，清廷遂於1684-1686年間在廣州、寧波、雲台山、漳州開設了粵、閩、江、浙四個海關，分別管理其轄下通商口岸的外貿事宜。可是大部份外國商船從18世紀開始就聚集於鄰近澳門（葡萄牙人聚居地）的廣州，使它很快便成為中外貿易的中心。1720年，廣州的中國商人成立了「公行」（外人叫Cohong）以管制商品價格。1754年，朝廷下令每個行商要具文保證往來的外國夥伴行為端正及按時繳納稅項；另一方面，「公行」的活動亦受到嚴格的規管（如不准拖欠外商錢財），以保證雙方在公平的情況下進行交易。由此可見，18世紀的中英貿易，主要是通過東印度公司和「公行」兩個壟斷組織進行的。1757年，清廷再下令把對外貿易局限於廣州一地，並頒佈各式各樣的規例來限制外商的活動，兼且防範本地人與外人之間任何不適當的接觸。這就是西方歷史學家所稱的「廣州體系」（the Canton System）。實際上，該制度的基本架構（即由「粵海關監督」〔外人叫Hoppo〕）、行商，以及航道引水、買辦、通事等人組成的三層管理架構）與日常運作模式（如徵收稅項和雜費的程序）從18世紀開始就逐步建立起來了。換言之，1757年實行的「一口通商」（single-port trade）政策，只是將一個既成事實制度化而已。專門研究中西早期貿易的歷史學家范岱克（Paul A. Van Dyke）因此認為，從貿易的實際運作而言，所謂「廣州體系」時期，理應涵蓋 1700-1842 年，而非一般歷史學家慣說的 1757-1842 年。[11]

從一開始，英國便向中國購買大宗奢侈品，包括茶葉、生絲、瓷器、香料、藥草等等。由於茶葉很快便由奢侈品成為英國一般家庭的基本飲料，其需求因此大增。據有關資料顯示，東印度公司每年從中國輸入英國的茶葉，由 17 世紀晚期的 200 磅，增加到幾十年後的 40 萬磅，再激增至 19 世紀初期的 2,800 萬磅。雖然中國和東印度公司從中賺了很多錢，但英國政府對白銀大量外流卻很不高興。就英國而言，主要問題在於政府如何支付這麼大宗的進口茶葉。第一種重要的交換品是東印度公司在印度種植的棉花，但由於中國在 18 世紀後期對印度棉的需求下降，英國政府遂決定用該公司在南亞種植的鴉片為替代品。須知，雍正皇帝早已禁止在中國販賣和使用鴉片。儘管如此，鴉片很快便取代棉花成為英國主要輸往中國的產品了。東印度公司一方面壟斷了所有在印度生產的鴉片，另一方面則選擇了幾家俗稱「港腳商」或「散商」（country traders）的西方船運商，在授予他們買賣鴉片的特許狀後就委託他們把鴉片運到中國販賣。這樣做就避開用自己管道運送鴉片的難堪，而以間接牟利的方式介入鴉片貿易了。

回說中國。18-19 世紀之交，大清王朝經歷了一個多世紀的「盛

11　Paul A. Van Dyke, *The Canton Trade: Life and Enterprise on the China Coast, 1700-1845*. Hong Kong: Hong Kong University Press, published in conjunction with Instituto Cultural do Governo da R.A.E. de Macau, 2005. 「廣州制度」於 1842 年結束，這是因為中國和英國在該年簽訂《南京條約》，開放廣州、福州、廈門、寧波、上海五口通商，並且取消廣州「公行」獨佔制度。

世」後，[12] 正面臨日益加深的危機。導致危機出現有三個主因。其一是長久安逸令人容易產生惰性，引發管治危機。嘉慶年間（1796-1820年），朝代衰落的表徵——政府失能、吏治腐敗、士氣低迷等等，已表露無遺。嘉慶皇帝和繼位的道光皇帝（1820-1850年）並非昏庸或愛推卸責任、諉過於人的君主，但他們做事的確不如康熙、雍正和乾隆那麼果斷，故此在面對危機的關鍵時刻往往表現得手足無措。其二是人口空前膨脹，令社會經濟問題叢生。人口持續增長大概從 18 世紀中葉開始，其成因包括：一、國家承平日久，令百姓生活穩定；二、康熙 1712 年頒佈「滋生人丁、永不加賦」詔令，有紓解民困之效；三、中國從新大陸（美洲）大量輸入甘薯和玉米，有助解決糧食問題；四、政府鼓勵農民上山墾荒，使大量邊際（貧瘠）土地變為耕地；五、中國大量輸出茶葉和生絲，導致白銀流入，改善經濟，更增加了百姓的就業機會。中國的人口總數從 1750 年的約 1.77 億人增至 1800 年的 3 億人，再增至 1850 年的 4.3 億人。由於土地增長率遠遠趕不上人口增長率，所以人均土地佔有率及勞動生產率皆持續下降。簡言之，人口過剩使農民難以維持生計，加上地方管治變差，無怪乎大清王朝在「盛世」過後立即爆發大型民變——白蓮教之亂（1796-1804 年）。乾隆結束其漫長的統治時，戶部庫房仍有 6,000 萬両盈餘，而嘉慶就一共花了 1 億 2,000 萬両去平定白蓮教，清朝自此再沒有完全恢復元氣。半個世紀後，更爆發了一連串大型的、持久的、遍及全國的民變——太平天國之亂（1850-1864 年）、捻亂（1851-1868 年）、雲南及四川回變（1855-1874 年）、西北回變（1863-1874 年）等等。此時，清廷

---

12 清朝的「盛世」，一般指康熙、雍正與乾隆三朝。西方歷史著作稱之為 High Qing；亦有學者稱之為「漫長的 18 世紀」（the long eighteenth century），指從康熙在 1680 年左右鞏固清朝統治，直到 1799 年乾隆逝世的時代。

還要面對另一種危機；導致這個危機出現是現代西方嚴重衝擊中國的傳統政治、社會、經濟，甚至文化秩序，進而揭開了大清王朝陷入內憂外患困境的序幕。由於這個衝擊是中國前所未曾遇過的挑戰，所以值得在這裏作較詳細的論述。

如前所述，英國在 18 世紀後期藉向中國販售印度鴉片來扭轉白銀外流的劣勢。從 18 世紀晚期到 19 世紀初期，經廣州輸入中國的鴉片數量增加了十倍。1820 年代初，多達六分之一的英國王室稅收來自以鴉片為關鍵商品的中國貿易，實難想像英國會減少印度鴉片的輸出。事實證明，鴉片貿易在道光年間持續擴大。1820 年前後，輸入中國的鴉片大約每年 3,000 箱；1832 年，增至 23,670 箱；到鴉片戰爭前夕，達 40,200 箱。對中國而言，吸食鴉片人數激增是極其嚴重的社會及道德問題。鴉片貿易導致白銀流失又對政府構成嚴重的經濟及財政問題——1823-1831 年間，白銀外流約 1,700 萬両；1832-1834 年間，增至 2,000 萬両；到 1835-1838 年間，高達 3,000 萬両。白銀流失除關乎國計外也影響民生，因為中國境內銀價高漲令白銀與銅錢兌換比例失衡，這就大大影響了那些以貶值的銅錢來支付賦稅的廣大農民，因為賦稅是以白銀訂定的。鴉片貿易發展到道光年間，無疑是清廷亟需解決的問題。

廣州貿易的格局自 1830 年代初也起了不少變化。1828 年 11 月，外商在廣州出版了第一份名為《廣州紀錄報》（*Canton Register*，又譯《廣東紀錄報》或《廣東紀事報》）的英文期刊以傳播有關中國貿易的消息。由於當時歐洲正掀起了自由貿易的風氣，所以不少信奉「自由貿易主義」（free trade）的英國商人就利用《廣州紀錄報》及隨後出版的其他「中國海岸刊物」（China coast publications）鼓吹自由貿易，同時抨擊東印度公司長期對中國貿易的壟斷。范岱克稱

這個嶄新的發展為廣州外商社區的一場「資訊革命」（"information revolution"）。在輿論的壓力下，英國政府終於在 1833 年撤銷了東印度公司壟斷中國貿易的專利權。自此，鴉片貿易便落入「自由貿易商人」（free traders）的手裏。他們不停埋怨「廣州體系」對外商活動諸多限制，又催促英國政府代表他們出面向清廷爭取更多貿易機會，因而激化了中英兩國政府的正面衝突。「廣州體系」的慣常運作，亦受到其他衝擊。例如，西方蒸氣船（steamship）東來後，[13] 中國官方對外貿的監督就面對挑戰，這是因為蒸氣船削減了航道引水的角色及虎門防衛的有效能力，實質上削弱了「粵海關監督」百年來對廣州貿易的監控。還有，不少廣州行商在 1830 年代因長期被官員欺壓或其他原因宣佈破產，這又加深了原本貿易體制的破壞。到此，中英貿易已由兩個壟斷組織所進行的商業活動，轉化為兩個主權國家在多方面的對峙。當道光皇帝決定不計代價查禁鴉片買賣和吸食，中英兩國交戰似乎在所難免。欽差大臣林則徐於 1839 年 6 月在虎門銷煙引發鴉片戰爭，是耳熟能詳的史事，這裏不再贅述。下文簡單說明中國戰敗的後果。

中國因不敵英國炮艦而被迫簽訂《南京條約》（Treaty of Nanking，1842 年 8 月 29 日），可謂意義重大。除了賠款、割地、廢除「廣州體系」、開放五口通商外，中國還須接受三項極其危害國家主權的規定——核定關稅（fixed tariff）[14]、治外法權

13　1830 年，第一艘蒸氣船駛入珠江河道，范岱克認為這標誌着「廣州體系」終結的開始。

14　核定關稅（或稱協定關稅）指中國沒有權力確定自己海關進出口貨物的稅率，要確定的話，就必須與英國共同協定。由於英國將大部份主要貨物的稅率定為 5%，海關稅率就此固定下來了。這個條款使中國完全喪失其關稅自主權，中國海關也因此失去了保護本國工農業生產的作用。

（extraterritoriality）[15]，以及最惠國待遇（the most-favored-nation clause）。[16]這是中國簽署的第一個「不平等」條約（"unequal" treaty）——之所以稱它為「不平等」條約，是因為中國給予西方的各種權益並沒有相對地給予中國。[17]《南京條約》開展了西方列強在中國爭奪、攫取利益，甚至妄圖瓜分中國的歷史。1842-1901年間，中國陸陸續續簽訂了十多個「不平等」條約，[18]因此形成了一個取代傳統「朝貢——貿易體系」的「條約體系」。

研習晚清歷史的人，一般都着眼於解答一個問題：滿清政府為何及如何走上覆亡的道路？較少人關注但值得我們去思考的問題乃是：清廷為何在整整70年的窘境中，尚能保住老祖宗打下來的江山？

15　治外法權（或稱領事裁判權）指英國人如果在中國領土上犯了法，中國的官吏無權根據中國的法律來判罪，而是要由英國的領事根據英國的法律來定罪。這是對中國司法主權的嚴重破壞。

16　最惠國待遇指中國只要給予其他國家任何權益，英國就可以同樣享受。後來中美、中法條約中，都有同樣的規定。自此，無論哪一個國家從中國取得了新的權益，其他國家也可以同樣享受。這是一條特別危害中國主權的條款。

17　「不平等」是「單向、非互惠」（non-reciprocal）的意思。「『不平等』條約」這個提法，應在中華民國成立後才出現。筆者曾翻閱「五四」運動時期進步刊物《新青年》的各類文章，但未見「『不平等』條約」一詞出現。第一次看見這個詞語是在中國國民黨第一次全國代表大會於1924年1月23日表決通過的《宣言》。提交該文件的人是孫中山，主持代表大會的人也是孫。《宣言》談到國民黨政綱的對外政策時説：「一切不平等條約，如外人租借地、領事裁判權、外人管理關税權以及外人在中國境內行使一切政治的權力侵害中國主權者，皆當取消，重訂雙方平等、互尊主權之條約。」筆者認為，創造「『不平等』條約」一詞者是孫中山；如讀者認為這個説法不對，請指正賜教。

18　這十多個「不平等」條約包括：《中英南京條約》（1842年8月29日）〔《五口通商章程》（1843年7月22日）與《虎門條約》（1843年10月8日）為《中英南京條約》的補充〕；《中美望夏條約》（1844年7月3日）；《中法黃埔條約》（1844年10月24日）；《中俄璦琿條約》（1858年5月28日）；天津條約〔《中俄天津條約》（1858年6月13日）；《中美天津條約》（1858年6月18日）；《中英天津條約》（1858年6月26日）；《中法天津條約》（1858年6月27日）〕；北京條約〔《中英北京條約》和《中法北京條約》（1860年10月24-25日）〕；《中俄北京條約》（1860年11月14日）；《中俄勘分西北界約記》（1864年10月）；《中英煙台條約》（1876年9月13日）；《中俄伊犁條約》（1881年2月24日）；《中日馬關條約》（1895年4月17日）；《中俄密約》（1896年6月3日）；《中俄合辦東省鐵路公司合同章程》（1896年9月8日）；《旅大租地條約》（1898年3月27日）；《續訂旅大租地條約》（1898年5月7日）；《東省鐵路公司續訂合同》（1898年7月6日）；《辛丑條約》（1901年9月7日）。

大清王朝能夠在 1860 年逃脫滅亡的命運，是不幸中之大幸。是年 5 月，企圖借用基督教末世論來顛覆傳統秩序並佔領了南京長達七年之久的太平天國再度大舉出擊；在忠王李秀成的指揮下，「太平軍」擊破清軍江南大營並控制了整個江蘇省（上海和鎮江除外）。同年 10 月，英法聯軍佔領北京並燒毀了圓明園。咸豐皇帝（1850-1861 年）及皇后等人以北狩為名逃往熱河，留下其弟弟恭親王在北京與英法媾和。儘管《北京條約》（Convention of Peking）的簽訂（1860 年 10 月 24-25 日）結束了第二次鴉片戰爭（1856-1860 年），惟清廷很快便因咸豐在承德避暑山莊逝世（1861 年 8 月）而捲入一場令清朝險些覆滅的宮廷鬥爭。清史專家羅威廉（William T. Rowe）有感而發地說：「對於一個觀察者來説，幾乎沒甚麼理由去猜測清朝是否能再多活一年。然而，這個帝國的確存活下來，事實上更進入一個繁榮的新時期。」[19] 大清王朝能活下來，並且在數年間平定了太平天國之亂及捻亂，主要是因為辛酉（1861 年）政變的勝利者能當機立斷地組成一個擁有實權的新政治聯盟，去制訂和實行各種應急措施。這個聯盟的核心成員包括首領葉赫那拉（慈禧太后）、她的六歲兒子同治皇帝（1862-1874 年）、獨自留在北京跟西方人交涉及收拾爛攤子的恭親王、軍機大臣文祥，以及當時極具影響力的漢人官員曾國藩。在聯盟的領導下，清廷一掃陰霾並跨進當時士人所稱譽的「中興」時代。

「同治中興」能否稱得上王朝的「第二次繁榮」，學界時有爭論，見仁見智。無可否認的是，這期間開展的洋務運動（亦稱自強運動），標誌着中國器物技能現代化的正式開始。中國的洋務思潮，經歷了由

19　William Rowe, *China's Last Empire: The Great Qing*. Cambridge, Mass.: Harvard University Press, 2009；羅威廉著，李仁淵、張遠譯：《中國最後的帝國——大清王朝》，台北：國立台灣大學出版中心，2013 年。本章有關晚清的部份論述，受惠於羅威廉的這部著作。

「師夷長技以制夷」到「中本西末」，再到「中體西用」的轉變；洋務運動也經歷了由發展軍事國防工業到發展民用工業，即由「求強」發展到「求富」及「富強並舉」的歷程。有關中國現代化的緣起、進程及特色，本書的〈導言〉已有所論述；這裏要跟進的，是兩種有關洋務運動的常見觀點。其一是將滿洲人和漢人對洋務或自強的態度對立起來——前者（以慈禧為首的中央統治集團）慣性保守，所以反對任何打破常規的變革；後者（以曾國藩、左宗棠、李鴻章等人為首的外省督撫）務實兼且目光深遠，是策劃和推行洋務運動的功臣。其實，守舊派何止局限於滿洲人？一般傳統儒家士大夫當初也是極之反對引入西學的。我們不用懷疑地方督撫對自強所作出的努力，但如果沒有得到慈禧的首肯和缺少恭親王的運籌帷幄，很難想像他們有足夠權力去啟動各項自強計劃。還須指出，西方列強為了確保清廷履行條約，非常歡迎恭親王對外人採取的合作政策，中國因此在 1860 年代得到一個喘息時機，以實施其自強規劃。

第二種常見的觀點是中國在 1895 年被日本打敗，證明 30 年來中國早期工業化徹底失敗，尤其是相對於日本而言。羅威廉精闢地道出了上述觀點的不足：「這個意見幾乎為所有的歷史學家所採納。明治日本的『成功』與中國的『失敗』多年來都是晚清史學研究的重要課題。大量的中國和西方學者，專注於解釋『為何』中國的早期工業化失敗，而非探討是否失敗。」須知，自強運動及工業化並沒有因為中國戰敗而中斷。1895 年之後的 25 年間所發生的小規模工業革命，無疑是建基於早期工業化經驗的。自強運動完全失敗之說，值得學者進行反思。

中日甲午戰爭（1894-1895 年）及《馬關條約》（Treaty of Shimonoseki，1895 年 4 月 17 日）的簽訂，是晚清歷史的一個重要

清廷向英國購買巡洋艦
1880 年 12 月 23 日，北洋海軍提督丁汝昌率領 200 多名精鋭北洋水師赴英接收早前訂購的「揚威號」和「超勇號」巡洋艦。該兩艘戰艦於 1881 年 11 月 22 日抵達大沽口，加入創建中的北洋水師。鄧世昌和林泰曾分別被任命為「揚威號」和「超勇號」的管帶（即艦長）。圖為鄧世昌登上（非由其擔任管帶的）「超勇號」會見到訪的英國海軍官員。左邊是翻譯員。甲午戰爭期間（1894-1895年），「超勇號」和「揚威號」先後在博鬥中沉沒。

轉捩點。中國除了被曾經向它朝貢的日本打敗外，還須承認朝鮮（另一個藩屬）獨立自主，不再向中國朝貢。該條約不單把朝鮮變為日本的保護國，還強迫中國割讓台灣及准許日本在中國境內設立工廠。外人在中國設廠的條款乃首次在「不平等」條約系列中出現。由於已擁有最惠國待遇的西方國家也同樣享有此權利，因此中國從此就成為外國工業投資的對象及經濟帝國主義爭奪的地盤了。日本輕易打敗中國還觸發西方兩種不利中國的輿論。第一種把中國描繪為「東亞病夫」

扭轉乾坤之一
蜕變的年代（1900-1912 年）

（The Sick Man of Asia），正如當時的土耳其被喻為「歐洲病夫」（The Sick Man of Europe）。第二種輿論認為，倘若資源相對稀少的日本尚能藉西化而迅速強大起來，那麼相對富裕而人口龐大的中國若走日本的道路，豈不是比日本更具威脅？所以在機會尚存之時，必須阻止中國的崛起。[20] 毋庸諱言，以上兩種輿論都加強了列強侵略中國的野心。1897 年掀起了列強在中國「爭奪租借（界）地」（The Scramble for Concessions）的狂潮，以致中國的領土被劃分為多個「勢力範圍」（spheres of influence）；各列強在其霸權區域內，皆享有開礦、鋪設鐵路及進行其他經濟發展活動的最優先權利。帝國主義對中國的掠奪，又登上一個新高峰。

在 19 世紀最後五年，內憂外患的深化逼出了三種不同類型和性質的政治行動。第一種認為救國之道在於推翻剝奪漢人權利的滿族統治及顛覆宰制人民的君主政體。換言之，它鼓吹具現代意義的暴力革命。孫中山於 1894 年 11 月 24 日在檀香山創立第一個反清革命組織「興中會」，並策劃 1895 年的廣州起義與 1900 年的惠州起義。儘管兩次起義皆以失敗告終，但孫中山已把中國帶領上政治（或制度）現代化的道路。第二種政治行動認為傳統秩序須與時俱進、更趨完善。中日甲午戰爭後，部份有遠見的士人認識到早期自強運動之不足——現代化國防和工業不但需要現代化的交通、教育、經濟，並且需要有現代化的政治和國民，故主張「體」與「用」皆須變革。參與這種行動的人是改革陣營中的激進或急進派，其代表人物是今文經學運動的

---

20 這種思維孕育了歐洲在 19-20 世紀之交興起的「黃禍」論（the Yellow Peril theory），即認為當時的東亞（中國和日本）具備威脅歐美霸權的潛力。義和團事件（1900 年）無疑增加了「黃禍」論的市場。

領導人康有為及其弟子梁啟超。[21] 受康有為的影響，年輕的光緒皇帝（1875-1908 年）從 1898 年 6 月 11 日到 9 月 20 日的 103 天中，先後頒發了 40-55 項變法法令，涉及教育、政制、行政管理、工商業，以及國際交流等各方面的大膽改革。改革意味着利益重新分配，激進的改革必然引起既得利益集團的不安。1898 年夏天，許多中央和省級官員對來勢洶洶的改革措施感到震驚，朝廷中的溫和改革派如李鴻章及其門生袁世凱，也對康有為這群維新派人馬存有戒心，並聚在慈禧身邊隨時待命。變法很快便成為皇帝和皇太后之間的權力鬥爭。光緒欲拉攏袁世凱（當時正在天津附近訓練一支 7,000 人的新軍）對抗慈禧，但由於袁向其上司（受慈禧重用的）榮祿告密，慈禧遂於 9 月 21 日突然宣佈再次攝政，並把光緒幽禁。政變發生後，康有為逃往香港，梁啟超逃到日本，維新派另外六人被逮捕後遭處決。儘管「百日維新」以失敗告終，但維新派卻把中國帶領上政治（或制度）現代化的道路。

若說第一、二種行動代表中國精英對時局的回應，那麼第三種行動是暴力的仇外民粹運動。它在山東省出現時，是一個特別針對當地天主教傳教活動的「神拳」（或稱「義和拳」）運動。由於參加者都練習中國傳統武術——打拳，所以西方人稱他們為「拳民」（Boxers）。該運動後來從山東蔓延到華北其他地區，其成員除了毀壞鐵路和電線等外國產物外，還以暴力攻擊外國人和中國基督徒。關鍵之處在於清廷對義和拳採取甚麼態度和政策。鑒於朝廷中的守舊派在 9 月 21 日的政變後更為仇外，加上北京西方公使團對慈禧打算廢黜光緒的謠傳給她具威脅性的回應，清廷最終決定拉攏義和拳（當時已被尊稱為「義

21　康有為在他的著作《孔子改制考》中大膽論斷孔子不是編纂而是著述六經，並藉此推動改制。他實際上是想借孔子擁護改制這個説法來為自己的主張辯護，令統治者相信改制是明智的，又使反對他主張的人成為反對孔子的缺德者。

外國使節合照紀念慈禧大壽
1894 年 11 月 7 日（即甲午年十月初十）為慈禧六十大壽的好日子。太后的六旬萬壽慶典已早於
一年多前開始籌備。儘管慈禧的心情受到 1894 年 7 月爆發的中日甲午戰爭影響，惟一早着手安
排的盛大慶壽典禮則如期舉行。圖為外國使節為了紀念慶祝慈禧大壽在宮中合照。

和團」），並終於在 1900 年 6 月 21 日對列強宣戰。值得注意的是，
中國東南部的省級官員——兩廣總督李鴻章、兩江總督劉坤一、兩湖
總督張之洞、山東巡撫袁世凱等人，以義和團「矯詔」為理由，拒絕
受命，以確保東南不會被外國入侵。8 月 14 日，八國聯軍攻佔北京。
翌日，慈禧、光緒和少數侍從以西狩為名，喬裝遠走西安。李鴻章授
命北上與列強媾和。慈禧大概不會忘記 40 年前他與咸豐皇帝北狩熱
河的心情和景象。她能否再次回鑾攝政？能否再次有所作為？西狩期
間的慈禧，理應明白大清王朝危在旦夕，只有抱着破釜沉舟之心才可

扭轉乾坤，無愧於祖宗。慈禧能否如願以償？本書第二章自有交代。

　　若說西方對晚清中國影響很大，相信沒有人會提出異議。然而，把晚清歷史好像費正清那樣看成是一部「中國對西方衝擊的回應」的歷史（a history of "China's response to the West"），就有商榷的餘地了。無可否認，部份晚清歷史真的體現了「中國對西方衝擊的回應」，但很多在晚清所發生的重大事件是不屬於或只是小部份屬於中西關係範疇。譬如，導致王朝衰落的決定因素是內因——皇帝做事欠缺果斷、官員做事敷衍塞責、官場貪腐成風、政府財政拮据、社會貧富懸殊等等。清朝開始衰落發生在鴉片戰爭之前，列強後來在中國肆虐橫行只是加速其衰落而已。另外，在 19 世紀發生的多場民變，都是由於地方上生活條件惡劣及吏治素質低下引起的，它們與中國歷史上所發生的官逼民反事件非常相像，如出一轍。儘管太平天國和義和拳的崛起與西方傳教士的活動有一定程度上的關係，但它們在性質上仍屬於中國傳統的民變，只是加添了一些與西方有關的色彩而已。還有，由於晚清歷次改革都在中國被列強打敗之後推行，所以不少人只從中西關係的角度去探討晚清改革，結果將一個極之複雜的歷史現實簡單化而未能窺得全貌。同治中興期間出現的洋務（或自強）運動，的確標誌着中國走上器物技能現代化的道路，但它並非表明改革者有全盤西化的意願。實際上，當時整個改革規劃着眼解決的首要問題，是各地民變（尤其是太平天國）對滿清政權及傳統價值觀的衝擊。它旨在全面恢復儒家秩序，故其本質是保守的。較為人熟悉的洋務（或自強）運動，只是同治中興時期整套改革方案中的一個環節而已。「百日維新」在某程度上是部份士人對甲午戰敗及列強在中國開展「爭奪租界地」的一種回應，但該事件也涉及其他與西方接觸無關的問題，包括儒家金文與古文經學兩派之爭，以及朝廷中不同派系的權力鬥爭。總而言

扭轉乾坤之一
蛻變的年代（1900-1912 年）

之，我們不應低估西方對晚清中國的影響，但切勿把晚清歷史視為西方歷史的延續。

第二章

帝制覆亡與共和創建
（1900-1912 年）

1、中國政治現代化開端之一：「清末新政」

　　如前章所述，慈禧太后在八國聯軍攻佔北京的次天（1900 年 8 月 15 日），便帶着光緒和少數侍從以西狩為名逃到偏遠的西安。儘管慈禧感到惶恐不安，但她本能地意識到若要挽回大清王朝的聲譽，朝廷亟需重新取得列強和國人的信任。有見及此，當慈禧還在逃亡之時就不惜紆尊降貴發佈了一道上諭，就中國當前的不幸引咎自責；在西安重建朝廷後，又聲明要開展一場由她自己主導的改革。為了表明她的誠意和決心，慈禧於 1901 年 1 月 29 日指示光緒頒佈變法詔令，懇請內外大臣督撫各就當時情形，「參酌中西政要，舉凡朝章、國政、吏治、民生、學校、科舉、軍政、財政，當因當革，當省當併，或取諸人，或求諸己。」2 月 14 日，重申改革的決心，並承擔了對義和團事件的責任。4 月 21 日，清廷成立督辦政務處負責全面規劃。張之洞和劉坤一在 7 月三次聯名上奏，回應朝廷的號召（即歷史上相當出名的《江楚會奏變法三折》）。在第一份奏摺中，他們強調改革教育，為國家培養人才。張之洞的奏摺對這點寫得很清楚：「非育才不能圖治，非興學不能育才，非變通文武兩科不能興學，非遊學不能助興學之不足。」第二份奏摺建議崇尚節儉、清除陋規、廢止捐納（即賣官）、裁減冗員，以實現富強。第三份奏摺提倡採用「西法」，包括引進西式軍事訓練、擴大軍事撥款、發展農業、鼓勵工業、使用銀幣、採行印花稅、改善郵政服務、翻譯外國書籍，以及彙編與採礦、鐵路和商業相關的規章，目的是借用「西法」來調整及補充中國體制之不足。慈禧遂以張之洞和劉坤一的建議為基礎，啟動了一場在內容上與 1898 年「百日維新」幾乎雷同的改革，部份改革在上奏慈禧後立即推行。

　　1902 年 1 月 7 日，慈禧回鑾北京。中國已早於 1901 年 9 月 17 日

由李鴻章及慶親王奕劻與列強代表簽訂了《辛丑條約》。這個條約不單止苛刻，而且部份條款還對中國的內政造成直接干預——中國除了要賠款達 4 億 5,000 萬両白銀外，還要懲罰（包括處死）各省 119 名官員、拆除大沽口炮台和北京至海通道之各炮台、在兩年內禁止進口武器、允許北京至海道的重要地點駐紮外國軍隊，以及暫停拳民肆虐的 45 個城市的科舉考試五年。清廷在慈禧領導下大概認識得到，不認真實行徹底的改革就難逃滅亡的命運。

1901 年開始推行的改革在當時被稱為「新政」（史稱「庚子新政」或「庚子後新政」，俗稱「清末新政」）。在一般中國近代史的論著和教科書裏，有關「清末新政」的論述往往比辛亥革命來得簡單。談到清朝最後的十年時，這些書本通常對清廷所推行的「新政」着墨不多，反而對孫中山所領導的共和革命或其他革命黨的活動有較詳細的闡釋。這種現象不難理解。歷史學家習慣了事後看問題，這對他們分析事情發展的客觀性必然產生影響。1912 年 2 月 12 日，大清王朝被革命洪流吞噬，帝制也隨之覆滅，這個事實直接影響了歷史學家對「清末新政」的看法。由於革命派最終推翻了滿清政府，一般歷史學家在論述 1900-1912 年這段歷史時皆着眼於解釋革命派如何滅清，而往往忽視了評估清廷尋求自救所作出的努力，以及解釋為何這些努力沒能使它逃避滅亡的命運。傳統歷史學家有一個共識——大清王朝踏足 20 世紀，已像一個病入膏肓的垂死老人；儘管它為了救亡而施行「新政」，但此覺醒未免來得太晚，終於藥石無效，嗚呼哀哉。還有，自從「民族革命史觀」在民國初年興起後，中國史學界便一直受到反滿族統治的史觀所影響。用反滿族的角度透視晚清歷史，「新政」必敗無疑。美籍華裔歷史學家徐中約將這種觀點發揮得淋漓盡致：「〔慈禧〕太后的改革計劃本質上是一場沒有甚麼內容也不準備實行的喧鬧

表演。……除了太后沒有誠意外，歧視漢人和無能的滿族領導也使得計劃沒有效率，重要職位越來越多地授予了滿族人。……這種一邊倒的職位分派，在漢族老政治家李鴻章和劉坤一分別於 1901 年及 1902 年死後變得更為明顯，改革的成功前景更加遙遠了。」他又說：「為了苟延殘喘，滿族朝廷作了一些三心兩意、膚淺的憲政改革；很多漢人目睹了滿族政權毫無希望的領導能力後，轉向了革命，革命成了國家的唯一希望。」[1] 依照徐中約的說法，「清末新政」根本沒有甚麼值得討論。

慈禧推行「新政」是否欠缺誠意？這是一個值得探討的問題。要探悉一個改革者是否真心誠意地去領導改革，就必須明白這個人想通過改革來達到甚麼目的。我們若認為滿清政府應把統治權力歸還給漢人，那麼，拿這個標準來衡量「清末新政」，就絕對有理由批評清廷缺乏誠意。但這明顯不是慈禧實施「新政」的意圖。毋庸諱言，任何統治者推行改革的終極目標，不外是希望通過改革的成果來鞏固自身統治的合法性。慈禧領導「新政」，無疑是想提升滿清政府的行政效率，恢復相對強而有力的中央領導，重新得到列強對清廷的尊敬，以確保其統治地位穩固不變。從這個角度來看，我們毋須懷疑慈禧的誠意。中國在 20 世紀初的局面，可與四分之三個世紀後的局面作一比較。「文化大革命」（1966-1976 年）結束，中國共產黨面臨「三信危機」（「三信」指信仰、信心、信任），鄧小平在中共中央第十一屆三中全會（1978 年 12 月）上台後，銳意推行徹底的改革開放，冀望藉搞活經濟來提高人民生活水準，以解決「三信危機」及鞏固中共

---

1 徐中約著，計秋楓、朱慶葆、鄭會欣譯：《中國近代史》，上、下冊，香港：香港中文大學出版社，2000-2001 年；Immanuel C. Y. Hsu, *The Rise of Modern China*. New York: Oxford University Press, 6th edition, 2000.

的統治地位。我們亦毋須懷疑鄧小平的誠意。

　　大清王朝在其最後十年是否真的苟延殘喘、一籌莫展？有理由相信，清廷在簽訂極具屈辱性的《辛丑條約》後，不僅存活下去，而且進入了一個覺醒、振作、展現出活力的嶄新時代。面臨列強與革命派雙重威脅的慈禧，沒有多大的選擇。她知道，若要力挽狂瀾，保住大清的江山，只好大膽改革，藉此爭取兩類人的支持：一、不認同革命思想和手段的士紳；二、已經成為既得利益者集團的列強。誠然，清廷於 1901 年開始推行的改革，是全方位、多層面、空前的變革，故有「新政」之稱。從慈禧推行改革以保大清江山這個動機來看，「新政」無疑屬於傳統「變法」的範疇；然而，就政策對國家社會所帶來的影響而言，「清末新政」可以說是一場革命。現將改革的內容摘要列舉如下，以供佐證：

　　（一）行政制度的改革——包括裁撤有名無實的機關和創設新官
　　　　　署。

　　（I）裁撤有名無實的機關

　　　　　1. 裁汰各衙門胥吏差役（1901 年 5 月）；

　　　　　2. 停止捐納實官（1901 年 8 月）；

　　　　　3. 詹事府[2]歸併於翰林院（1901 年 8 月）；

　　　　　4. 撤廢河東河道總督[3]及漕運總督職位（1902 年 2 月）；

　　　　　5. 裁撤雲南、湖北、廣東三省巡撫建制[4]（1905 年 7
　　　　　　月）。

　　（II）創設新官署

2　詹事府掌輔導太子及有關事宜，晚清不設太子，詹事府成為冗官。

3　河東河道總督負責治理河南境內的黃河堤防。但此事可由河南省的巡撫兼管。

4　此三省的總督與巡撫同城。

1. 成立督辦政務處（1901 年 4 月）；

2. 1861 年成立的總理衙門改為外務部（1901 年 7 月）；

3. 鐵路局和礦務局合併為商部（1903 年 8 月）；

4. 設立巡警部（1905 年 10 月），後來改為民政部；

5. 設立學部（1905 年 12 月）；

6. 傳統的中央政府行政機關，即六部（吏、戶、禮、兵、刑、工）擴充為十一部（外務部、度支部、禮部、陸軍部、法部、郵傳部、理藩部、民政部、農工商部、學部、吏部），只有吏部和禮部仍維持原有名稱（1906 年 11 月）；

7. 東三省（外國人所稱的滿洲）建立與中國內地相同的行政制度，改盛京將軍為東三省總督，設吉林、奉天、黑龍江三省巡撫。

（二）軍事制度的改革——包括改組腐敗的舊軍隊和建立強大的新軍隊。

1. 廢除武科考試（1901 年 8 月）；

2. 裁減 20%-30% 的綠營和防營（1901 年 8 月）；

3. 在各省籌設武備學堂，其畢業生即為新軍軍官[5]（1901 年 8 月）；

4. 命令袁世凱和鐵良在北京訓練八旗兵，此一武力後來成為新軍的第一鎮（1903 年）；

5. 在北京設立練兵處，為徵募新軍和訓練新軍的機構（1903 年 12 月）；

5　中國的第一所西式武備學堂是天津的北洋武備學堂，成立於 1885 年。它是李鴻章用來強化自己的淮軍、培育軍中的陸軍士官創建的，僱用了很多德國退役軍人擔任教官，也派出許多學生前往德國留學。

6. 全面改革軍事制度，由練兵處設立 36 鎮新軍，每鎮
包括官員及士兵 12,500 人，合計約 45 萬人 [6]。為了
訓練新軍軍官，派遣學生到日本軍事學校學習，並
設立一套由初級軍事學堂開始到武備大學堂的一貫
軍事教育制度；

7. 設海軍部（1910 年）及軍諮處（1911 年），二者均
自陸軍部獨立。

（三）教育的改革——包括廢除舊制及樹立現代教育制度。

1. 命令翰林院研究西學，並為地位高於撰修的翰林學
士開設政治經濟考試（1901 年 5 月）；

2. 政府派遣學生出洋學習，由使節徵召留學生回國供
職（1901 年 6 月）；

3. 廢「八股文」，以較平實的文句來解釋四書五經，以
論說的文字來討論中國及西方的歷史、政治及學術。
此一改革於 1902 年的鄉試中實施（1901 年 8 月）；

4. 改省級書院為分科大學堂，府、州級書院為中等學
堂，縣級書院為初等學堂，課程包括儒家四書五經、
中國歷史，還有西方政治研究（1901 年 9 月）；

5. 命令各省當局挑選學生出國留學（1901 年 9 月、
1902 年 10 月）；

6. 命令宗人府選派旗人子弟留學（1902 年 1 月）；

7. 命令翰林編修和進士功名持有者到 1898 年成立的京
師大學堂各科學習（1902 年 12 月）；

6　至辛亥革命爆發時，實際編成的只有 20 鎮。

8. 對回國學生進行年度考試（1905 年 7 月）

9. 廢除科舉考試（1905 年 8 月）；

10. 設立學部掌管所有教育行政[7]（1905 年 12 月）。

（四）其他的改革措施——包括財政、經濟及社會改革。

1. 發展鐵路建設（1901 年 6 月）；

2. 命令草擬商法（1901 年 12 月）；

3. 允許漢滿通婚（1902 年 2 月）；

4. 禁止婦女纏足（1902 年 2 月）；

5. 各省徵收煙酒稅（1903 年 12 月）；

6. 減少宮廷費用（1904 年 6 月）；

7. 設立難民營收留流浪者和失業者（1905 年 6 月）；

8. 禁止吸食鴉片（1906 年 9 月）。

除了以上的改革，「新政」還有一個重要項目，那就是對清朝國祚起決定性作用的「預備立憲」（又稱「籌備立憲」）規劃。「清末新政」伊始，朝廷已意識到憲政才是西方強盛的核心所在，所以沒有把採擷憲政體制這個議題排除在改革之外。問題是：若中國真的要走憲政體制之路，應仿效哪個國家？在 19 世紀，法國和美國的國勢可謂蒸蒸日上，惟法國的共和政體與美國的總統制度必然破壞滿清政權的合法性，故不可能在考慮之列。惟有英國和德國的君主立憲政體，才值得中國借鑒。英國當時是世界上頭等的工業與軍事強權，而德國則在 1871 年德意志統一後迅速躋身世界強國之林；兩國的歷史經驗表明，君主立憲政體既能強化國家能力，又能延續國祚，是中國採擷憲政體制的最佳標杆。不過，直到 1905 年，清廷才開始慎重地考慮

---

7 以往由禮部掌管科舉與傳統教育，由 1898 年「百日維新」時成立的京師大學堂負責管理新式學堂。為使京師大學堂發揮其最高學府功能，其管理新式學堂的任務交給了新成立的學部。

立憲的可能性。是年，結合皇權與議會制度的日本擊潰了世界大國之一的俄國，為整個亞洲帶來很大的刺激。由於日俄戰爭（1904-1905年）普遍被視為立憲政體戰勝專制政體，所以採用立憲政體令中國強盛的要求日趨強烈。慈禧遂於 1905 年 12 月派遣載澤、端方、戴鴻慈、李盛鐸、尚其亨分赴日、英、美、德、法考察政治，並斟酌中國實行立憲政體的可行性。1906 年 7 月，五大臣返國，向慈禧密陳立憲可以得到「皇位永固」、「外患漸輕」、「內亂可弭」等好處。他們一致奏請實行立憲政體，並指出日本是最可行的典範，因為日本皇族依然維持着統治權。於是慈禧和光緒召集軍機大臣、內閣大學士、各部大臣等討論有關立憲正反雙方的意見。會議結果，多數贊同。1906 年 9 月初，光緒下詔宣示天下：「時處今日，惟有……仿行憲政」，但又宣稱：「目前規制未備，民智未開」，因此不能「操切從事」，只能先作「預備」，待數年後「視進步之遲速」，再「妥議立憲實行期限」。預備立憲，由此開始。

1907 年 8 月，清廷成立制憲局。9 月，委派三名官員到日本、英國和德國學習立憲政體。由於當時反滿革命浪潮高漲（見下節），但立憲仍未制訂進程表，所以各省支持立憲的團體一批一批來到北京，請求中央政府早日成立議會和立即頒佈憲法。在這樣的壓力下，朝廷終於在 1908 年 8 月 27 日發佈了模仿日本明治憲法的《欽定憲法大綱》，規定預備立憲年限，以九年為期，1916 年將公佈憲法和舉行第一次議會選舉，至 1917 年實行召集國會。《欽定憲法大綱》前二條為：「一、大清皇帝統治大清帝國，萬世一系，永永尊戴；二、君上神聖尊嚴，不可侵犯。」它賦予清帝的權力，幾乎無任何限制。不到三個月，具體是 1908 年 11 月 14-15 日，光緒與慈禧相繼離世。慈禧 3 歲大的姪孫溥儀（1909-1912 年）繼位，他 25 歲的父親醇親王載灃任攝

政。醇親王的滿族中心主義極強，他曾於 1901 年到過德國，攝政後即打算學習德國，把兵權集中在皇族手上，袁世凱便因此被迫退隱河南，連一向支持他的鐵良也因在攝政問題上有異議而被排擠出北京，調任江寧將軍。此後圍繞醇親王的是其兄弟載洵、載濤等皇族親貴。[8]

清廷既定於 1917 年召開國會，遂公佈於 1909 年在各省設立諮議局以聽取民意，1910 年在北京成立資政院。諮議局和資政院分別是省議會和國會的先驅。中國於是在 1909 年舉行了帝制時代的第一次選舉。[9] 當時的選民只佔總人口的 0.45%，但此舉確實標誌着中國正邁上政治現代化的道路，儘管清廷打算用選舉和議會來達到中央集權之目的。諮議局和資政院的成立開創了一個空前及意想不到的政治局面，此點將會在本章 3.2 節交代。

「清末新政」推翻了傳統的政治制度（皇權除外）、軍事制度及教育制度，導致範式的轉變，確實具有革命性的意義。「新政」中不少劃時代的措施，更使社會產生蛻變。一個明顯的例子就是廢除實行了 1,300 多年的科舉所帶來的影響。從此以後，新式學堂的畢業生與回國的留學畢業生陸續取代具有傳統功名的士紳居政府中的要職。經由科舉考試擁有種種特權的士紳原本是反對滿清政府「廢科舉、興學

---

8 1901 年「清末新政」伊始，改革大致上是由軍機大臣榮祿和督撫張之洞、劉坤一、袁世凱等人領導。1903 年榮祿死後，慶親王奕劻便成為中樞改革的推動者。1902 年劉坤一去世後，張之洞的影響也逐漸式微。可以說，1903 年以後的「新政」主要是由慶親王和袁世凱共同策劃推行的。到 1906 年籌備立憲之際，有一股對抗慶親王和袁世凱的新勢力崛起，它由醇親王載灃所支持的陸軍部尚書鐵良及學部尚書榮慶所領導。情勢漸漸不利於慶親王和袁世凱一派。1907 年，湖廣總督張之洞和直隸總督袁世凱被調至北京任軍機大臣，這表面的晉升奪去了二人實際的權力，因為他們自此不再直接指揮軍隊了。

9 根據「諮議局章程」，選民資格為年滿 25 歲以上之本省男子，又至少具有下述資格之一者：一、在本省地方辦理學務及其他公益事務滿三年以上者；二、曾在本國或國外中學及與中學同等或中學以上學堂畢業得有文憑者；三、有舉貢生員以上之出身者；四、曾任實缺職官文七品武五品以上者；五、在本省地方有 5,000 元以上之營業資本或不動產者。非本省籍之男子，則須年滿 25 歲以上，寄居本省 10 年以上，在寄居地方有 1 萬元以上的營業資本或不動產。候選人資格相同，但須年滿 30 歲。

校、派遊學」之政策的，但當政府一聲令下，他們不單停止反對，還花錢開設新式學堂並鼓勵其子弟入讀，希望藉此維護特權。據有關資料顯示，1904 年新式學堂總數為 4,222 所，學生總數為 92,169 人；1909 年新式學堂總數為 52,348 所，學生總數為 1,560,270 人。可見學校教育在廢除科舉後有驚人的進展。留學生人數在「清末新政」期間也大幅增加。1901 年，留學生不足 300 人。由於日本鄰近中國，留學費用較便宜兼且語言相近，所以清廷非常鼓勵留學日本，無怪乎赴日留學生人數從 1901 年的 274 人增至 1908 年的 3 萬人（當年赴歐洲留學的人數為 12,000 人）。教育制度的革新具有重大意義，因為它為中國培養了一批現代知識分子。清廷對任何革新的措施是非常謹慎的，如在 1907 年禁止學生捲入政治活動或參加群眾集會，以遏止學生群體中的反滿情緒。儘管國內學生的反滿運動大抵被鎮壓下去，但留日學生的反滿運動卻日漸滋長。留日學生在自由的環境裏非常熱衷於政治活動，他們加入立憲或革命運動的人數年年增加。清廷對他們監控愈為嚴密，反滿情緒愈為高漲。留日學生團體終於成為反滿運動的核心。軍事制度改革也提升了軍人在社會上的地位。中國在傳統上有「好男不當兵」的觀念。「清末新政」創建新軍，在各省設立武備學堂培養軍官，並派遣學生赴日接受軍事訓練，令一般人對軍官甚至軍隊的態度有所改變。在新的軍事制度下，軍官除了健壯的身體、卓越的軍事技能外，還必須有良好的學識，這解釋為何越來越多士紳子弟志願入讀武備學堂。值得注意的是，不少派往日本學習的軍官和留學生一樣染上了革命思想，他們回國後又在部隊裏傳播革命主張；結果，大部份新軍部隊都偏向革命一方，1911 年 10 月 10 日的武昌起義實際上是由新軍發動的。另外，有關財政、經濟、社會各方面的改革，也在不同程度上加速了社會蛻變的步伐。儘管上述各種改革釋放出變革社

會的能量，卻未能將其納入推進制度變遷的非革命性途徑，反而引發了革命，這是清廷意想不到的結果。

2、中國政治現代化開端之二：共和革命

長期以來，中國史學界對 1911 年爆發的共和革命（史稱「辛亥革命」）的看法，不是遵循中國國民黨對該事件的正統解釋，就是追隨中國共產黨在其革命敘述中所賦予該事件的歷史地位。國民黨的論述強調共和革命的民族主義目標，特別是該革命反抗外族（滿洲人）侵佔中國領土、壓迫漢人的民族精神。此論述還突出了革命領袖的非凡才智和偉大人格，甚至尊奉孫中山為「國父」（即中華民國之父及中國國民黨之父）。對中共而言，辛亥革命當然不如 1949 年的馬列主義革命具有解放無產階級大眾的重大意義。但作為中國近代史上第一次由「民族資產階級」發動的「資產階級民主革命」，辛亥革命在反封建、反帝國主義的意義上，還是起了積極作用的。中共因此稱孫中山為「民族資產階級」的先驅、「民主革命先行者」。可以說，中國歷史學家對辛亥革命的研究，一直離不開以孫中山為中心這套史觀。西方早期有關辛亥革命的論著，也毫無例外地聚焦在孫中山本人的革命活動。[10] 後來，有個別學者開始去探討孫中山革命夥伴黃興和

---

10 Harold Schiffrin, *Sun Yat-sen and the Origins of the Chinese Revolution*. Berkeley: University of California Press, 1968; *Sun Yat-sen: Reluctant Revolutionary*. Boston, 1980; Martin C. Wilbur, *Sun Yat-sen: Frustrated Patriot*. New York: Cambridge University Press, 1976; J. Y. Wong, *The Origins of a Heroic Image: Sun Yat-sen in London*, 1896-1897. New York: Oxford University Press, 1986.

宋教仁的貢獻。[11] 還有不少年輕學者更關注到在革命醞釀期間各種群體（如學生、知識分子、新軍、紳商 [12] 等）的政治取向和活動。[13] 最後，出現了個別地區革命社會史的個案研究。[14] 隨着研究範圍擴大，亦有學者提出忠告：辛亥革命的研究不可漠視孫中山的貢獻。[15]

　　傳統學派習慣把辛亥革命的歷史等同孫中山個人革命活動的歷史，這自然突顯了孫中山對推翻大清王朝及創立共和的貢獻。主流派往往強調孫中山三個方面的貢獻：一、為共和理想奠下了理論基礎及行動指南；二、凝聚國內外的革命力量；三、為完成革命四處奔波籌款。持相反意見的學者則認為，孫中山的貢獻被刻意誇大了。他們指出，孫中山自 1895 年廣州起義失敗後便離開了中國；雖然他長期致力籌款支持革命，但在歷次起義當中鮮有親身督師（1907 年廣西鎮南關一役除外），即使武昌起義也是在事成後才由美國趕回來。況且，當時一般革命派對孫中山所提出的「三民主義」甚少理解，他們只支持孫中山「反滿」，實際上曲解甚至漠視孫中山的學說。

11　Chun-tu, Hsueh, *Huang Hsing and the Chinese Revolution*. Stanford: Stanford University Press, 1961; K. S. Liew, *Struggle for Democracy: Sung Chiao-jen and the 1911 Revolution*. Canberra, 1971.

12　19 世紀後期，越來越多擁有功名的人士參與商業活動，而不少以商業為生者也透過捐貲取得官位，這就形成了一個新的紳商階層。

13　Mary C. Wright (ed.), *China in Revolution: The First Phase, 1900-1913*. New Haven: Yale University Press, 1968; Mary B. Rankin, *Early Chinese Revolutionaries: Radical Intellectuals in Shanghai and Chekiang, 1902-1911*. Cambridge, Mass.: Harvard University Press, 1971; *Elite Activism and Political Transformation in China: Zhejiang Province, 1865-1911*. Stanford: Stanford University Press, 1986; Keith Schoppa, *Chinese Elites and Political Change: Zhejiang Province in the Early Twentieth Century*. Cambridge: Harvard University Press, 1982.

14　Edward Rhoads, *China's Republican Revolution: The Case of Kwangtung, 1895-1913*. Cambridge, Mass.: Harvard University Press, 1975; Joseph W. Esherick, *Reform and Revolution in China: The 1911 Revolution in Hunan and Hubei*. Berkeley: University of California Press, 1976.

15　Marie-Claire, Bergere (Janet Lloyd trans.), *Sun Yat-sen*. Stanford: Stanford University Press, 1998.

孫中山對推翻帝制及對開啟中國政治現代化無疑是有貢獻的，主要體現於以下三個方面。

　　首先，孫中山創造了一個革命傳統。1894 年 11 月 24 日，孫中山在檀香山組建了第一個反清革命組織——興中會，並將入會誓詞規定為「驅除韃虜，恢復中華，創立合眾政府」（《檀香山興中會盟書》）。他又於 1895 年秋天策動了第一次反清革命——廣州起義。起義失敗後，孫中山逃往日本，不久就接受了「革命」一詞的現代使用，將「革命」從「湯武革命」的傳統解放出來，並把它引領到「法國大革命」的現代軌道上去（見本書〈導言〉之第 2 節「中國近、現代史上『革命』一詞的由來及含義」）。孫中山大概是中國第一個用帶有現代意義的「革命」這個詞語來形容自己政治活動的人，因而創造了一個革命傳統。1896 年 10 月，孫中山在倫敦被強行挾持入清使館內，脫險後就撰文揭露清政府「極其腐敗的統治」，繼而指出亟需「造成一個根本的轉變」，因為「局部的和逐步的改革都是無望的」。[16] 該文闡明孫中山投身革命的原因，雖然他當時在英國聲稱自己主張「和平的改革」（"peaceful reformation"），藉此爭取英國政府善意的中立。

　　其次，孫中山於 1905 年 8 月在日本東京創建了第一個革命政黨——同盟會，這是中國歷史上第一個帶有現代性質的政黨。在《同盟會宣言》中，孫中山將革命的性質定位為「國民革命」：「前代為英雄革命，今為國民革命。所謂國民革命者，一國之人皆有自由、平等、博愛之精神，即皆負革命之責任，軍政府特為其樞機而已。」「國民革命」之目標為：「（一）驅除韃虜；（二）恢復中華；（三）建立民國；（四）平均地權」。「國民革命」之進行程序分三期：「（一）

16　孫中山：〈中國的現在和未來〉，《雙週論壇》（*Fortnightly Review*），1897 年 3 月 1 日。

軍法之治；（二）約法之治；（三）憲法之治。」同盟會的「對外宣言」則規定：「所有外人之既得權益，一體保護」。[17]

第三，孫中山創造了一套革命理論。1905 年 10 月 20 日，孫中山在《民報》發刊詞中提出了「三民主義」，即「民族主義」、「民權主義」和「民生主義」，並在 1906 年 12 月 2 日的東京《民報》創刊週年慶祝大會的演說中作了解釋。

在闡釋「民族主義」時，孫中山說：「民族主義，並非是遇着不同族的人便要排斥他，是不許那不同族的人來奪我民族的政權。」「反滿」是孫中山早期革命意識的主要部份。但他指出，「反滿」內涵「並不是恨滿人」，更非「要滅盡滿洲民族」，而是「恨害漢人的滿人」；「反滿」是因為「滿洲政府實行排漢主義」。[18]

在闡釋「民權主義」時，孫中山說：「我們推倒滿洲政府，從驅除滿人那一面說是民族革命，從顛覆君主政體那一面說是政治革命，並不是把來分作兩次去做。講到那政治革命的結果，是建立民主立憲政體。」孫中山還提出「憲法」問題。他說：「將來中華民國的憲法是要創一種新主義，叫做『五權分立』。」（「五權」指行政權、立法權、裁判權、考選權，以及糾察權。）

在闡釋「民生主義」時，孫中山說：「我們實行民族革命、政治革命的時候，須同時想法子改良社會經濟組織，防止後來的社會革命。……兄弟所最信的是定地價的法。」孫中山於 1896-1897 年到訪

---

17 孫中山於 1912 年 1 月 1 日就任臨時大總統後，再重申：「凡革命以前滿清政府所讓予各國國家或各國個人種種權利，民國政府亦照舊尊重之。」

18 孫中山於 1912 年 1 月 1 日任職中華民國臨時大總統後，提出了「五族共和」的理念：「國家之本，在於人民。合漢、滿、蒙、回、藏諸地方為一國，即合漢、滿、蒙、回、藏諸族為一人。是曰民族之統一。」他指出，國內任何民族不得享有特權，也不應當受到歧視和排斥，而必須「立於平等地位」；對於滿族，「不以復仇為事，而務與之平等共處於中國之內」。到 1920 年，孫中山又補充說：「這五族的名詞很不切當，我們國內何止五族呢？……應該把我們中國的所有各民族融成一個中華民族。」

歐洲後，鑒於「國家富強，民權發達」的西方國家「猶未能登斯民於極樂之土」和「猶有社會革命運動」，於是，復在「民族主義」、「民權主義」之外，增添「民生主義」。[19]

孫中山在作總結時這樣說：「我們革命的目的，是為眾生謀幸福，因不願少數滿洲人專利，故要民族革命；不願君主一人專利，故要政治革命；不願少數富人專利，故要社會革命。」

「三民主義」不單是革命綱領，它亦可稱得上是中國歷史上最早出現的、比較完整的現代化發展策略。

3、從政治現代化的角度檢視大清王朝的覆亡

3.1 中國政治現代化的兩個先鋒：
君主立憲派與共和革命派

平心而論，立憲派與革命派不應被視為保守勢力與進步勢力的對立關係。

19　孫中山後來解釋說，所謂「民生主義」，「不外土地與資本問題」。他認為，解決土地問題的方法，是「平均地權」：「文明的福祉，國民平等以享之。當改良社會經濟組織，核定天下地價，其現有之地價仍歸原主所有，其革命後社會改良進步之增價，則歸於國家，為國民所共用。……敢有壟斷以制國民之生命者，與眾棄之。」上述的主張，無疑取自亨利‧喬治（Henry George）之「單一稅」理論（"single tax" theory）。實施「平均地權」的具體步驟大致如下：第一，「核定天下地價」——由土地所有者「自己報告地價」；第二，「照價收稅」——以「貴地收稅多，賤地收稅少」為原則；第三，「照價收買」——包括：一、國家實行「土地徵收權」以懲罰少報地價的土地所有者；二、「土地漲價歸公」。孫中山重申：「平均地權」，不是把土地「從實分配」；「土地國有」，也非將土地「盡歸國有」，旨在防止「壟斷」而已。至於解決資本問題的方法，孫中山認為是「節制資本」。他解釋說：「凡夫事物之課以委諸個人或其較國家經營為適宜者，應任個人為之。……至其不能委諸個人及有獨佔性質，應由國家經營之」；「國家一切大實業，如鐵路、電氣、水道等事物，皆歸國有，不使一私人獨享其利。」「節制資本」既可「防資本家壟斷之流弊」，也可促進國家的實業化。

實際上，立憲派與革命派有一些共同主張：兩者都是中國政治現代化的先驅；都致力於革新中國的政治組織，並認為代議政制適合中國；都要求民主，主張民權，主張提高政府的效率和中國的國際地位。

立憲派與革命派的分歧主要在於：第一、中國現代政治的形式應採取君主立憲還是共和政體；第二、達成現代政府的方法是改革還是革命。值得注意的是，立憲派所反對的不是民主政治，而是革命這個手段。孫中山走遍歐美，認為中國落後，應效仿美國。而梁啟超於1903年遊歷北美後，亦承認中國落後；不過，梁啟超認為中國的情況不像美國而與法國相似，認為革命將導致混亂和軍事強人的統治。

立憲派的機關報《新民叢報》與革命派的機關報《民報》於1905-1907年開展了激烈的論戰，毫無保留地揭示兩派的分歧所在：

第一、立憲派認為漢人和滿洲人在很多方面已經融合為一體了，主張用合法手段去爭取政權開放，並確信清廷誠心誠意地預備立憲。其基本態度是「容滿」及「漢滿合作」。革命派則指出滿洲人一向採取歧視及壓迫漢人的政策，又指出實行改革必然會使統治者「喪失他們現在所享受的各種特權」。他們相信朝廷正在用「假立憲」來欺瞞中國人民，絕無可能建立妥善的政府，所以若想有效地改革，必須先消滅滿清政府。其基本態度是「反滿」、「排滿」。

第二、立憲派認為建立共和政府要有先決條件、要漸進，即人民必須先達到某種程度的教育水準，並有參與政治的實際經驗。革命派則強調快速的變革、急速的現代化，並批評立憲派低估了中國人參政的潛力。

第三、立憲派恐怕革命會導致外力干涉。革命派則想爭取列強的同情及支持。

3.2 立憲派與清廷：從合作到決裂

　　立憲派與清廷的關係頗為複雜，經歷了從合作到決裂兩個階段。前文論述立憲派與革命派的分歧時，已解釋立憲派支持清廷籌備立憲的原因。光緒駕崩後，不少溫和的立憲派對王朝的忠誠也隨着皇帝去世而結束。立憲派與清廷其後交惡，兩者的矛盾衝突可分三方面解說：

　　第一是經濟上的矛盾與衝突，主要涉及鐵路國有化的問題。

　　中國人一向反對建造鐵路——一般百姓認為鐵路會破壞風水，朝廷官員更擔心興建鐵路會加速列強入侵中國，因此，迄至 1896 年，全中國境內的鐵路總長僅 370 哩。[20]「爭奪租借（界）地」發生後，列強不顧清廷的抗議，各自在其「勢力範圍」內興築鐵路，使中國境內完成的鐵路哩數大增——1896-1899 年間，完成 280 哩；1900-1905 年間，完成 3,222 哩。自 1900 年，清廷對建造鐵路的看法也有所改變。首先，在「庚子拳亂」時，朝廷認識到鐵路能迅速移動軍隊，有利於捍衛大清江山。其次，在《辛丑條約》簽訂後，朝廷要背負 4 億 5,000 萬兩白銀的賠款，它因此對列強提出的鐵路建設貸款計劃案產生興趣而樂於參與興建鐵路計劃。為了掩人耳目，朝廷聲稱它參與的各項計劃是與外商合組的銀行團而非外國政府接洽的，所以中國在經濟上仍然能夠維持獨立自主。實際上，大部份交易皆有外國政府撐腰。當時中國民族主義情緒風起雲湧，各地掀起了「收回利權運動」，致力結合地方人士（主要是士紳、富商與富裕地主）買回鐵路路權，使中國人能控制自己的交通運輸網絡。1904-1907 年間，在地方上有 19 個收回路權的團體被授予許可證；它們意圖集資買回京漢鐵路、成都至武

20　當時美國的鐵路有 182,000 哩；英國有 21,000 哩；法國有 25,000 哩；日本也有 2,300 哩。

漢鐵路，以及粵漢鐵路路權，無怪乎鐵路投資者多來自四川、廣東、湖南及湖北這四個省。

1910 年左右，清廷意識到中國的經濟發展與政治穩定實有賴中央政府對中國境內鐵路網絡的全面控制；況且，自 1906 年成立郵傳部後，其轄下的鐵路每年有 800-900 萬兩收入，令朝廷甚為鼓舞。1911 年 5 月 9 日，清廷在沒有多大顧及各省投資者利益的情況下，突然宣告鐵路國有化；20 日，向四國（英、美、德、法）銀行團貸款 1,000 萬英鎊，以進行貨幣改革；另與同一銀行團簽署一筆 600 萬英鎊的貸款協定，用以收回武漢至廣州、武漢至成都兩條鐵路的利權。至此群情譁然。鐵路投資者對政府漠視他們在投資上的損失極為憤怒。政府商借外資令強權在鐵路建設過程中擔當主導角色，也使一般百姓產生抵觸情緒。對各省的諮議局議員而言，鐵路國有化最嚴重的問題在於政府未經諮詢議會就和外國訂約，這表明政府獨行獨斷，完全漠視民意。

清廷終於在 6 月 17 日提出補償鐵路投資者的辦法——對湖南、湖北兩地，實行全額償還；在廣東，僅償還 60%，餘下的 40% 將以政府債券支付，而這種債券在鐵路盈利後的十年內由政府贖回；在四川，由於證實投資者有侵吞行為，政府僅發給可贖債券，這種債券包括鐵路資金 700 萬兩與實際建築費用 400 萬兩，年息為六厘。四川鐵路投資者當然反對這種不公平的待遇。他們旋即在省會成都成立「四川保路同志會」，又迅速地在省內各處設立分部，並與地方團體如公會、商會、農民組織及秘密會社連絡。北京仍然無動於衷。9 月 1 日，川民決定拒絕繳交用以資助其他省份的新土地稅。一個普遍的抗議運動橫掃四川，其領導者是新式士紳，特別是諮議局議員。他們將經濟和政治目的結合起來，提出了「鐵路應該商辦」及「國家的事務應該公開討論」的口號。有需要指出，他們並非想推翻王朝，只想尋求新的

權力分配及代議制度而已。可惜四川省當局斷言鐵路問題背後隱藏獨立運動，並着手逮捕同志會會員入獄，由此引起農民及秘密會社參與的大型群眾暴亂。清廷至此才同意全部補償四川鐵路投資者，但整個形勢已超出了地方當局及原來抗議領導者的控制。北京只好從湖北調來新軍鎮壓，因而削減了湖北的防衛。10月10日武昌起義時，四川已混亂數星期了。

第二是政治上的矛盾與衝突，主要涉及召開國會及限制皇權的問題。

1909年選出來的諮議局議員，也許有90%的成員是改革派新式士紳。在全國21個省諮議局中，有14個是由有進士功名的人所領導，而另外有6個則由舉人主持。面臨洶湧澎湃的革命潮流，各省的諮議局遂於1910年1月26日、6月22日及10月3日派代表到北京向滿清政府請求立即召開國會、準備立憲。1910年10月3日，資政院開幕，清廷只答應把預備立憲日期由九年縮短到六年。這使許多立憲派人士決定，雖不會主動參與革命，但一旦革命爆發，將保持中立的態度。1911年5月清政府成立內閣，13個任命者當中只有4個是漢人，其餘的9個當中1個是蒙古人、8個是滿洲皇族，因而被譏為「皇族內閣」，激起了立憲派的不滿。各省諮議局於是聯合發出聲明，表示「以皇族組織內閣，不符立憲君主國的公例」。朝廷立刻頒佈諭旨如下：「用人之權，操之君上，而大臣輔弼之，議院不得干預。」儘管1908年《欽定憲法大綱》確實有「君上大權」的明文規定，但以諮議局期望的「責任內閣」來看，這樣的結果還是令人難以接受。須知，王朝的權力一向是透過科舉任用社會上的菁英，賦予名利以換取支持的。科舉廢止後，王朝與社會菁英大概只有「立憲」作為兩者之間的連繫。因此當兩者在「立憲」問題上出現衝突時，潛在的對立就變成

公開的決裂，這正是中國在 1911 年的現實。

第三是立憲派於武昌起義後的最後抉擇。

武昌起義後，各省諮議局對革命這個既定事實先後作出了反應。1911 年 10 月下旬，陝西、湖南、山西、江西與雲南的新軍叛變，這數省的諮議局領導議員紛紛表態支持革命。為了平息風波及表示對立憲派作出讓步，朝廷遂於 11 月 3 日公佈《憲法重大信條十九條》（簡稱《十九信條》）。儘管它減低了皇權而賦予議會較大的權力（相對於《欽定憲法大綱》所規定議會的權力而言），但此舉為時已晚，無法挽救清朝解體的命運了。到 12 月，14 個省的諮議局宣佈獨立，令滿清政府孤立無援。1912 年 2 月 12 日，清帝退位，可說一半得之於地方獨立，一半得之於袁世凱策劃的中央政變（見下文）。

3.3 革命派與清廷：長期對峙

1894 年興中會在檀香山成立，標誌着中國近代革命的誕生。自此，革命派與清廷長期處於對峙關係。直到 1905 年同盟會創立，興中會跟香港、廣東、兩湖和長江流域的反清會黨勢力有着聯繫；它又在日本、南洋和歐美地區建立了分支和聯絡點。遺憾的是，興中會始終未能在國內各個地區立足紮根。1900 年，惠州起義失敗。在往後的數年間，孫中山很少注重發展國內會員，儘管由他領導的興中會與由康有為領導的保皇黨開展了激烈的論戰以爭取國人支持。當時興中會三分之二的會員皆為僑胞。

1905 年 8 月，由孫中山領導的興中會、黃興領導的華興會、陶成章及蔡元培等人領導的光復會在日本東京合併成為一個統一的革命政黨——同盟會。它採用三權分立的原則——設立了評議、司法、執行

三部。總理則由會員每四年公舉一次,當時孫中山被一致推舉為總理。中國至此終於出現了一個「革命之中樞」。1907-1911 年春,孫中山在中國西南地區(主要是廣東)策劃了八次起義,包括:潮州黃崗之役、惠州七女湖之役、防城之役、鎮南關之役、欽廉之役、河口之役、廣州新軍之役和廣州「(農曆)三月二十九日之役」(亦稱黃花崗起義)。不過,由於不少革命黨人對孫中山所提倡的「三民主義」缺乏全面的理解和信仰,革命陣營很快便出現了分裂的危機。於是有湖北革命組織共進會[21] 和文學社[22] 的成立,其成員雖然與同盟會有聯繫,但他們卻非隸屬同盟會,更擅自更改了「三民主義」的綱領。共進會和文學社不耐於尋求孫中山一派的支持,且諷刺他長期奔走檀香山、日本、馬來亞、歐洲及美國為「到處流浪」。他們決定走自己的道路,拉攏曾參與 1905 年同盟會建立的宋教仁及 1906 年加入同盟會的陳其美,力圖團結及重組長江下游各省的革命力量。1911 年春黃花崗起義失敗後,宋教仁有感於「長江革命之重要」,遂於該年 7 月在上海建立起同盟會中部總會。它雖然「奉東京本會為主體,認南方分會為友邦」,卻違背了同盟會章程兩項規定:一、設立新支部時,其領導人必須受同盟會總理委任;二、其組織條例亦須由總會同意,方可成立。中部同盟會自決採取五人集體領導,還在其章程中省去「民生主義」一條,大概是方便聯合湖北革命團體(特別是共進會)。可知,同盟會中部表面上仍和同盟會有聯繫,但實際上卻是一個行動自由的革命組織。辛亥革命的爆發是出乎同盟會人意料之外的,其過程亦不大受同盟會人控制,其結果更與同盟會人的預期相差很大。當時的情況大致如下。

---

21 共進會成立於 1908 年 8 月,其成員多為從日本歸國的留學生與會黨分子。
22 文學社成立於 1911 年 1 月 30 日,其主要成員是已參與革命的湖北新軍。

1911 年 9 月，鑒於四川鐵路風潮形勢急轉直下，清廷不得不調派湖北新軍入川救亂。當時湖北新軍中有 5,000 到 6,000 人（約佔總兵力的三分之一）已加入武漢三鎮的各種革命團體，他們正擔心更多的調動勢必減少起義幹部。就在此時發生了 10 月 9 日革命黨人在漢口的俄國租界區製造炸彈不慎引起爆炸的事件。清廷在事後取得了已投向革命的新軍人員名單。為了自保起見，武昌新軍工程營和炮兵營於 10 月 10 日早晨率先揭竿起義；在湖廣總督瑞澂落荒而逃後，推舉湖北新軍協統黎元洪出任軍政府都督，另外推舉湖北前任諮議局局長湯化龍為軍政府的民政部長。11-12 日，漢陽與漢口也相繼落入革命部隊的手中。在一連串軍事失敗與各省迅速獨立的壓力下，清廷只好求助於早前被罷黜的袁世凱，授袁為欽差大臣，全權負責海、陸軍，惟袁決定等到他真正掌握更大權力時才接受督師的任命。11 月 11 日，即北京的國會議員選舉袁世凱為中國內閣總理大臣三天後，清廷發佈諭旨，命袁世凱為總理大臣，組織內閣。袁接受任命後，即組織內閣，並以自己的黨羽出任重要職位。他憑藉着對北洋新軍的影響力，對滿人與革命黨人雙方施壓。

經歷激戰後，革命部隊終於在 12 月初攻陷南京，並在此鞏固自身勢力。至於同盟會，它在辛亥革命爆發後僅在江蘇省的革命運動中擔當重要的角色，其他地區的領導人大多來自新軍、諮議局和紳商。同盟會領袖孫中山在武昌起義時還在美國為革命籌款，他在丹佛（Denver）閱報得知消息後先後去了倫敦（London）和巴黎（Paris）勸說英法兩國政府保持中立，然後於 12 月 25 日返抵上海。29 日，16 省諮議局代表在南京召開會議，選舉孫中山為中華民國臨時大總統。1912 年 1 月 1 日，孫中山於南京的江蘇省諮議局就職，正式宣告中華民國成立。至此，中國既有滿人皇帝，也有共和國總統，因而陷入亙

孫中山赴南京就職

武昌起義後，各省紛紛宣佈獨立，脫離清朝統治。1911年12月，17省代表齊集在上海，推舉孫中山為臨時大總統，並組建內閣。1912年1月1日，改元民國元年。圖為孫中山、胡漢民等人在滬寧車站乘坐專列前往南京就職。照片正中穿深色大衣者為孫中山，孫右二為滬寧鐵路管理局總辦鍾文耀，孫左一為滬軍諜報科長應桂馨，左二為胡漢民，胡漢民後為王寵惠。

需提出根本解決之道的僵局。

儘管絕大多數革命黨人對孫中山表示尊敬，但他們明白只有被外國人稱為「強人」（Strong Man）的袁世凱才能使中國免於內戰及迫使溥儀退位。孫中山也認識到袁世凱擁有強大的軍事實力，又理解到曾出錢資助同盟會革命運動的上海紳商不願意支持長久的內戰。他還因其部屬只顧排滿，無視他主張的「民權主義」與「民生主義」感到苦惱。在這樣的心境下，一向不喜歡妥協的孫中山無奈向袁世凱保證，若袁能誘使溥儀遜位，並公開聲明擁護共和，他便主動辭職，而國會將會選舉袁為臨時大總統。在北京，醇親王當時已辭去攝政之職。袁世凱便通過其友人慶親王向孀居的隆裕太后（光緒的妻子）勸說，與

其一無所剩，不如在革命黨人主動提出的有利條件下有體面地退位。當滿族親王在御前會議反對遜位時，袁世凱就發動 50 名軍官宣佈支持共和。1 月 30 日，醇親王與慶親王建議：「既然官軍已喪鬥志，趁時退位為佳。」2 月 11 日，太后詔令袁世凱入宮，向他宣佈：「我將諸事付汝處理，只求保全皇上的尊榮。」南京臨時政府遂提出可將溥儀同外國君主一樣加以禮遇，每年補助 400 萬両白銀，允許他住在頤和園，並可擁有昔日的衛士與侍從。2 月 12 日，袁世凱向公眾宣佈清帝正式退位。同一天，袁宣誓擁護共和：「共和為最良國體，世界之公認，⋯⋯大清皇帝既明詔辭位，業經世凱署名，則宣佈之日，為帝政之終局，即民國之始基，從此努力進行，務令達圓滿地位，永不使君主政體再行於中國。」2 月 13 日，孫中山辭去臨時大總統職務，並推薦袁世凱繼任，其前提是首都要設在南京，而袁必須遵守即將由臨時參議院制訂的臨時約法。由於袁世凱無意離開他勢力強大的北方，他遂指使手下士兵發動騷亂來證明他必須繼續留在北京。革命黨領袖出於無奈才允許袁世凱於 3 月 10 日在北京就職。11 日，孫中山頒佈了中國第一部憲法《臨時約法》。4 月 1 日，孫中山正式辭去臨時總統職務。5 日，參議院投票決定以北京為首都。美國帶頭承認新生的中華民國。

重要的一點是，若不好好梳理 1911 年 10 月 10 日至 1912 年 4 月初這個關鍵時段的事態發展，就不會明白為何在辛亥革命爆發後，儘管帝制覆滅，惟最終掌權者並非革命派而是保守的傳統勢力。

3.4 大清王朝覆亡的歷史意義和啟示

辛亥革命創建共和，是中國走上「現代」的標杆，也是中國古老

袁世凱與北洋軍

1905年，袁世凱在慈禧支持下將其轄下的北洋軍由三鎮擴編成六鎮，因此權力大增。惟他在慈禧逝世後不久便被迫「回籍養疴」，直到辛亥革命爆發後才再被委以重任，除當總理大臣外更全權指揮海、陸軍，可謂權傾一時。圖為袁世凱與北洋軍將領合照。前排右三是袁世凱。

文明的政治秩序解體的標誌。帝制在一般中國人的心目中遂成為一個逆現代化潮流的反動象徵，從此在中國政治舞台上消失，這是辛亥革命最大的成就。

傳統歷史學家認為，大清王朝的覆亡，是建制外的進步勢力打倒建制內的保守勢力的結果，這種看法雖有一定合理性，卻把複雜的歷史實際簡單化。清廷在其統治最後的十年間是一個積極推行改革的政府。日本學者岡本隆司（Okamoto Takashi）指出：「進入二十世紀新階段不到十年，中國便以甚至超越明治日本『文明開化』的速度，急速地變化。」[23] 重大的制度變革帶來了翻天覆地的蛻變，帶來了高

23　岡本隆司著，李雨青譯：《袁世凱：左右近代中國的俗吏與強人》，台灣新北市：八旗文化 / 遠足文化事業股份有限公司，2016年。

升的期望，帶來了利益重新分配，但亦帶來了改革者未能預期的、超越了自己能力所能解決的問題（如選派學生和軍官到日本留學，因而孕育了一眾革命分子），最後令改革者處於進退兩難的局面。建立現代國家的第一次嘗試，最後轉變為一場針對推行改革者的政治運動。可以說，大清王朝的覆亡在某個程度上是建制內部矛盾激化的結果，是一個改革的政府與建制內各種既得利益集團衝突、決裂所造成的結果。20 世紀初，共和、立憲的呼聲高唱入雲。大清王朝雖然盡力掙扎求存，但最終還是被政治現代化的巨浪所吞噬。

3.5 改革、革命與中國現代化

改革與革命是清末政治的兩大主流。改革失敗觸發革命，不能歸咎於改革的本質；革命是由許多主觀及客觀因素的相互作用所引發的。

在 20 世紀，人們對改革與革命的看法，經歷了很大的變化。在辛亥革命之後的一個很長時期，由於受到「民族革命史觀」及其後興起的「階級鬥爭革命史觀」影響，人們普遍認為改革是保守的、不徹底的，革命比改革先進、有效。到了 1980 年代，由於人們對革命釀成無數悲劇感到厭惡，所以提出「告別革命」的口號，但他們同時走向另一個極端，完全否定了革命在歷史發展過程中所起過的積極作用。

從長遠的歷史角度來看，改革是推動人類社會進步的普遍方式，革命則是推動社會進步的一種特殊形式。在人類的歷史發展和社會進步中，並不存在改革與革命孰優孰劣的價值判斷問題。

扭轉乾坤之二

革命多元化的年代
（1912-1927 年）

第二章

現代版「湯武革命」的夭折與
群龍無首之軍閥割據年代
（1912 年 -1920 年代中期）

1、袁世凱倒行逆施與共和理想幻滅

1.1 共和的剎那光輝：第一屆國會選舉（1912 年 12 月-1913 年 1 月）與國民黨的勝利

民國成立之初，共和曾經有過剎那的光輝。這麼説是因為 1912 年 12 月 -1913 年 1 月舉行了中華民國的第一屆國會選舉，結果由同盟會改組而成的國民黨取得了壓倒性的勝利。當時主導國民黨黨務的是篤信民主共和原則的宋教仁。可惜，國民黨只享有短暫的勝利。

民初《選舉法》的內容，主要根據 1909 年全國各省第一屆諮議局選舉法，但向前邁進了一大步。選民資格如下：滿 21 歲之男子（1909 年為 25 歲），在選區內住滿 2 年以上（1909 年為 10 年以上），兼具有下列資格之一：有不動產 500 元以上（1909 年為 5,000 元以上）或小學畢業（1909 年為中學畢業）。此改動使選民人數增加至總人口的 10.5%（1909 年僅佔 0.45%）。候選人資格相同，但須滿 25 歲（1909 年為 30 歲）。

選舉之前，年僅 30 歲並曾經留學日本法政大學的宋教仁周遊湖南、湖北、江蘇及浙江各地，猛烈抨擊袁世凱攬權的野心。又同時大力宣揚其政治主張，即組黨贏取議會選舉，然後發揮責任內閣的功能，以達防止總統越權之目的。1912 年中，袁世凱已完全掌控由他提名所組成的內閣，並企圖擴張總統職權。儘管袁世凱曾宣誓擁護共和，兼且公開承認「共和為最良國體」，惟他根本不信民主，認為當總統非有一點權威不可。袁世凱一次與支持他的英國公使朱邇典（Sir John Newell Jordan）談話時表示：「共和盡是無意義的議論，根本沒有實質的效用。」他又曾抱怨説：「我這個總統，總也總不得，統也統不

得」;「憲法只會限制我,沒有一點是幫我的。」面臨國民黨的威脅,袁世凱拉攏了三個剛剛成立的政黨與之鼎足抗衡——由張謇和章炳麟(太炎)領導的統一黨、由黎元洪領導的共和黨,以及由梁啟超和湯化龍領導的民主黨。袁世凱急於抓權,所以他不惜採取恐嚇和賄賂的手段來阻止國民黨勝出,但國民黨還是在選舉獲取重大的勝利:在眾議院 596 席中獲得了 269 席,在參議院 274 席中獲得了 123 席。[1] 依據《臨時約法》的規定,國民黨將主導推選總理及組織內閣,俟一切順利完成後,在國會全面監督下將舉行總統大選。

1.2 袁世凱的反撲與民主進程的大轉折:「政治軍事化」 ("the militarization of politics")抬頭

1913 年 3 月 20 日,當議會多數黨領袖宋教仁準備從上海前往北京領導國會、組織責任內閣時,在上海火車站遭槍擊身亡。一般人認為,就算袁世凱不是主謀,他也肯定在某種程度上涉及這樁政治暗殺案件,但由於涉案主兇洪述祖(北洋政府內務部秘書)和應桂馨(字夔丞,上海黑幫共進會會長,被袁世凱派洪述祖到上海招降安撫)以及兇手武士英(兵痞出身)相繼死亡,所以此案終於不了了之。近年,歷史學家尚小明利用大量新的材料對上述懸案細節重新考證,並提出了「宋案」不等於「刺宋案」的新觀點——「宋案」實際上是由袁世凱收撫共進會開始,經袁促使洪述祖和應桂馨連番抹黑、攻擊國民黨人,最終導致洪、應二人合謀買兇刺殺宋教仁的多個情節次第演進而釀成的複雜案件。洪述祖無疑是真正的殺宋造意人,應桂馨不過是為

---

1 當時眾議院是按各省人口比例選出的,每 80 萬人選 1 人;參議院則由各省省議會選出代表,每省議會選出 10 人。

了獲取私利積極配合洪實施暗殺行動而已。至於袁世凱，他一直利用和默許洪述祖和應桂馨以不法手段對付國民黨人，實際上助長了二人為惡之念，故不能說與「宋案」無關係。[2] 宋教仁被殺害，證明用國會和責任內閣來牽制袁世凱的權力這個辦法是行不通的。當時孫中山主張採取「聯日」、「速戰」的策略推翻袁世凱。但包括黃興在內的許多國民黨人卻主張依循法律途徑解決宋案，因為他們明白因缺乏軍餉而被迫解散的革命軍隊必須重新整訓後才能作戰，故「速戰」方針並不可行。汪精衛等則迎合張謇的「調停」主張。由於國民黨內部意見分歧，所以最終沒有任何實際行動。

為了應付國民黨及其支持者對他的威脅，袁世凱在 1913 年春季作了周密的部署。他首先在（天）津浦（口）鐵路及長江流域之戰略要地佈置重兵，隨時候命。其次，為了保證有足夠資金來達到集大權於一身之目的，袁世凱於 4 月 26 日與英、法、德、日、俄五國銀行團簽署了 2,500 萬英鎊的所謂「善後大借款」（Reorganization Loan）。該借款未曾提交國會批准，但袁世凱已答允銀行團於 47 年內還本利共 6,785 萬英鎊。袁世凱還於 5 月將統一黨、共和黨及民主黨合併為一個親政府的大黨——進步黨，由黎元洪、梁啟超和湯化龍領導，冀

2　尚小明：《宋案重審》，北京：社會科學文獻出版社，2018 年。從 1913 年 3 月 6 日洪述祖自其天津私宅發給應桂馨有關指示後者對宋教仁「乘機下手」的親筆信件，以及刺宋過程中洪述祖發給應桂馨的多封催促其盡快行動的電報，可以清楚地證明，洪述祖是真正的殺宋造意人。尚小明對洪述祖決意殺宋的深層原因作了中肯的分析：「洪述祖之所以要殺宋，原因甚為複雜，既有迎合袁世凱對付國民黨人的心理，並借機謀取個人利益的一面，又與其擔心宋教仁的『政黨內閣』主張打破袁世凱統治現狀，從而使自己失去這個強大靠山，有非常密切的關係。或者可以說，洪述祖殺宋的根本目的是追求和維護以袁世凱為首既得利益者的權利，但他又披了一件維護共和、維護民國的外衣。這就出現了民初歷史上極為弔詭的一幕：一個自稱『革命元勳』、『手創共和』的人〔洪述祖因曾親擬清帝退位詔稿（未被採用），所以他後來常以『革命元勳』、『共和功臣』自居——筆者按〕，殺害了另一位真正的革命元勳、共和功臣〔指宋教仁——筆者按〕。」另一主兇流氓出身的應桂馨欲以低價購買國債，在獲得洪述祖「債票特別准」及「事成之後，獎現金五十萬元，授二等功勳」的許諾後便物色了武士英做殺手，這表明應桂馨只是為了獲取私利而去實施暗殺行動。

望藉此削減國民黨在國會的影響力，惟成效不大。

部署完畢，袁世凱遂於1913年6月以國民黨都督李烈鈞（江西）、胡漢民（廣東）及柏文蔚（安徽）三人反對借款、違抗中央為藉口，先後免除了他們的職務。此舉立即引發「二次革命」。7月，江西、江蘇、安徽、廣東、福建、湖南與四川七省相繼宣佈獨立。該月22日，袁世凱發佈臨時大總統令，譴責國會和被朱邇典形容為「頑劣兒童」（"unruly child"）的都督：「國會總是不斷地反抗政府，不論人事也好、法案也罷，只要依循臨時約法尋求國會同意，就會因其黨利、黨之方針而再三地遭到否決，完全無法處理政務。……這樣的情況不只是在中央，地方也一樣嚴重，宛若是三國、唐末五代時那般地跋扈無理，不但不聽政府之號令，稅收也視如自物不繳納於中央。」由於當時社會普遍渴望和平，革命黨因此處於孤立地位；又由於革命黨缺乏資金，所以很快便被鎮壓。9月，「二次革命」宣告失敗。袁世凱立即派遣其心腹到各地取代國民黨都督（如派段祺瑞到武昌、馮國璋到南京），這樣做使得北洋軍人的勢力到處擴張。孫中山後來總結說：「所以失敗者，非袁氏兵力之強，實同黨人之心渙散。」

孫中山早於1913年8月中旬已流亡日本，並把國民黨改組為中華革命黨，繼續推進共和革命。革命的實踐使孫中山明白，革命黨的存亡是革命成敗的關鍵所在，所以他說：「真中華民國由何發生，就是要以革命黨為根本。根本永遠存在，才能希望無窮的發展。」在重申黨員必須信仰「革命主義」的同時，孫中山還指出，以前的同盟會和國民黨「徒以主義號召同志，……不計品流之純粹」，以致「黨魁則等於傀儡，黨員則有類散沙」，因此，「此次重組革命黨，首以服從命令為惟一之要件。凡入黨各員，必自問甘願服從〔孫〕文一人，毫無疑慮而後可。」1914年7月，中華革命黨在東京舉行成立大會，

孫中山就任總理，並在會上公佈了他訂定的《中華革命黨總章》，規定：一、黨的宗旨乃「實行民權、民生兩主義」；二、革命進行程序劃分為軍政、訓政和憲政三個時期；三、黨員按入黨時間的先後分為首義、協助和普通三種；四、黨員入黨必須發誓效忠總理以及按指印。實際上，東京總部各部門的正、副部長乃至中國各省的支部長，皆由孫中山指定。這使得不少革命黨人拒絕參加，連黃興也對「近似專制」的各種規定表示不滿，故未曾入黨。中華革命黨成立時，誓約編號顯示約有 600 餘人參加，後來達至二三千人以上。國內支部專事武裝討伐袁世凱，國外支部則着重籌措經費。孫中山以東京的《民國》雜誌和上海的《民國日報》等報刊為陣地，宣導針對袁世凱專制獨裁的「三次革命」。

回說中國的情況。1913 年 10 月，袁世凱強迫國會推舉他為五年一任的總統，這意味着袁正式就任大總統，臨時政府也變成正式的政府。11 月，袁世凱聲稱「國民黨之方針，以政治改革為名，實質是想奪取權力」，遂下令解散國民黨，將國民黨籍議員逐出國會。由於出席國會議員不足法定人數無法開會，參議院與眾議院兩院議長只好宣佈無限期休會。袁世凱另設政治會議，作為他的諮詢機關。1914 年 1 月，袁世凱乾脆解散國會；2 月，進一步解散省議會及所有地方自治團體，以收直接打擊地方反對勢力之效。到此，議會政治告終，獨裁政治抬頭。1914 年，袁世凱的權力達到頂端。他掌控着一切，從中央政府的運作到各省負責官員的任命。當時直隸、陝西、甘肅、山東、河南、江西、江蘇、安徽、湖北、湖南、福建十多個省，都被北洋軍佔領並歸袁世凱部屬直接管轄；其餘包括山西、浙江、廣東、廣西、雲南、貴州、四川等省，雖然沒有北洋部隊駐守，卻逃不了受中央指派人員監控的命運，全都被迫接受袁世凱的綱領。大概出於對合法之

中華民國首任大總統袁世凱

袁世凱於 1912 年 3 月 10 日正式就任中華民國臨時大總統。1913 年 10 月 10 日，袁世凱強迫國會推舉他為五年一任的大總統。1915 年 5 月 1 日，新通過的《中華民國約法》更將總統任期延長至十年，並可無限期地競選連任；總統還有權提名承繼人，這就將總統制變成世襲。圖為當上了中華民國大總統的袁世凱。

重要性的考慮，袁世凱在 1914 年 3 月召開國民大會——22 省各派 2 人參會，首都與全國總商會分別派 4 人參會，另外還有 8 人來自蒙古、青海與西藏，共計 60 人。會議議決把內閣制變為總統制，並授權總統與國會準備制訂一部新憲法。5 月 1 日，新的《中華民國約法》獲得通過，取代了《中華民國臨時約法》。新約法將總統任期延長至十年，並可無限期地競選連任；總統還有權提名承繼人，這就將總統制變成世襲。中華民國自此有兩部憲法，加深了由帝制崩潰所導致的法統危機。

　　袁世凱一直強調中國要加強中央集權才能與列強抗衡。這個說法在他集大權於己身後旋即受到考驗。1915 年 1 月 18 日，日本駐華公使日置益（Hioki Eki）向袁世凱提出了《二十一條》，並要求袁對此

絕對保密。該條約分為五個部份（稱「號」），合計 21 個條款：

第一號、關於日本繼承德國在山東的特權（共四個條款）；

第二號、關於日本國在南滿洲及東部內蒙古享有優越地位的特殊地位（共七個條款）；

第三號、關於漢冶萍煤鐵公司作為兩國合辦事業（共兩個條款）；

第四號、關於切實保存中國領土，所有中國沿岸海灣及島嶼，概不讓予或租予他國（一個條款）；

第五號、關於中國中央政府須聘用有力的日本人充當政治、財政、軍事等顧問；須將必要地方之警察作為中日合辦，或在此等地方之警署內須聘用多數日本人，以資全面籌劃改良中國警察機關；由日本採辦一定數量之軍械（譬如在中國政府所需軍械之半數以上），或在中國設立中日合辦之軍械廠，聘用日本技師，並採買日本材料（共七個條款）。

1915 年 1 月至 4 月，北洋政府外交部一方面跟日本談判，一方面逐步將條約的內容向報界洩露，藉此喚起國內及國際輿論聲討日本。舉國譁然。民眾特別對第五號的無理要求感到極度羞辱和震怒，反對《二十一條》的呼聲日益高漲。袁世凱面臨一個艱難的抉擇——為免國家受辱不惜一戰？還是委曲求全以免國家被戰火蹂躪？經過數月秘密的會談，日本政府終於刪去了對中國最為不利的第五號要求，於 5 月 7 日向袁世凱發出最後通牒，限他在兩天內答覆，否則將會執行必要的手段。此刻，日本已擺出與中國開戰的姿勢——日本軍艦在渤海一帶游弋；山東、奉天兵力增強；關東戒嚴；日僑紛紛回國。英國駐華公使朱邇典趕到外交部找部長陸徵祥說：「中國已經面臨生死存亡的嚴重關頭。我到中國 40 年，和大總統有 30 年的交情，今天不能不趕過來說幾句真摯的話。最後通牒只能回答是或否，沒有討價還價的

餘地。此時歐洲各國無暇東顧（歐洲正處於第一次世界大戰中——筆者按），中國政府除接受日本條件外，別無自全之道。」美國駐華公使芮恩施（Paul Samuel Reinsch）也勸告袁世凱政府「應避免與日本發生正面衝突」。袁世凱本人則認為日本已收回將會導致亡國的第五號條款，而中國亦沒有等到預期的外援，所以有必要讓步。他遂於 5 月 9 日以「國力未充，難以兵戎相見」為由，對外宣佈接受《二十一條》中第一至四號的部份要求。中國雖然避過了一場戰爭，但一向以強硬手段解決國內問題見稱的袁世凱，竟然在日本步步進逼之情況下表現得如此軟弱無能，實難平息眾怒。袁世凱對日本妥協，也導致建制內部份裂。不少人一直支持袁世凱的中央集權政策，因為他們認為在列強環伺、虎視眈眈的情況下，只有集權才能免受強權欺凌。當時許多擁護袁世凱的人，包括他的親信段祺瑞和馮國璋，以及幫他組建進步黨來牽制國民黨的梁啟超，都反對袁向日本讓步。袁世凱不理會他們的反對，最後簽署了喪權辱國的《二十一條》，使他們感到非常失望。袁世凱的個人威信與聲望也因此受到重挫。

1.3 袁世凱的「洪憲帝制」美夢與現代版「湯武革命」的 天折

　　急於重振聲威的袁世凱，決定打破共和的掣肘，恢復以「天命」為權力根基的君主政體。儘管袁世凱在當上臨時大總統之前曾宣誓「永不使君主政體再行於中國」，但他畢竟是一個不受誓言約束的人。做了三年多總統的袁世凱大概感到總統始終不受中國人尊敬；他深信一般老百姓的心態仍是保守的，所以恢復帝制會受到普遍歡迎。自從《中華民國約法》出台，將總統制變成世襲，袁世凱實際上已成為無

冕之君，其意已逞。不知是否為了迎合袁世凱的意願還是出於真誠，袁的外籍顧問也起了推波助瀾的作用。知名的美國憲法顧問古德諾（Frank Johnson Goodnow）在其發表並被翻譯成《共和與君主論》的論文中聲稱：一個國家的政體乃取決於該國的實際需要；美國人一直懷疑共和政體是否適合中國，那是因為中國的獨裁傳統已使君主立憲制更為適宜。另一位日本顧問又強調：君主立憲制，正如在英國和日本所顯示的那樣，是民族力量的泉源。在專家的認同下，帝制復辟運動似乎可以名正言順地進行了。日本首相大隈重信一番曖昧不明的言論更令袁世凱感到鼓舞。這言論的大意是，如果中國改為帝制，其政治體系將與日本一樣，而既然袁世凱已完全控制了中國的政權，那中國轉變為帝制，將使局勢與國情相符。袁世凱當時認為這些話是日本政府對其恢復帝制夢想的認許，可惜他要等到米已成炊才領悟到自己一直想錯了。

1915 年 8 月，主張「廢共和，立君主，……以專制之權，行立憲之業」的楊度，成立籌安會，正式擁袁稱帝。帝制運動隨即如火如荼般開展起來。11 月 20 日，為討論此問題而召開的國民代表大會，以絕對多數票批准君主制。12 月 12 日，各省代表假民意之名，請求袁世凱就任中華帝國皇帝；袁「不情願」地接受了這個請求，並宣佈 1916 年元月 1 日正式登基、改元「洪憲」（即「洪揚憲法」之意）。袁世凱大概預料不到他對共和的背叛會掀起如此強烈的反響。不只一向反對他的人，甚至大部份追隨他的人，都起來宣誓討袁。身在日本的孫中山即時發表《討袁宣言》，訓斥袁世凱「既忘共和，即稱民賊」。曾一度支持袁世凱中央集權政策的雲南前任都督蔡鍔，組織了一支護國軍來「清除國賊，保衛共和，捍衛民主，發展自治精神」。1915 年 12 月 23 日，雲南向袁世凱發佈通牒，迫他取消帝制運動。當袁世凱

拒絕時，雲南遂於 25 日宣佈獨立，護國軍隨即分三路出擊。27 日，貴州亦宣佈獨立。面臨嚴峻的局勢，袁世凱無奈地推遲登基計劃，可是為時已晚——袁的兩大主將段祺瑞和馮國璋都拒絕就任征討護國軍的遠征軍統帥；梁啟超開展對袁筆伐；建制內的其他要員如黎元洪、湯化龍、徐世昌、陸徵祥等人也與袁決裂。1916 年 3 月 15 日，廣西宣佈獨立；同時，山東也動員討伐袁世凱。日本政府在這個關鍵時刻正式反對中國恢復帝制，並聲明北京已無權代表中國。英國公使朱邇典也帶來對袁世凱不利的消息：歐洲各國都不贊成洪憲帝制。3 月 22日，袁世凱在眾叛親離的困境下放棄了「洪憲帝制」的美夢；到此，他已失去了控制事態發展的能力。廣東與浙江分別於 4 月 6 及 12 日宣佈獨立。5 月 5 日，各支革命軍在南京聯合成立軍事委員會，拒絕承認袁世凱的總統地位並敦促他退位。孫中山於 5 月 1 日從日本返抵上海，並於同月 9 日發表《第二次討袁宣言》，指出「袁氏破壞民國，自破壞約法始。義軍維持民國，故當自維持約法始」；申明「不徒以去袁為畢事」。陝西、四川與湖南分別於 5 月 9、22 及 27 宣佈獨立。身陷絕境的袁世凱於 6 月 6 日歿於尿毒症，一場現代版「湯武革命」鬧劇就此畫上了休止符。但由於孫中山領導的中華革命黨未能成為全國反袁護法鬥爭的核心力量，所以中國在袁世凱死後便立即陷入紛亂中。

1.4 袁世凱與軍閥割據的關係

歷史學家筆下的袁世凱，往往是一個徹頭徹尾的投機者、現實主義者、野心家、頑固保守派、獨裁者，一個陰險的、無節操的、反革命的、媚外的權謀政治家。這毫無疑問與袁世凱在 1898 年背叛維新

派、在 1912 年背叛清廷、在當上中華民國總統後背叛共和，以及在 1915 年接受《二十一條》、恢復帝制有直接關係。

歷史著作又通常稱袁世凱為「軍閥之父」。這個説法大致上基於三個原因：一、袁世凱負責擴編和訓練北洋軍，而北洋軍就是後來眾多軍閥隊伍的前身；二、袁世凱當總統時刻意將北洋軍人的勢力擴展到全國各地；三、袁世凱採用武力去解決一切（包括非軍事）問題，立下了壞榜樣，並形成了「政治軍事化」的局面，此為軍閥割據時期的一個特色。上述三點表明袁世凱與「軍閥割據」有一定的關係。值得注意的，其實還有以下幾點：

首先，袁世凱在晚清培育及統領的北洋軍，普遍被視為他的私人軍隊。這個看法值得商榷。1895 年，清廷命令以「知兵」見稱的袁世凱在天津與塘沽之間的小站訓練一支由中央政府主導、並以德國軍隊為藍本的「新建陸軍」（簡稱「新軍」）。段祺瑞與馮國璋此時都是袁的部下。1901 年，袁世凱晉升為直隸總督、北洋大臣，大力推動「新政」，包括軍制改革，如設立練兵處和武備學堂，目的是為朝廷建立一支 36 鎮的新式陸軍。當中的六鎮（每鎮約 12,000 兵力）就是由袁世凱把「新建陸軍」擴編而成的北洋軍。[3] 論者往往喜歡拿袁世凱統領北洋軍，與 19 世紀中葉曾國藩統領湘軍和李鴻章統領淮軍來説明晚清漢人督撫勢力抬頭的歷史現象。實際上，北洋軍與湘軍和淮軍不能混為一談。湘軍和淮軍的確是地方督撫的軍隊——它們的軍餉是靠徵收釐金（地方商業税）發放的；在它們的指揮系統中，上司和下屬一般存在着密切的個人關係（即督撫親自任命軍中的統領、各統領親自

3　袁世凱就任直隸總督後，先後將旗下的軍隊改稱為「北洋常備軍」、「北洋陸軍」及「北洋軍」。至 1904 年，已編成三鎮。1905 年，擴編成六鎮，分別屯駐於首都周邊的重要地帶——第一鎮屯駐於北京北苑、第二鎮於直隸保定、第三鎮於吉林長春、第四鎮於天津馬廠、第五鎮於山東濟南、第六鎮於北京南苑，統稱「北洋六鎮」。

任命其營官、各營官親自任命其隊長），在這種情況下，調換指揮官會大大影響軍隊的戰鬥能力。北洋軍在財政和指揮系統兩方面跟湘軍和淮軍不同。袁世凱每年在直隸籌措的軍餉，遠遠不足以養活經過擴編的「北洋六鎮」。北洋軍的軍餉，主要來自中央政府的戶部（1906年改為度支部）、練兵處及兵部（1906年合併為陸軍部）。又由於擴編後的北洋軍軍官人數大增，因此，袁世凱轄下的武備學堂根本無法容納他們；無怪乎北洋軍的一半軍官，都是直隸以外的武備學堂，尤其是日本軍校的畢業生，他們與袁世凱沒有密切的個人關係，因此對袁的忠誠絕非理所當然。袁世凱本人對北洋軍的掌控，也取決於他在朝廷中的人際關係及掌權者對他的態度。1906年11月，當代表中央官僚的鐵良當上了新成立的陸軍部尚書後，立即將「北洋六鎮」中的四鎮（即第一、三、五、六鎮）撥歸陸軍部直接指揮；1907年夏，袁世凱獲慈禧撐腰才粉碎了鐵良控制北洋軍的念頭。1908年11月15日，慈禧逝世。1909年1月2日，監國攝政王醇親王便以袁世凱「現患足疾，步履艱難，難勝職任」為藉口，迫他「回籍〔河南〕養屙」，直到辛亥革命爆發後在無可奈何的情況下才再委袁以重任，命為總理大臣，兼全權負責海、陸軍。可見，袁世凱要等到清朝覆亡的前一刻才全權指揮「北洋六鎮」。[4]

其次，儘管袁世凱長期依賴武力解決問題，但在他的權力架構內卻有一眾具有各種專業知識的人士協助他處理國家事務，他們是袁鞏固權力基礎不可或缺的人物。這些人主要包括：一、主理外交事務的顧維鈞、曹汝霖和陸徵祥；二、主理財經事務的周學熙；三、以梁士詒為首的交通系。它是晚清一個以郵傳部（1906年成立）與交通銀行

4　Stephen R. MacKinnon, *Power and Politics in Late Imperial China: Yuan Shikai in Beijing and Tianjin, 1901-1908*. Berkeley: University of California Press, 1980.

（1907 年成立）為大本營的龐大官僚集團，專門管轄鐵路營運收入及向外國公司贖回鐵路權。郵傳部當年的收入是中央政府 11 個部之冠，而它收入的 95% 來自轄下的鐵路總局，局長是梁士詒。民國初年，梁士詒權傾一時。他是交通銀行總經理、全國鐵路協會主席、稅務處督辦、內國公債局總理、北京政府總統府秘書長等等。他長期為袁世凱提供急需的經費，又結成了國會內的袁世凱御用政黨公民黨。據悉，袁世凱在財經問題上主要依靠的人是梁士詒而非財政總長周學熙。

最後，袁世凱雖然刻意將北洋軍人的勢力擴展到全國，但這只是他個人權力慾的體現而已。毋庸諱言，袁世凱的終極目標是集大權於一身。他大概明白，惟有率先整合中國才能達到這個目的，所以他盡力遏止軍事分離局面（military separatism）的出現。1914 年，權力達至頂峰的袁世凱在一項關於官員職能的重大修正案中，將各省都督的頭銜改為將軍，只管軍事（都督在此之前同時掌管軍事和民政）；另設巡按使，官職位次排列高於將軍，掌管民政事務，包括稅收和任免縣長。上述修正的隱蔽目的是要恢復文官政治的優先地位，藉此牽制地方軍人的勢力。然而，袁世凱的意願與實際達到目的是兩回事；他的權力架構是通過軍事行動建立起來的，它不可能在短期內變為一個文官組織。總而言之，袁世凱與軍閥割據的形成有很大關係，惟袁死後出現軍閥割據的局面，絕非他的主觀期望，而是由於他未能完成削減地方軍人權力所造成的。[5]

5　Ernest P. Young, *The Presidency of Yuan Shih-k'ai: Liberalism and Dictatorship in Early Republican China*. Ann Arbor: University of Michigan Press, 1977；岡本隆司著，李雨青譯：《袁世凱：左右近代中國的俗吏與強人》，台灣新北市：八旗文化／遠足文化事業股份有限公司，2016 年。岡本隆司用「俗吏」一詞來形容袁世凱，是基於他對袁以下的評價：「從袁世凱對於『共和』的態度及即位稱帝等舉動便可得知，他完全沒有興趣去迎合最新流行的時代思潮或理論性的抽象意識形態，並不是一個時尚的追求者，而是較為接近『俗吏』或是樸實直接的官僚。」

2、軍閥割據：中國政治、經濟、社會全面軍事化

　　所謂「軍閥」，是指擁有私人軍隊、控制着大小不一的地盤、一切所作所為都出於維護其自身權益的軍事將領。

2.1 晚清地方勢力抬頭（"regionalism"）與民初軍閥割據（"warlordism"）的歷史現象

　　西方歷史學者稱晚清「地方勢力抬頭」為"regionalism"，又稱民初「軍閥割據」為"warlordism"。不少人認為，一旦英文字尾出現"ism"，必然是「××主義」的意思，所以把"regionalism"翻譯成「地方主義」，又把"warlordism"翻譯成「軍閥主義」。其實，"regionalism"與"warlordism"並非兩種主義，而是兩個歷史現象。

　　晚清地方勢力抬頭與民初軍閥割據既有相似、也有不同之處。以下比較兩者的異同。

　　相同之處在於兩者皆代表一種離心力量（a centrifugal force），導致權力分散（decentralization）甚至地方分離（separatism）現象的出現。

　　不同之處主要有三點：

　　第一、晚清地方領袖（regional leaders）與民初軍閥（warlords）的出身及價值觀不同。地方領袖全是科舉（即儒家）出身，稱為「士紳」。而軍閥出身較為複雜，有武科舉出身（張勳）、新式武備學堂出身（段祺瑞、馮國璋、曹錕、吳佩孚、李宗仁）、日本軍校出身（閻錫山）、新式學堂出身（陳炯明）、農民從軍出身（馮玉祥、張作霖），

以及土匪出身（張宗昌）；

第二、晚清地方領袖與民初軍閥對中央政府的態度不同。地方領袖效忠中央政府；而軍閥稅收不歸中央，任命地方官員不受中央管轄；

第三、晚清地方領袖之間的關係與民初軍閥之間的關係不同。地方領袖聽命中央，不會打內戰；軍閥之間則互相傾軋、爭霸。

從上述角度來看，雖然民初軍閥割據在某程度上是從晚清地方勢力抬頭發展出來，但兩者有很大差別。

2.2 軍閥割據的緣起及發展：軍人參與、干涉、把持政治的過程

軍閥割據這個歷史現象，可被理解為軍人參與、干涉、把持政治的過程。這個過程可分七個階段說明：

第一階段：「清末新政」——新式武備學堂與新式軍人階層出現。部份軍人（尤其是曾留學日本的軍官）對政治開始感到興趣，產生了「軍人政治化」（"the politicization of military men"）的趨向。新軍參與革命活動是軍人政治化的體現。

第二階段：清朝覆亡、共和成立——皇權崩潰，「法統（政權合法化）危機」（"crisis of legitimacy"）出現。皇權政治建基於「天命」；革命打倒了皇權，卻未能樹立新權威。當時，「皇帝」在人們心目中已根深蒂固，「總統」卻仍未完全被接受。

第三階段：共和理想幻滅——革命勢力退卻，軍人勢力滲透全國範圍。儘管共和成立，革命勢力卻只局限於廣東、安徽、江西幾個省。「二次革命」後，袁世凱解散國民黨，孫中山再次逃亡到日本，北洋軍人勢力席捲全國。

第四階段：**袁氏獨裁**——議會制度崩潰，所有問題依賴武力解決，形成了「政治軍事化」（"the militarization of politics"）的局面。

第五階段：**討袁之役**——以武力反復辟，加劇政治軍事化的趨勢。袁世凱企圖恢復帝制，這是個政治問題，本應以政治途徑解決，可是無法實現。蔡鍔建立護國軍以武力解決問題，各省響應，加強了政治軍事化的趨向。

第六階段：**南北戰爭**——護法運動出現，加劇「法統危機」。袁世凱死後，孫中山從日本回國領導護法運動，以 1912 年制訂的《中華民國臨時約法》為正統。而當時統治中國及被列強承認的北洋政府，則以 1914 年制訂的《中華民國約法》為正統。時人對法統這個大是大非問題，爭持不休，到底何為正統的「法」，無法達成共識。

第七階段：**「勢均力敵」局面（"an equilibrium of fragmented military forces"）出現**——軍閥割據現象持續。軍閥割據時期出現了大小不一的許多軍閥，但沒有一個能夠消滅其他軍閥，因此需要聯盟。由此角度來看，割據持續久遠的現象可以得到解釋。

可見，軍閥割據是由「軍人政治化」發展到「政治軍事化」（以武力解決國家社會的所有問題）的一個過程。[6] 從另一個角度來看，軍閥割據是一個過渡時期的產物，即舊秩序已經解體而新秩序還未建立起來的過渡時期。[7] 那是一個無任何秩序可言的時代，而「沒有秩序」也成為這個過渡時期的特色。

軍閥割據究竟持續到何時？一般歷史學家都以 1928 年為軍閥割據時期的下限。這個提法是否合理？上述問題將會在第七章討論南京

6　Edward A. McCord, *The Power of the Gun: The Emergence of Modern Chinese Warlordism*. Berkeley: University of California Press, 1993.

7　James E. Sheridan, *China in Disintegration: The Republican Era in Chinese History, 1912-1949*. New York: Free Press, 1975.

國民政府「十年建設」時給讀者一個交代。

2.3 軍閥割據下的南北對峙與孫中山領導的三次護法運動

　　袁世凱逝世後，反袁護國運動失去了目標。孫中山隨即發表《規復約法宣言》，下令「解散」中華革命軍，同時「解散黨人」、「取消本黨名義」。但由於段祺瑞倒行逆施，「以假共和之面目，行真專制之手段」，孫中山決定再次討伐北洋政府。1917 年 7 月，孫中山在張勳擁戴廢帝溥儀復辟後，便發表《討逆宣言》，並從上海南下廣州，開展護法運動。他指出：「今日變亂，非帝政與民政之爭，非新舊潮流之爭，非南北意見之爭，實真共和與假共和之爭。」可見，護法運動旨在捍衛共和國的象徵，即《中華民國臨時約法》和國會。它實質上是「二次革命」和中華革命黨反袁護國鬥爭的延續，因而同樣有「竟辛亥革命之功」的內涵。當時南方政局同樣錯綜複雜——廣東省長朱慶瀾與盤踞廣東之桂系素有矛盾，圖引孫中山南下以自重；而西南各省的統治者陸榮廷、唐繼堯等人接納孫中山南下護法，則是因為他們反對段祺瑞「收復兩廣」、「制服滇黔」的武力統一方針。8 月下旬，孫中山在廣州召開國會非常會議（因為不足法定的議員人數），制訂了《中華民國軍政府組織大綱》，規定：一、軍政府的任務為戡定叛亂、恢復《中華民國臨時約法》；二、在上述約法效力未完全恢復前，中華民國行政權由大元帥行使；三、大元帥對外代表中華民國。非常會議旋即選孫中山為大元帥，陸榮廷、唐繼堯為副元帥。9 月 10 日，孫中山就任大元帥。其實，西南軍閥只想「借護法之名，收蠶食鷹攫之效」。無怪乎孫中山很快便遭到桂系軍閥架空，於 1918 年 5 月辭去大元帥一職，離開廣州去上海。第一次護法運動到此告終。

到上海後，孫中山集中從事著述，完成了《建國方略》一書。在該書第一部份「孫文學說——行易知難（心理建設）」的〈自序〉中，孫中山承認多年的革命活動歸於失敗：「夫去一滿洲之專制，轉生出無數強盜之專制，其為毒之烈，較前尤甚。於是而民愈不聊生矣！」1919 年 10 月 8 日，孫中山在上海青年會演說時針對北洋政府說：「現在國內的政治，比較滿清的政治，沒有兩樣。……滿清政治，猶稍愈於今日。……如現政府的濫捕濫殺良民，在滿清政治專制時代，還沒有發現。如現在武人官僚的貪婪，亦較滿清時代為甚。」同月 18 日，孫中山在上海寰球中國學生會演說時又指出：「吾人所已破壞者一專制政治，而今有三專制政治起而代之，又加惡焉！於是官僚、軍閥、陰謀政客，攬有民國之最高權矣！」革命未能成功，孫中山認為有兩個原因：其一是「革命之破壞」不徹底（只革去滿族皇統而未有把陳腐之官僚系統掃除）；其二是缺乏「革命之建設」。

除著書立說外，孫中山在這個時段還致力整頓黨務。1919 年 10 月，孫中山正式宣佈將中華革命黨改組為中國國民黨（以區別於 1912 年組建的國民黨），並「以鞏固共和，實行三民主義」為其宗旨。總部分設總務、黨務、財政三部；孫中山以總理身份分別指定居正、謝持、廖仲愷為主任。1920 年 10 月，各反桂力量（包括由陳炯明統領的粵軍）攻克廣州，桂系軍閥逃回廣西。孫中山於 11 月由滬返穗，認為「廣東此時有建立正式政府之必要」。1921 年 4 月，國會非常會議選舉孫為非常大總統，通過《中華民國政府組織大綱》。孫中山於 5 月就職，並組建了民國政府，其中心任務為統一兩廣、出師北伐。8 月，國會非常會議通過了出師北伐的決議。但熱衷於「聯省自治」的陳炯明反對北伐，終於在 1922 年 6 月 16 日發動叛變。8 月 9 日，孫中山再次離穗赴滬，第二次護法運動告終。同月中旬，孫中山在上海

重申堅持護法主張。

1923 年初，在滇、桂聯軍的協助下，陳炯明被逐出廣州。孫中山於 2 月下旬離滬抵穗，重建大元帥府，就任大元帥職；又進行改組中國國民黨，準備實施「聯俄、容共（又稱聯共）、扶助農工」的三大策略，以貫徹「三民主義」的原則（詳見本書第六章）。10 月，孫中山仍反覆申述擁護約法與尊重國會的雙重政治目標，還一度邀請國會議員南下，重開非常會議。直到將近是年年底，他才呼籲護法議員放棄國會鬥爭，參加革命。護法口號遂被冷落，「國民革命」呼聲繼之而起，第三次護法運動的結束於是與 1924 年開展的「國民革命」銜接在一起。[8]

1924 年 9 月 17 日，直奉戰爭開始。[9] 由於孫中山與皖系、奉系曾訂立反直聯盟，故此決定參與討直戰爭。18 日，中國國民黨發佈《北

---

8 有關孫中山的「三次護法」（1917 年 7 月至 1923 年底）與護法運動的下限問題，詳見莫世祥：《護法運動史》，廣西：廣西人民出版社，1991 年。

9 袁世凱死後，中國進入一個軍閥割據、混戰的急劇轉折時代。由於北京政府被列強視為中國的唯一合法政府，所以它始終是中國國家主權和人民冀望統一的象徵，亦成為各軍閥派系競相爭奪的目標。當時中國北方形成了三個主要的軍閥集團：一、以馮國璋（1919 年 12 月病逝）、曹錕和吳佩孚為首的直隸政治集團（稱直系）；二、以段祺瑞為首的安徽政治集團（稱皖系）；三、以張作霖為首的奉天政治集團（稱奉系）。1920 年爆發直皖戰爭，直系聯合奉系打敗皖系，控制北京政府。不久，直奉矛盾尖銳，1922 年爆發第一次直奉戰爭，直系取勝，吳佩孚聲望如日中天，曹錕則在 1923 年選舉獲勝成為大總統。1924 年爆發第二次直奉戰爭，吳佩孚因下屬將領馮玉祥臨陣倒戈功敗垂成，退出北京。1925 年，馮玉祥又與張作霖不和，爆發反奉戰爭（第三次直奉戰爭）。1926 年，張作霖擊敗馮玉祥，直接控制北京政府。1927 年，張作霖在北京就任大元帥，行使大總統職權，成為北洋政府最後一任統治者。第一部詳細敘述北洋軍閥執政時期的歷史著作大概是陶菊隱著的《北洋軍閥統治時期史話》（北京：生活·讀書·新知三聯書店，1957-1959 年。該書於 2013 年由山西人民出版社再版。）1964 年，政治人物及歷史學家丁中江在台灣出版了他在報章上連載的《北洋軍閥史話》。據悉，原湖南軍閥趙恆惕閱畢該書稿後，「竟自嘆連置身其中，見聞亦未能如此詳實」，是故對丁中江推崇備至。（該書後來於 1992 年、2000 年及 2017 年分別由北京中國友誼出版公司、台北時英出版社及北京商務印書館再版。）美籍華人歷史學家唐德剛曾用「四圓四方」來圖解軍閥割據時期那錯綜複雜、犬牙交錯的局面——他以四個圓形圖像去顯示 1917-1928 年間南北軍閥平行與交叉混戰的演變過程，另以四個方格（每格代表 4 年）將北洋政府執政時期的 16 年（1912-1928 年）劃分為袁世凱當權、皖系段祺瑞當權、直系曹錕和吳佩孚當權，以及奉系張作霖和張學良父子當權四個時段。上述做法頗收到一目了然之效。見唐德剛：《民國史軍閥編——段祺瑞政權》，台北：遠流出版事業股份有限公司，2012 年。（該書 2015 年由廣西師範大學出版社再版。）

伐宣言》。20日，贛、豫、滇、粵各軍在韶關大本營舉行北伐誓師典禮，繼分兩路向湘、贛進發。孫中山在離開廣州往韶關前，向廣東人民宣告實行三項重大措施，即北伐、廣東「自治」（包括廣州市長「民選」）和免除「一切苛捐雜稅」。10月下旬，直系將領馮玉祥倒戈，發動北京政變，使得盤踞首都的直系軍閥迅速崩潰。馮玉祥敦請段祺瑞擔任臨時總司令，暫時主持大局。張作霖則乘直系瓦解的機會，率大軍入關，並駐紮在京、津地區。儘管當時呈現三派聯合的局面，但實質上卻是奉、皖兩系勾結以排斥馮玉祥。受到國民革命影響的馮玉祥遂電邀孫中山北上，討論國是。與孫中山訂有反直聯盟的段、張也電請孫中山北來，企圖瓦解革命力量。孫中山有感於革命力量一直局限在南方一隅，故決定北上，「拿革命主義去宣傳」。到了上海，北方政局又發生了變化——馮玉祥被排斥出北京。在奉系軍閥的支持下，段祺瑞成為北洋政府的臨時執政。12月6日，段祺瑞發表了《外崇國信宣言》，表示尊重各國在華的既得利益，這與孫中山提出的廢除「不平等條約」的主張是互相對抗的。24日，段祺瑞又通電，取消《中華民國臨時約法》，召開善後會議，以對抗孫中山主張召開的國民會議。孫中山於31日入北京，反對「外崇國信」，以及皖系、奉系軍閥以善後會議取代國民會議。1925年2月1日，善後會議在北京召開，宣稱宗旨是「解決時局糾紛，議籌建設方案」。3月12日，孫中山離世（「國民革命」此後的發展容後再談）。

2.4 軍閥割據年代的中國

以下說明當時中國在政治、經濟、社會、文化各方面的特色。

2.4.1 政治方面

在 1916-1928 年間，1,300 個大、小軍閥進行過 140 場大、小戰爭。打仗，主要是為了爭奪地盤。大軍閥爭奪中央政權，因為誰控制了中央政府，誰就能合法地舉借外債，發行公債，把持中央財政。小軍閥也爭奪地盤，因為沒有地盤就沒有徵稅和招兵買馬的基地。長期的戰爭，導致政局極度動盪不穩。從中央到地方的政權，頻頻易手，直接影響行政效率。

軍閥為了鞏固和擴充地盤，皆以開源為其一切政策的依歸。儘管中國還有總統、內閣、國會，但共和卻名存實亡，一切取決於當權者的主觀意願。中國明顯地仍是人治國家，管治的準則沒有改變。

軍閥以武力為解決所有問題（包括非軍事問題）的手段，又把大量軍方人員安插到各行政單位，擔任文職工作，使政治更邁向軍事化。順帶一提，軍閥雖然互相傾軋、割據稱雄，但他們都以消滅對手、統一中國為己任。他們皆認同「軍事分離」的局面只是一個不理想的暫時現象。這完全符合中國人一直以來信奉的「大一統」觀念。

2.4.2 經濟方面

軍閥混戰，嚴重破壞社會生產力；政權四分五裂，根本無法落實全國性的、甚至區域性的經濟發展計劃，阻礙了中國現代化的進程。

軍閥雖然每每能達到開源目的，但往往把在其控制範圍內的金錢、資源、人力、物力全部花於戰爭及其他軍事用途上，這對現代化有不良的影響。唯一得益的大概是軍事和軍火工業。

不能否認，中國的民族工業（包括紡織、麵粉、絲綢、火柴、水泥、煙草、糖等工業）在軍閥割據時期有長足的發展，但這與軍閥統治無直接關係。當時工業之所以得到發展，實由各種內外因素所促成。

外因是第一次大戰期間，國際市場對中國民用工業製成品及中國農礦初級產品原料的需求大增；內因是政府大部份精力用於爭奪地盤，對現代經濟的控制鬆懈，有助民族工商業的興起。還有，在民國成立後，派遣留學生出國學習之風盛極一時，致使中國培育了第一批企業家、科學家、經濟學家、工程師、經理和技術人員，形成了新的社會力量，有助推動工商業的發展。

2.4.3 社會方面

對一般人來說，生存是最大的問題。由於發生戰爭與天災，到處都出現饑荒。更不幸的是，軍閥割據使傳統的全國性官方救濟機關完全停止運作。美國紅十字會（American Red Cross）又因饑荒每多是由人禍（軍閥的混戰）所造成而拒絕救濟。中國華洋義賑救災總會（The China International Famine Relief Commission）惟有更改了饑荒的定義後才實施救濟。軍閥割據時期出現了大量農民離鄉及人口大遷徙的情況，令社會更動盪不安。

2.4.4 文化方面

軍閥割據時期出現了自春秋戰國（公元前 770 年 - 前 221 年）以來另一次百家爭鳴的局面（詳見第四章有關「五四」新文化運動的論述）。中國歷史上兩次百家爭鳴的現象，都發生在中央政權完全崩潰的大時代。這是定律還是巧合？見仁見智。

第四章

「五四」思想、文化革命與
獨尊儒術時代的終結
(1915 年 -1920 年代初期)

「五四」運動是中國思想、學術界自春秋戰國百家爭鳴以來再度體現思想多元化的一個獨特的時代。有趣的是，兩者同樣發生在中央政權全面崩潰、國家處於大分裂的狀況下，其相似之處往往令人以此作為歷史重演的佐證。然而，無論從思想內容或當時中國所處的客觀現實來看，兩個時代是截然不同的。古希臘哲學家赫拉克利特（Heraclitus）聲稱：「人不能兩次踏入同一條河流。」他的意思是，當那個人再次踏進那條河流時，它已非同一條河流，因為原來的河水已經流走了。在現實生活中，任何事情發生後就成為歷史，不會復現。奇怪的是，一般人都認為「歷史老是重演」（history repeats itself）。這大概是因為他們察覺到有不少看似相同的歷史現象。其實，歷史現象頂多相似，但不會相同，因為每一個在歷史長河中流過的現象都是獨一無二的。歷史不可能重演，我們只能嘗試去理解它的變遷。

1、「五四」運動的定義

1.1 時人所指的「五四」運動

　　時人所稱的「五四」運動，是指 1919 年 5 月 4 日在北京發生的一件有重大歷史意義的事件。該事件在全國範圍內引起了廣泛的反響；直到 7 月下旬，事件才告一段落。具體情況如下。

　　1919 年 5 月 4 日，北京數千學生上街遊行示威，反對《凡爾賽和

約》（Treaty of Versailles）將德國在山東的一切權益轉交予日本；[1] 學生又要求懲辦被視為親日的交通總長曹汝霖、幣制局總裁陸宗輿及駐日公使章宗祥，終於發生了「痛打章宗祥、火燒趙家樓（曹宅）」事件。北洋政府出動軍警鎮壓，學生代表 32 人被捕。

　　5 月 6 日，首都學生成立北京中等以上學校學生聯合會，要求政府釋放被捕學生；他們獲得各大城市的報界、學界及商界支持。5 月 7 日，被捕學生獲釋，惟北大校長蔡元培及教育總長傅增湘相繼被迫請辭。大總統徐世昌打算派遣親政府人士擔任新一任校長和教育總長，引起新一輪抗爭。

　　5 月 18 日，北京學生聯合會召開緊急會議，議決在翌日發起全面罷課及杯葛日貨運動；學生領袖羅家倫在《罷課宣言》中首次起用「五四運動」一詞來概括當年 5 月 4 日在北京所發生的事。19 日過後，數名學生代表分別被派遣到天津、上海、南京等各大城市，鼓勵當地學生響應罷課。26 日，有人首次在文章中談及「五四的精神」。5 月底，全國 22 個省超過 200 多個大小城市已開展罷課運動。上海學生更於 5 月 27 日主動聯絡當地的商會和工會，爭取它們的支持。從這時開始，上海便成為這場愛國運動的中心。

　　6 月 1 日，徐世昌表揚被學生抨擊的官員曹汝霖、陸宗輿及章宗祥；又指控學生破壞治安，隨後頒佈戒嚴令。2-4 日，北洋政府逮捕

1　在第一次世界大戰期間（1914-1918 年），日本以參戰國身份與英國、法國、意大利簽訂了戰後將德國在山東的一切權益讓予日本的密約。在 1919 年 1 月的巴黎和會（Paris Peace Conference）上，日本正式提出繼承德國在山東的一切權益。儘管中國各界通過中國駐巴黎和會代表強烈反對及譴責日本的行為，但和會於 4 月 30 日通過了日本的要求，並將這個所謂「山東條款」編入了《凡爾賽和約》。和會同時披露中國段祺瑞政府於 1917-1918 年與日本簽訂的一系列「西原借款」（Nishihara Loans）合同中附有「山東密約」，即「山東問題換文」。而中國駐日公使章宗祥在「山東問題換文」覆文中，有「欣然同意」的字樣。5 月 1 日，北京英文報章 *China Times* 最先刊載了上述消息；5 月 3 日，其他報章雜誌也刊載了有關訊息。學生對國是的不滿和對西方國家的失望情緒，因此爆發。

了 1,150 名學生。

6 月 5-9 日，上海工商界發起罷工、罷市，支援北京被捕學生；運動迅速擴展到整個長江流域及華北的各大城市。9 日深夜，徐世昌接受曹汝霖、陸宗輿及章宗祥的請辭。

6 月 16 日，第一次全國學生代表大會在上海召開，來自全國各地的 60 多名學生代表出席了會議，並確定「以聯絡感情、昌明學術、促進社會、輔衛國家為宗旨」（該會議召開至 8 月 5 日，閉幕前宣告中華民國學生聯合總會正式成立）。

6 月 28 日，中國代表團在未獲得北洋政府同意下拒簽《凡爾賽和約》，這表明「五四」運動最終獲得勝利。

7 月 22 日，仍在上海舉行的全國學生代表大會宣佈停止罷課。蔡元培答允返回北大當校長，並於 9 月 20 日復職。

1.2 後世一般歷史學家所指的「五四」運動

1935 年 5 月，胡適談「五四」運動時說：「當年若沒有思想的變化，決不會有五四運動。」[2] 胡適講「思想的變化」，當然是指「新文化運動」（孫中山最早採用的名詞）。其後歷史學家所稱的「五四」運動，多數是就廣義而言，即包含當年所稱的「五四運動」（歷史學家稱之為「五四事件」〔the May Fourth Incident〕）及該事件發生前後席捲中國的「新文化運動」。即是說，「五四」運動泛指 1915（有說 1917）-1921（有說 1923 或 1925）年間的一系列思想、文化、政治、社會活動，包括：文學革命；迎接新思潮與反傳統；學生遊行、示威、

---

2 胡適：〈紀念五四〉，《獨立評論》，1935 年 5 月 5 日。

罷課；杯葛日貨；工商界罷工、罷市。[3] 各項活動的背後動機是救亡；故「五四」運動在本質上是一場反傳統、反軍閥、反帝國主義的愛國運動。

2、新文化運動：現代中國的第一次思想、文化革命

新文化運動是中國版的 18 世紀歐洲啟蒙運動，以「科學」（理性）和「民主」（人權）為整個運動的題旨。它是現代中國的第一次思想、文化革命。

2.1 新文化運動興起的原因

新文化運動興起的原因可分為兩點。

第一、部份先進知識分子在啟動新文化運動的《新青年》雜誌上發表文章傳播新思想，起指導、啟蒙的作用。《新青年》原名《青年雜誌》，由陳獨秀於 1915 年 9 月創辦。陳在《青年雜誌》「創刊號」的〈敬告青年〉一文中，向全國青年提出了六項指導性的原則：

一、自主的而非奴隸的；

3　歷史學家以 1915 年為「五四」運動上限的原因有二：一、袁世凱在該年 5 月與日本簽訂《二十一條》，掀起了以「外抗強權、內除國賊」為口號的反日愛國浪潮；二、陳獨秀在該年 9 月創辦《青年雜誌》（1916 年 9 月改名《新青年》），為進步知識分子提供了一個宣揚新思想的平台。以 1917 年為「五四」運動的上限是因為《新青年》與國立北京大學自 1917 年起掀起了文學革命及反傳統、迎接新思潮的熱潮（見本章第 2 節）。至於「五四」運動的下限，有歷史學家認為是 1921 年，因為不少「五四」知識分子在該年後轉而熱衷於政治活動。另有認為是 1923 年，因為 1922 年開展的、與新文化運動有關的「東西文化」及「科學與玄學」論戰在 1923 年底結束。還有認為是 1925 年，因為該年所發生的「五卅慘案」及由此引發的 16 個月全國性抵制英、日貨運動，是「五四」愛國運動的延續，並且標誌着新一頁愛國運動的開始。

二、進步的而非保守的；

三、進取的而非退隱的；

四、世界的而非鎖國的；

五、實利的而非虛文的；

六、科學的而非想像的。

《青年雜誌》1916 年春停刊，9 月復刊，改名《新青年》，以「改造青年的思想，輔導青年的修養」為復刊宗旨。《新青年》提出：中國社會的改造，應建基於國民（尤其是青年）的人格、素質和價值觀念的更生。這成為新文化運動啟蒙思潮的主體內容。

第二、是國立北京大學新任校長蔡元培的改革。蔡元培批評傳統「讀書做官」的想法。他訂定大學教育的目的是「探求學理、掌握科學知識、培育人才新風」；又訂定辦理大學的方針是「兼容並包、思想自由」。從 1917 年開始，北大出現了非常活躍的氣氛，可謂百花齊放。師生各自創辦雜誌，宣揚自己的主張：有由先進知識分子（如陳獨秀、胡適）辦的《新青年》、由先進學生領袖（如傅斯年、顧頡剛、羅家倫）辦的《新潮》；亦有由傳統保守知識分子（如劉師培、辜鴻銘）辦的《國故》，並得到校外兩位翻譯大師嚴復和林紓的支持。

2.2 新文化運動的內容

新文化運動的主要內容有二：第一、文學革命；第二、新思潮與反傳統。先談文學革命。

文學革命主要是反對文言文，提倡用白話文寫作。又反對文以載道（即宣揚儒家價值觀），鼓吹寫實主義（realism）。

為了奠定白話文寫作原則，胡適提倡「八不主義」，即：

一、不用典；

二、不用陳套語；

三、不講對仗；

四、不避俗字俗語；

五、須講求文法之結構；

六、不作無病呻吟；

七、不摹仿古人，話語須有個「我」在；

八、須言之有物。

儘管胡適鼓吹「八不主義」，他還是談「文學改良」而非「文學革命」。[4]

第一個提出「文學革命」這個口號的人是陳獨秀。他認為要推行「文學革命」，就必須：

一、推倒雕琢的阿諛的貴族文學，建設平易的抒情的國民文學；

二、推倒陳腐的鋪張的古典文學，建設新鮮的立誠的寫實文學；

三、推倒迂晦的艱澀的山林文學，建設明瞭的通俗的社會文學。[5]

自 1918 年 1 月開始，《新青年》完全採用白話文。這時期出現了新詩、戲劇、散文、短篇小說（如魯迅的《狂人日記》）、用白話文翻譯的現代歐洲文學。可以說，中國文學界步入了新的創作階段。「五四事件」發生後的半年間，中國出現了 400 多份採用白話文的新期刊。1920 年 3 月，北洋政府正式宣佈白話文為國語。小學、中學的課本一律棄用文言文。

白話文運動是新文化運動中收效最快、成就最顯著的一個領域。它創造了一個語義系統，適應了現代社會心態及與外部世界交流的需要。

4　胡適：〈文學改良芻議〉，《新青年》，1917 年 1 月 1 日。
5　陳獨秀：〈文學革命論〉，《新青年》，1917 年 2 月 1 日。

當時文學界的先進分子在棄用文言文這方面已達到共識,但是對於文學該走哪個方向則爭論紛紛。因此,「五四」作家很快便分道揚鑣。1920 年代初,中國文壇上主要分成了兩派。其中一派的代表人物有周作人、茅盾。他們於 1921 年 1 月成立文學研究會,認為文學應反映社會及人的境況,實不自覺地承襲了文以載道的精神,只是他們的「道」與傳統的「道」截然不同。另一派的代表人物有郭沫若、郁達夫、田漢。他們於 1921 年夏成立創造社,深受浪漫主義、個人主義影響,主張為藝術而藝術,偏愛創作藝術。

以下談新思潮、反傳統。當時許多知識分子嚮往西方的文明,出現了接受西方學說的熱潮。受「五四」知識分子歡迎的西方學說包括達爾文(Charles Darwin)的進化論(theory of evolution)、社會達爾文主義(social Darwinism)、實用主義(pragmatism)、經驗主義(empiricism)、互助論(theory of mutual aid)、無政府主義(anarchism)、社會主義(socialism)、馬克思主義(Marxism)、科學(「賽因斯」science)、民主(「德謨克拉西」democracy)[6] 等等。

6　「民主」一詞源於希臘文 *demos* 與 *kratia* 兩個字,意謂「民治」。這符合當時希臘「雅典式」(Athenian)的「直接民主」(direct democracy)。後世的民主則普遍是「間接民主」(indirect democracy),或稱「代議制民主」(representative democracy)。近世歐洲的歷史發展顯示,「容忍」(toleration)與「法治」(the rule of law)是西方民主社會的兩個主要基石。容忍並非某種理想或道德標準的產物,它是由歐洲教派林立、互不容忍的殘酷史實促成的。長期的、慘烈的宗教戰爭及迫害迫使西方社會最終接受容忍的必須性——只有彼此容忍才有自由、合理、合乎人道的生活。換言之,容忍並不是一個道德問題,而是一個認知問題,即理性地認識到實際生活中,容忍是自利的,不容忍是對自己不利的。但必須指出,容忍不是漫無限制的,它不能跨越法治這條底線。法治(即以法主治〔the rule of law〕)不同以法統治(rule by law)。林毓生指出:「法治最根本的要義是:憲法做主導的法律高於政治的運作;一切政治運作必須在法律之下進行;否則法院有實權予以制裁。法治之下的法律必須是公平的(能夠應用到每一個人身上的)與沒有具體目的的(不為任何利益團體服務的)。法治之下的司法機構不但有權審理與裁定人民行為是否違法,而且有權審理與裁定行政與立法機構的政策及其執行的情況是否違法」;「在法治框架所形成的自由秩序內,即使一個人對另外一個人或一組人存有相當不容忍的態度,但結果仍然產生了對之容忍的事實。」法治與容忍一樣,是一個認知問題,即理性地認識到實際生活中,守法是自利的,不守法是對自己不利的。見林毓生:《政治秩序的觀念》,香港:商務印書館(香港)有限公司,2015 年。

當中最受歡迎的是「科學」與「民主」。

知識分子更以西方思想作為標準來評價儒家學說，因此出現了「反孔（子）」運動。1916 年 2 月，易白沙在《青年雜誌》1 卷 6 號上發表〈孔子平議〉，首開點名批評孔子的先例。《新青年》於 1916 年 10 月起更將「平議」上升為「倒孔」。胡適又把孔子及其信徒譏為「孔家店」，但他相對疏離「倒孔」運動。相反，陳獨秀、吳虞、魯迅是「倒孔」先鋒，領導「打倒孔家店」。

陳獨秀認為「主張尊孔，勢必立君；主張立君，勢必復辟」，「提倡孔教必掊共和」，「信仰共和必排孔教」（〈復辟與尊孔〉）。他又認為孔教道德造成了「君虐臣、父虐子、姑虐媳、夫虐妻、主虐奴、長虐幼」的殘酷現實（〈答傅桂馨〉）。

吳虞說儒家「由天尊地卑演而為君尊臣卑、父尊子卑、夫尊婦卑、官尊民卑，尊卑既嚴，貴賤遂別」，這就為專制制度提供了理論依據（〈儒家主張階級制度之害〉）；他認為「禮教」之遺害最大（〈吃人與禮教〉）。

魯迅則借用諷刺文學批判孔子。例如，他在《狂人日記》中寫道：「凡事總須研究，才會明白。古來時常吃人，我也還記得，可是不甚清楚。我翻開歷史一查，這歷史沒有年代，歪歪斜斜的每頁上都寫着『仁義道德』幾個字，我橫豎睡不着，仔細看了半夜，才從字縫裏看出字來，滿本都寫着兩個字是『吃人』！」由於魯迅的作品深入人心，故其影響更為廣泛。

思想界的先進分子一致認為要摒棄中國的傳統才能救亡，但卻在其他方面意見不合。他們很快便分道揚鑣，主要有兩派。胡適代表其中一派：他堅持要多研究問題、少談「主義」，認為「沒有一種靈丹

妙藥可解決中國所有的難題；每個問題必須分開研究，分開解決。」[7]
李大釗代表另一派：他認為「主義」能為解決社會問題提供一個「總
方向」，是必須的；必須有個根本解決的方針，才能有希望解決每一
個問題。[8]

3、「五四」運動的歷史意義

以下從現代化、思想發展、愛國主義發展三個角度，探討「五四」
運動的歷史意義。

3.1「五四」運動是中國現代化歷程的一個里程碑：思想現代化的開始

從文化層面去理解，中國的現代化進程可以説經歷了三個階段，即
器物技能現代化、制度現代化、思想現代化。第一階段從洋務（或自強）
運動開始。第二階段從「百日維新」、「清末新政」、辛亥革命開始。
「五四」運動是中國現代化的一個里程碑，因為它標誌着第三階段（即
思想現代化）的開始。問題是：中國為何在民初體現了現代化範式的轉
變？理由是儘管帝制已經滅亡，但中華民國仍只有共和的軀殼而無共和
的實質，更有復辟之舉，這使關心國家前途的知識分子明白，將外國的
政治制度生搬硬套在中國實在是徒勞無功的；若要救亡，就必須徹底改
變中國人的觀念、態度、行為，來一次思想、文化革命。

7　胡適：〈多研究些問題，少談些主義〉，《每週評論》，1919 年 7 月 20 日。
8　李大釗：〈再論問題與主義〉，《每週評論》，1919 年 8 月 17 日。

3.2 「五四」運動是近代中國思想發展的轉折點：「整體性的反傳統主義」（"totalistic anti-traditionalism"）的出現

新文化運動並非在一夜間突然發生；可以説，新文化運動是晚清以來中國思想、文化轉變歷程中的一個新高峰。正如歷史學家史華慈（Benjamin Schwartz）解釋説：「從過去 30 年的視角來看，五四運動不再像一座由平原突然升起的山脈，而是像山嶽地帶裏那綿綿不絕的山脈中一個更高的山脈而已。」（筆者譯）。[9] 史華慈指出，晚清思想界出現了「突破的一代」（"the breakthrough generation"），代表人物有嚴復及梁啟超。嚴復翻譯及介紹了許多近代西方文化思想的經典著作，包括亨利 · 赫胥黎的《天演論》（Thomas Henry Huxley, *Evolution and Ethics*）、約翰 · 穆勒的《群己權界説》（John Stuart Mill, *On Liberty*）、赫伯特 · 史賓賽的《群學肄言》（Herbert Spencer, *Study of Sociology*）、亞當 · 史密斯的《原富》（Adam Smith, *Wealth of Nations*）、孟德斯鳩的《法意》（Charles-Louis de Secondat, Baron de La Brède et de Montesquieu, *Spirit of the Law*）。梁啟超則論述了「自由」、「民權」等西方政治概念，提出「新民説」。他們對促進中國思想現代化所作出的貢獻，不可低估。誠然，沒有晚清的思想變化，就沒有「五四」的思想革命。

雖然説新文化運動是前期思想變化的延續，但新文化運動本身又

---

9 Benjamin Schwartz (ed.), *Reflections on the May Fourth Movement: A Symposium*. Cambridge, Mass.: Harvard University Press, 1972. 原文為："When viewed from the perspective of the previous thirty years, the May Fourth Movement no longer resembles a mountain range rising up abruptly out of a flat plain, but simply a somewhat higher range in a long stretch of complex mountainous terrains."

具有其獨特性，即中國思想史專家林毓生所稱的「整體性的反傳統主義」。[10] 為何「五四」反傳統要「整體性」地反？林毓生解釋說，這是因為「五四」知識分子在他們的深層意識中，受傳統有機一元思維模式影響，把傳統看作一個有機的、不可分割的整體，又認為傳統文化與現代化是互不相容的，因而「整體性」地批判傳統，繼而主張「全盤」打倒傳統。晚清知識分子跳不出儒學的框框，而「五四」知識分子則全盤地否定傳統，故「打倒傳統」是「五四」時期的一個特色。對林毓生來說，「打倒傳統」與「五四」知識分子希望中國建立起民主是背道而馳的。他認為，儒學雖有別於民主，但兩者決非相互排斥。他因此提出了「創造性轉化」（"creative transformation"）的概念，主張通過這個方法把西方民主落實到一個已「轉化」的儒家中國之中。所謂「創造性轉化」，是指使用多元的思考模式將一些中國傳統中的思想、價值、行為模式加以重組與（或）改造，使之變為有利於變革的資源，同時在變革中得以繼續保持文化的認同。林毓生強烈批評「五四」知識分子的「整體性的反傳統主義」，並認為他們這種激烈的思維模式使中國錯過了一次推行真正民主的機會。

打倒傳統是思想革命。現代中國的思想發展經歷了兩次革命，第一次是「五四」新文化運動革了儒家的命，第二次是「毛澤東思想」革了傳統及資產階級意識形態的命。這是從「思想內容」（thought contents）的角度來看現代中國思想發展，突出了發展中「變革」的一面，即從儒學強調「三綱」、「五倫」到「五四」強調「科學」、「民主」，再到毛澤東強調「階級鬥爭」。若換了用「思維方式」（mode

---

10 Yu-sheng, Lin, *The Crisis of Chinese Consciousness: Radical Antitraditionalism in the May Fourth Era.* Madison: University of Wisconsin Press, 1978；林毓生著，穆善培譯：《中國意識的危機：「五四」時期激烈的反傳統主義》，貴州人民出版社，1986 年。

of thinking）的角度來看，則會察覺到現代中國思想發展呈現一貫性。為何這樣說？原因是儒家強調修身，新文化運動強調確立民主、科學、理性的世界觀，「毛澤東思想」強調要「紅」（即用階級的角度看問題），三者都是把人的意識（human consciousness）放到最重要的位置。三套傳統都認為，改造人的意識（the transformation of human consciousness）是推行一切政治、經濟、社會變革的先決條件。可見，現代中國思想發展也有「承傳」或「延續」的一面。

3.3 「五四」運動是中國愛國主義發展的里程碑：
跨社會階層的愛國運動與「整體性反傳統的愛國主義」
的出現

在「清末新政」時期，不同形式的愛國運動在中國政治舞台上出現，這包括排滿運動、收復主權運動、1905 年的杯葛美貨運動及 1908 年的杯葛日貨運動。「五四」運動則首次體現了學界與工商界，即城市居民的聯合反日、反軍閥政府的愛國運動。這是一次空前的、最廣泛的表達民族感情的運動。它以「民族國家」（nation-state）為效忠對象，不像以往以宗室、種族或國君為效忠對象。

「五四」愛國主義是一種極端複雜的、充滿矛盾的愛國主義。其矛盾之處可從兩方面說明。首先，「五四」知識分子一方面傾慕西方文化，要「全盤西化」來救國，另一方面卻痛恨列強出賣中國的利益，要反西方。這種複雜、矛盾的心態，大概是當時不少知識分子欣然接受馬克思列寧主義的原因，因為它是反西方的一種西方學說。其次，「五四」知識分子從理性上認識到非全盤打倒傳統不能救國，但從感性上卻意識到全盤放棄固有的文化是不可能的事，故陷於痛苦、矛盾

的心態中，並產生如林毓生所稱的「中國意識的危機」（"the crisis of Chinese consciousness"）。基於「整體性反傳統」的「五四」愛國主義，是一種在世界歷史上獨一無二的愛國主義。

4、「五四」運動所產生的三大思想流派

「五四」運動標誌着獨尊儒術時代的終結，它衍生了三大思想流派：

第一、自由主義民主（liberal democracy），代表人物有胡適。自由民主派厭惡軍閥政府，鄙棄政治活動，致力於學術研究和教育，故鮮有在中國政壇上發揮影響力；

第二、馬克思列寧主義（Marxism-Leninism），代表人物有陳獨秀、李大釗、毛澤東（詳見本書第五及第八章）；

第三、新傳統主義（neo-traditionalism），即「新儒家」或「新儒學」（neo-Confucianism），代表人物有梁漱溟。以下就這個思想流派作些補充。

研究新文化運動的人，大多集中探討「五四」知識分子如何迎接新思潮、反傳統；儒學彷彿已走到窮途末路，除了成為被人「打倒」的對象外，似乎沒有甚麼值得一談。傳統國粹派面對「倒孔」的狂潮，因未能提出任何新的儒學觀點，顯得一籌莫展。值得注意的是，在「反孔」之激烈氣氛中，有一位年輕教授卻能獨排眾議、力挽狂瀾，為儒學重新包裝，並突出其現代意義。他就是首創東西文化比較研究法的梁漱溟；1920 年在北大作「東西文化及其哲學」演講時，座無虛席。

梁漱溟在中國思想學術界第一次提出把世界文化分三大體系，即西洋、中國及印度，並闡明每一種文化必須按其「意欲」發展。他指出：「西方文化是以意欲向前要求為根本精神的」，故西方人具奮鬥態度，着眼於解決問題、改造局面；「中國文化是以意欲自為調和，持中為其根本精神的」，故中國人隨遇而安，不去解決問題，只尋求自我滿足；而「印度文化是以意欲反身向後要求為其根本精神的」，故印度人具禁慾態度，傾向於根本取消問題或要求。就此，他舉了個例子：若一間房子的頂破了漏雨，西方人會拆掉重建，中國人會修補，而印度人則根本沒意識到他們在一間漏雨的房子裏。

梁漱溟認為，西方人勇於戰勝自然，發展科學，但過於追求物質慾望，引發了第一次世界大戰。因此，「現今西方思想界已鮮明的要求改變他們從來人生態度；而且他們要求趨向之所指就是中國的路，孔家的路。」他大膽地預示：「質而言之，世界未來文化就是中國文化的復興。」重要的一點是，梁漱溟認為在中國歷史裏看到的並非真正的儒家，亦非孔子的儒學，故此應重新審視，追求真正的儒學，為未來中國文化復興奠下基礎。1921 年，梁氏的《東西文化及其哲學》由商務印書館出版，至 1929 年已印至第八版，可見其為學術界人士所重視的程度。

第五章

馬克思列寧主義的輸入與
中國共產主義運動的誕生
（1920 年代初）

1、中國共產黨的創立

中國共產黨於 1921 年成立，是一個以馬克思主義為理論基礎的政黨。而馬克思主義是闡釋資本主義社會裏無產階級與資產階級鬥爭的理論。新文化運動初期，較少人注意到馬克思主義，這大概是因為當時中國還不是資本主義社會、工業社會，資本家、工人的人數不多。為甚麼馬克思主義在三數年間就吸引了許多先進的知識分子？現試從中國共產黨的創辦人陳獨秀和李大釗二人的心路歷程，看「五四」知識分子接受馬克思主義的原因。

1.1 新文化運動開展時的陳獨秀和李大釗

新文化運動開展時，陳獨秀任國立北京大學文科學長。他既批評佛家和道家的出世思想，又斥責儒家扼殺「自主」人格。陳獨秀當時藉創辦《新青年》來領導「文學革命」和「打倒孔家店」，並大力鼓吹科學與民主。他認為科學是消滅迷信與神秘主義的最佳武器，其宣揚的民主是建基於自由貿易的資本主義社會所體現的自由主義。

李大釗當時任國立北京大學圖書館主任和教授。他的哲學思想體現了道家的世界觀，但由於受到社會達爾文主義的影響，故有積極、進取、樂觀的一面。李大釗相信「宇宙無盡、無初無終」，認為「今」最寶貴，並提倡「青春中華」的創造。

1916 年 9 月，李大釗發表了〈青春〉一文，把希望寄託於青年。他寫道：「青年之自覺，一在沖決過去歷史之網羅，破壞陳腐學說之囹圄，勿令僵屍枯骨，束縛現在活潑潑地之我，進而縱現在青春之我，撲殺過去青春之我，促今日青春之我，禪讓明日青春之我。……吾願

吾親愛之青年，生於青春死於青春，生於少年死於少年也。……青年循蹈乎此，本其理性，加以努力，進前而勿顧後，背黑暗而向光明，為世界進文明，為人類造幸福，以青春之我，創建青春之家庭，青春之國家，青春之民族，青春之人類，青春之地球，青春之宇宙，資以樂其無涯之生。」

1918 年 4 月，李大釗又發表了〈今〉一文，當中寫道：「無限的『過去』都以『現在』為歸宿，無限的『未來』都以『現在』為淵源。『過去』、『未來』的中間全仗有『現在』以成其連續，以成其永遠，以成其無始無終的大實在。……這就是過去未來皆是現在的道理。這就是『今』最可寶貴的道理。」

可見新文化運動初期，陳獨秀、李大釗二人似乎和馬克思主義拉不上關係。

1.2 陳獨秀、李大釗評論俄國布爾什維克革命（The Bolshevik Revolution），1918-1919 年

陳獨秀在 1918 年 3 月的〈駁康有為《共和平議》〉中首先提到俄國革命的重大歷史意義：「二十世紀俄羅斯之共和，前途遠大，其影響於人類之幸福與文明，將在十八世紀法蘭西革命之上。」原來陳獨秀把革命和革命的理論基礎分開來看；他在表示歡迎布爾什維克革命的同時，卻對該革命的理論基礎——馬克思主義學說表示懷疑。這可見於他在 1918 年 12 月的《每週評論》中所說的話：「馬克思的社會主義今日已經沒有根據了，所以他的勢力在〔德國〕國會上也漸減少。」

1919 年底，美國著名實用主義哲學家、教育家、心理學家約翰·

杜威（John Dewey），即胡適在哥倫比亞大學哲學系讀書時的老師，來到北大演講社會哲學與政治哲學。陳獨秀在聽完後終於明白，民主未能植根於中國是因為它被中國人誤解了。要實行民主，不能把西方制度生搬硬套在中國，而必須從教育做起，因為民主基本上是一種人生態度和生活方式。這意味着落實民主只能循序漸進，不能一蹴而就。值得注意的是，陳獨秀對民主有新的理解後仍然堅持他對民主的信念；他在 1919 年 12 月的〈實行民治的基礎〉中寫道：「中華民國的假招牌雖然掛了八年，卻仍然賣的是中華帝國的藥，中華官國的藥，並且是中華匪國的藥。……我們現在要實行民治主義，是應當拿英、美做榜樣。……我們不情願階級爭鬥發生，我們渴望純粹資本作用──離開勞力的資本作用──漸漸消滅，不至於造成階級爭鬥。」

有趣的是，李大釗對俄國爆發革命作出了與陳獨秀一樣的反應；他一方面表示歡迎布爾什維克革命，另一方面卻不認同作為布爾什維克革命哲學基礎的唯物主義。

李大釗在 1918 年 11 月的〈Bolshevism 的勝利〉中提到：「Bolshevism 這個字，雖為俄人所創造，但是他的精神，可是廿世紀全世界人類人人心中共同覺悟的精神。所以 Bolshevism 的勝利，就是廿世紀世界人類人人心中共同覺悟的新精神的勝利！」可見他用了自己的觀點去理解布爾什維克革命。

李大釗認為精神與物質同等重要，不應像馬克思主義那樣強調物質第一性。他在 1919 年 5 月發表的〈我的馬克思主義觀〉裏面寫道：「我們主張以人道主義改造人類精神，同時以社會主義改造經濟組織。不改造經濟組織，單求改造人類精神，必致沒有效果。不改造人類精神，單求改造經濟組織，也怕不能成功。我們主張物心兩面的改造，靈肉一致的改造。……平心而論，馬氏的學說，實在是一個時代的產

物，在馬氏時代，實在是一個最大的發見。我們現在固然不可拿這一個時代一種環境造成的學說，去解釋一切歷史，或者就那樣整個拿來，應用於我們生存的社會，也卻不可抹煞他那時代的價值，和那特別的發見。」從馬克思主義的立場來看，當時的李大釗是一個唯心主義者。

1.3 1920 年從蘇俄傳來的新信息

1920 年出現了兩個新動向，致使一些中國知識分子開始接受馬克思主義。

其一是 1920 年 4 月「加拉罕對華宣言」（the Karakhan Declaration）首次在中國公開。它歷史性地宣佈蘇俄將無條件放棄沙俄在華所奪取的一切權益。儘管蘇俄沒有立刻履行諾言（其後「宣言」並沒有落實），但這項舉動卻與西方列強剛在巴黎和會出賣中國利益之舉動形成了反差，不少中國知識分子因此開始對馬克思主義的態度有所改變。

其二是 1920 年 7 月列寧（Vladimir Ulyanov Lenin）提出了「殖民地與半殖民地革命」理論。它為「半殖民地」中國的知識分子提供了一個具體的救亡行動綱領：中國革命須分兩個階段進行，即「資產階級民主革命」與「無產階級社會主義革命」。這個具體的反帝國主義「兩次革命」論滿足了正為救國迷惘的中國知識分子的期望。

1.4 陳獨秀、李大釗成為馬克思主義的忠實信徒

從 1920 年秋天開始，陳獨秀、李大釗對蘇俄革命和馬克思主義的看法有了很大的轉變，而且很快便成為馬克思主義的忠實信徒。

陳獨秀在 1920 年 9 月寫的〈談政治〉中說：「若不經過階級戰爭，若不經過勞動階級佔領權力階級地位的時代，德謨克拉西必然永遠是資產階級底專有物。……我承認用革命的手段建設勞動階級（即生產階級）的國家，創造那禁止對內對外一切掠奪的政治、法律，為現代社會第一需要。」

在 1920 年 12 月的〈民主黨與共產黨〉中，陳獨秀又寫道：「民主主義是甚麼？乃是資本階級在從前拿他來打倒封建制度底武器，在現在拿他來欺騙世人把持政權底詭計。……資本和勞動兩階級未消滅以前，他兩階級底感情、利害全然不同，從哪裏去找全民意？」

李大釗在 1920 年 12 月的〈唯物史觀在現代史學上的價值〉中提出：「從前的歷史，專記述王公世爵紀功耀武的事。史家的職份，就在買此輩權勢階級的歡心，好一點的，亦只在誇耀自國的尊榮。……唯物史觀所取的方法，則全不同。他的目的，是為得到全部的真實。……這不是一種供權勢階級愚民的器具，乃是一種社會進化的研究。」似乎李大釗無條件地接受了唯物論，他對自己在一年前所提出的許多疑問，則不了了之。

在短短的一年中，陳獨秀和李大釗完全改變了自己的觀點。這表明二人是為了救亡的目的——即出於功利的動機去接受馬克思主義。其實，他們所接受的，並非強調無產階級革命的經典馬克思主義，而是強調反帝國主義的馬克思列寧主義，即經過列寧改造的馬克思主義（有稱馬克思列寧主義為「帝國主義時代的馬克思主義」〔Marxism-

Leninism is "Marxism in the Era of Imperialism"〕）。本來，接受馬克思主義理應是為了讓工人階級獲得更多的利益，但當時陳獨秀、李大釗等知識分子接受馬克思主義的目的卻不是那樣；他們所接受的只是列寧突出的帝國主義階段的馬克思主義。當然，在成為馬克思主義的信徒後，二人亦欣然接受了無產階級革命的理論。[1]

這一過程體現了「五四」時期的中國知識分子接受西方的學說，是出於救亡的功利動機。由此看來，他們在短時間內完全改變觀點是可以理解的。

1.5 中國共產黨的誕生（1921 年 7 月）

由於蘇俄受到西歐各國孤立和敵視，列寧開始將注意力轉移到亞洲。眼見中國知識分子似乎非常擁護馬列主義的革命理論，列寧遂於 1920 年 3 月派遣第三共產國際（以後簡稱第三國際，the Comintern）[2] 遠東書記處代表維經斯基（G. N. Voitinsky）來中國了解情況，幫助開展中國共產主義運動。維經斯基在北京和上海分別與李大釗和陳獨秀

---

1 有關陳獨秀和李大釗當初所接受的是馬列主義而非經典馬克思主義這個觀點，是西方「中國問題研究」（China Studies）專家的普遍看法。這方面最具代表性的著作是 Benjamin Schwartz, *Chinese Communism and the Rise of Mao*. Cambridge, Mass.: Harvard University Press, 1951；（美）史華慈著，陳瑋譯：《中國的共產主義與毛澤東的崛起》，北京：中國人民大學出版社，2005 年。批評上述觀點的代表著作是由澳籍華裔歷史學家 Adrian Chan（亞德里安‧陳）撰寫的 *Chinese Marxism*. London, New York: Continuum International Publishing Group, 2003。陳氏認為，革命是否會發生乃取決於被壓迫者是否具有「社會意識」（social consciousness），即他們是否明白社會之所以存在着剝削，是因為該社會的生產資料皆掌握在某一階級的手中，因此，在農業社會裏搞革命的人，也可以稱得上是馬克思主義者。他繼而指出：當時中國社會貧富懸殊，農民和工人同時被三位一體的「地主——資本家——廠主」剝削。當政治意識較高的知識分子讀到馬克思的著作時，就認為中國亟需採用馬克思所提倡的方式去解決當前的問題，因此，「五四」知識分子是直接認識和接受馬克思學説的，他們並不需要列寧去作引介。而當中共第一代領導人對第三共產國際所宣揚的革命主張有較深認識時，就發覺馬列主義與他們原本認識的馬克思主義是有所不同的。

2 列寧於 1919 年 3 月創立第三共產國際，是各國共產黨的聯合組織。它於 1943 年 6 月宣佈解散。

商討建黨事宜。陳獨秀決定發起組織中國共產黨。從 1920 年 5 月開始，不同名稱的共產主義組織相繼在上海、北京、武漢、濟南、廣州、長沙，以及海外的東京和巴黎成立，後人把這些組織統稱為「共產主義小組」。

中國共產黨第一次全國代表大會於 1921 年 7 月舉行，這表示中國共產黨正式誕生。第一次全國代表大會決定了由不在場的陳獨秀當選中央局書記。大會議決堅持進行社會主義革命，因此對其他政黨（包括國民黨）持敵對態度；又派代表去莫斯科參加遠東各國共產黨及民族革命團體第一次代表大會。

1922 年 7 月，中國共產黨舉行第二次全國代表大會並議決參加第三國際，成為它的支部；接受「兩次革命」理論，確認「反帝國主義」及「反封建主義」為現階段革命之目標，奠下與國民黨合作的基礎。

以下對 1920 年代至 1940 年代的中國共產主義運動預先作簡單介紹。

2、中國共產主義運動歷程簡介

中國共產主義運動的進程，可分四個階段說明：一、第一次國共合作時期（1923-1927 年）；二、國共鬥爭時期（1927-1937 年）；三、第二次國共合作時期（1937-1945 年）；四、國共內戰與中華人民共和國成立時期（1946-1949 年）。在此提出兩個與該運動有關的問題：第一、運動是否持續擴張？第二、運動是否一直由毛澤東領導？提出上述問題不無道理。歷史學家習慣了事後看問題，這對他們分析事物

的客觀性必然產生影響。1949 年，毛澤東領導中國共產黨打敗了執政的國民黨，建立中華人民共和國。這個事實直接影響了一般學者對整個中國共產主義運動的看法。

首先，由於中共最終打敗了國民黨，一般學者皆着眼於研究中共如何取得勝利，而往往忽視了 1921-1949 年間中國共產主義運動的起伏和波折。1921-1927 年，中國共產主義運動藉國共合作得以持續擴張；1927 年國共合作破裂，隨即陷入了低潮。1930-1931 年，中共在華中地區建立了不少蘇維埃根據地，再次擴張；但經蔣介石五次「圍剿」，中國共產主義運動於 1934-1936 年又轉入低潮。1936 年 12 月發生的「西安事變」是一個重要的轉捩點，它給中共一個休養生息的機會，更奠下了第二次國共合作的基礎。抗日戰爭爆發後，由於國民政府撤退到四川，而日本軍隊只能控制沿岸及鐵路沿線地區，因此，中共得以在廣大的農村腹地開闢、擴建抗日根據地。1939-1941 年，日軍全力掃蕩華北抗日根據地，使中國共產主義運動再次陷入危機中。直到 1944 年日本向國民黨軍隊發動自 1938 年以來最強勢的「一號作戰」（Operation Ichigo），即豫湘桂戰役，中共才能再度擴張勢力。抗戰勝利後不久，內戰爆發，起初國民黨軍隊勢如破竹、所向披靡，直到 1947 年 7 月中國人民解放軍開始全面反攻，形勢才急轉直下，最後中共取得勝利，國民黨敗北遷台。事實基本如此。

其次，由於毛澤東領導中國共產主義運動取得勝利，而毛澤東一向表示中國革命是農民革命，因此，許多學者着眼於探討由毛澤東領導的農民革命，而往往忽視了整個中國共產主義運動的複雜性。自 1950 年代以來，中共與西方「中國問題研究」的主流派同樣把中國共產主義運動分成兩大陣營：其一是聽命於莫斯科、鼓吹工人革命，並相繼由陳獨秀、瞿秋白、李立三、王明（陳紹禹）、博古（秦邦憲）

等人領導的「國際派」；其二是堅持獨立自主、鼓吹農民革命，並一直由毛澤東領導的「本土派」。依中共的説法，由毛澤東領導的農民革命一直是中國共產主義運動的主流，而西方學術界則認為毛派要到遵義會議（1935年1月）甚至延安整風（1942-1943年）後才成為運動的主流。儘管如此，雙方在以下三個方面的看法是一致的：第一、「國際派」和「本土派」的基本分歧在於如何運用馬克思主義在中國進行共產主義革命：按馬克思學説本子辦事？還是按中國的實況創造性地實踐馬克思主義以體現其普遍性？第二、莫斯科理所當然支持「國際派」、排斥「本土派」，蓋因「本土派」所鼓吹的農民革命，是「非正統」的革命模式，有違馬克思學説所倡導的無產階級（工人）革命；第三、蘇聯共產黨最高領導人斯大林長期直接掌控中國共產主義運動，其指示往往對運動產生負面影響。直到近年，上述三個觀點大抵為各方接受。

2012年，美國俄亥俄州哥倫布市首都大學俄裔歷史學教授亞歷山大‧潘佐夫利用前蘇聯共產黨及第三國際的秘密檔案出版了一部毛澤東傳記。[3] 該書披露了很多鮮為人知、有關蘇共與中共（尤其是斯大林和毛澤東）之間的真相。潘佐夫指出，斯大林以其銳利的眼光監控中國共產主義運動，並以三批人馬為基礎建立起中共的混合領導團隊：一、本土的游擊隊幹部（以毛澤東、朱德為代表）；二、莫斯科畢業生（以王明〔陳紹禹〕、博古〔秦邦憲〕、洛甫〔張聞天〕為代表）；三、第三國際舊幹部（以周恩來、張國燾、項英為代表）。儘管斯大林直到1934年初還沒有決斷地出面支持上述任何一派，不過，從1920年

---

3 Alexander V. Pantsov with Steven I. Levine, *Mao: The Real Story*. New York: Simon & Schuster, 2012；（俄）亞歷山大‧潘佐夫著，卿文輝、崔海智、周益躍譯：《毛澤東傳》，上、下冊，北京：中國人民大學出版社，2015年；亞歷山大‧潘佐夫、梁思文著，林添貴譯：《毛澤東——真實的故事》，台北：聯經出版事業股份有限公司，2015年。

代末期起，已有跡象顯示他開始支持毛澤東。原來，斯大林從來沒有瞧不起毛澤東，別說把毛列入「黑名單」；實際上，協助毛澤東在中國共產黨內崛起、最後成為中共一把手的人，正是斯大林（詳見本書第八及第九章）。

3、中共「新革命史」（1921-1949 年）的轉向

2010 年，南開大學中國近現代社會經濟史教授李金錚正式提出了「新革命史」的理念和研究方法。李金錚指出，中共革命史研究的重大價值在於：第一、中共革命是近代中國乃至整個中國歷史的關鍵和核心問題；第二、中共革命在全球民族革命史中有着重要的歷史地位；第三、中共革命傳統對中華人民共和國的發展演變具有十分重要的影響。李金錚繼而指出，由於中共傳統革命史研究基本上是為了說明中共革命的重要性和必然性，以及論證中共革命道路的正確性，中共傳統革命史觀因此出現了以下四個問題：

一是將革命時期的理論（即當時的革命宣傳）與後來研究革命史的學術理念和理論混為一談，結果令革命宣傳變成了指導歷史研究的理論，而非歷史學者的研究對象。

二是將革命者（即歷史上的現實角色）與革命史研究者混為一談，結果令革命史學者變為革命政治話語的宣傳者。

三是對中共革命的理解簡單化，結果掩蔽了革命的曲折和複雜性，並隱瞞了革命領袖曾飽嚐艱辛之苦的事實。

四是所關注的對象多限於「革命」本身，因此突顯了政治、黨派、

主義、階級、英雄、反帝反封，而忽略了革命史其他多姿多彩的面向。

李金錚針對傳統革命史觀所存在的突出問題，將「新革命史」的研究方法大致歸納為六個方面，並以他熟悉或研究過的例子加以說明：

第一、注重革命政策與具體實踐的互動關係。傳統革命史著述着眼於中共政策的正確性與廣大群眾對革命政策的認同，其最突出的問題是缺少交代政策的具體推行情況——有關中共在推行政策時遇到了哪些困難，以及它如何解決這些困難，讀者無從得知。事實證明，傳統革命史觀之下的那種黨與群眾「一呼百應」的簡單關係往往是不符實際的。以抗日戰爭時期中共根據地的錢糧徵收為例，其推行過程是艱難和曲折的——既有農民的討價還價，也有地主、富農的抵制行為，為了少納錢糧而隱瞞「黑地」的現象一直存在。這顯示在錢糧徵收過程中存在着「上有政策、下有對策」的互動關係，而革命領袖最終能想出辦法完成徵收錢糧任務，正好表明革命勝利來之不易。

第二、挖掘基層社會和普通民眾的主體性。傳統革命史著述着眼於上層權力和英雄人物，以致讀者不清楚基層社會是如何運作的，也不清楚普通民眾參加中共革命的動力來自何處。以 1946-1949 年國共決戰時期農民參軍為例，傳統革命史著述一致把農民參軍概括為「三部曲」模式：土地改革政策的開展→農民獲得土地及其他物質利益→農民擁護和參加革命的積極性大大提高。事實上，農民冒生命危險參軍的動機是相當複雜的——有的農民的確是為了「土改報恩」和「保衛土改勝利果實」而自願參軍的，但更多農民是以索取房地、衣食、錢財等利益為前提而參軍的，即迫使共產黨解決其家庭困難或滿足其個人私利而去參軍。還有一些農民不僅不領土地改革的恩情，反而以逃跑、裝病、自殘以及公開對抗等方式對參軍進行了躲避與抵制。也不能否認有一部份農民，是因為地方幹部要完成徵兵指標而被迫參

軍。在那個戰火紛飛的年代，農民的上述表現是完全符合常識、常情、常理的。

第三、革命史與鄉村史相結合。中共革命帶有濃厚的「鄉土」特色，它歸根結底是鄉村史的一部份，但傳統革命史學者往往是黨史學者，他們少有注意到傳統鄉村社會的客觀環境極大地制約着革命的實踐。以抗日根據地的民間借貸為例，在傳統革命史觀的表述下，中共的減息廢債政策既然打擊長期困擾農民的高利貸剝削，自然受到農民的極大歡迎。事實上，該項政策的推行並非如前述所說的那般簡單和順利。農民不需多久就發現，在高利貸剝削減輕乃至廢除的同時，有餘錢餘糧者不肯再向外出借，這使他們面臨借貸停滯的困難。有見及此，中共終於在 1942 年修訂民間借貸政策，實行借貸利率自由議定的辦法。這表明農民對革命政策的反應也會使中共對革命實踐進行適當的調整。

第四、加強區域和層級間關係的研究。傳統革命史著述忽視中共革命區域與其他統治區域之間的關係，以及中共革命區域內部不同地區之間、上下層級之間的關係，致使革命史研究變得比較孤立和隔膜。以抗日戰爭時期為例，傳統革命史不僅忽視中共根據地與國統區、敵佔區之間的關係，甚至連根據地內部的關係——即包括中共中央和地方根據地之間的關係、不同根據地之間的關係，以及一個根據地自身內部的關係，也少有探討。單就中共中央陝甘寧邊區根據地與其他根據地的關係而言，傳統革命史著述一直把兩者的關係定性為指揮與服從、控制與被控制的關係，是故無需作出進一步的研究。但在當時交通工具落後、敵人封鎖嚴密的惡劣環境下，中央不可能對地方根據地實行完全控制，這就為地方的獨立性、自主性提供了空間。事實上，中共中央主要是從黨和軍隊的角度對地方根據地進行一元化的領導和

管理，而很少對行政尤其是經濟問題發佈指示。無怪乎地方根據地在經濟、金融乃至土地政策等方面，常常顯示出高度的創造性，甚至影響了中共中央的決策。

第五、從全球史視野研究中共革命。傳統革命史著述集中探討共產主義革命在中國本土的發展，跳不出「地方」革命史研究的局限，因此沒能道出中共革命與 20 世紀各地革命的聯繫與區別。中共革命既是一場地方革命，也是世界革命的一員。若要理解中共革命的獨特性及其世界價值，有需要嘗試從兩個角度對中共革命進行考察：一是探討中共革命與支持過它及反對過它的國家或地區的關係；二是將中共革命與其他國家或地區的革命進行比較，以突顯其獨特性。

第六、開拓新的研究視點。傳統革命史研究專題集中於政治、經濟和軍事事件，對革命史的其他豐富內容有所忽略。以革命話語為例，它在中共革命進程中是如何建構和演變的？話語實踐對中共革命產生了甚麼影響？這是值得關注的問題。又以任何人都離不開的日常生活為例，中共革命下不同人群的日常生活是怎樣的？日常生活與政治、經濟、軍事的關係如何？開闢這個視點可以增加革命史研究的角度，並深化對革命史的認識。

如何界定「新革命史」？根據李金錚的表述：「新革命史是回歸歷史學軌道，堅持樸素的實事求是精神，力圖改進傳統革命史觀的簡單思維模式，重視常識、常情、常理並嘗試使用新的理念和方法，對中共革命史進行重新審視，以揭示中共革命的運作形態尤其是艱難、曲折與複雜性，進而提出一套符合革命史實際的問題、概念和理論。」所謂「實事求是精神」，就是「回到歷史現場，在當時的歷史條件和語境下，考察人們是如何想、如何做的。」總而言之，「新革命史」旨在「盡可能地還原歷史過程，呈現歷史的複雜性，並給與合乎歷史

的解釋」，將革命史「對象化、歷史化、學術化」。[4]「新革命史」理念的提出在學界引起了很大的反響，並取得了積極評價。它被譽為「一個新的理論範式」、「一個新的解釋架構」，對中共黨史研究「具有積極的示範效應和普遍的指導意義」。值得注意的是，近年內地學者出版有關中共革命史的論文或專著中，不少都體現了「新革命史」的理念和方法，這個轉向確實值得我們重視。

---

4 李金錚：《重訪革命——中共「新革命史」的轉向，1921-1949》，香港：開明書店，2021 年。

第六章

「國民革命」與馬列主義革命：
從並肩前進到分道揚鑣
（1923-1927 年）

1、第一次國共合作的形成

眼看 1921 年 7 月成立的中國共產黨（以後簡稱中共）力量非常薄弱，第三國際便致力在中國尋找一個較有影響力的政黨來與中共合作。

1.1 國共合作的醞釀與「聯俄容共」（又稱「聯俄聯共」）政策的制訂（1923 年）

第三國際和孫中山在第一次國共合作的醞釀中擔當了重要的角色。

1921 年 12 月，第三國際派馬林（H. Maring）到桂林聯繫孫中山，並向孫提出了改組中國國民黨（以後簡稱國民黨）、創辦軍官學校、與中共合作並廣泛聯合工農大眾等建議。由於孫中山的革命事業屢受挫折，他因此對布爾什維克黨組織及紅軍產生濃厚興趣。1922 年 6 月，廣東軍閥陳炯明叛變，這對孫中山打擊尤大；他於 8 月離穗赴滬後便決定接納第三國際的建議，制訂了「聯俄容共」政策，為第一次國共合作打下基礎。

就與中共合作而言，孫中山反對「黨外聯合」的主張，終於接受了馬林的「容共」建議。「容共」政策規定：中共黨員必須以個人身份加入國民黨。這個做法既可吸納同時是中共又是第三國際的黨員以壯大國民黨的力量，又可避免觸及有關領導中共的棘手問題，因為孫中山篤信一個國家只能有一個黨和一個領袖。這個做法也意味着「國共合作」並非兩黨平等地合作，而是要中共黨員承認國民黨在「國民

革命」中的領導地位。孫中山對於這點説得很清楚:「共產黨既加入國民黨,便應服從黨紀,不應該公開的批評國民黨。共產黨若不服從國民黨,我便要開除他們;蘇俄若袒護中國共產黨,我便要反對蘇俄。」[1]1923 年 1 月 12 日,第三國際向中共發出「一月指示」,迫使它依照孫中山提出的方式進行合作。其實,中共中央局書記陳獨秀並不贊成「容共」政策,因他恐怕這種合作方式會危害中共的獨立性及其黨員的階級性。陳獨秀後來承認,「只不過是因為第三國際的壓力,中國共產黨才勉強承認在國民黨內開展活動的必要性。」陳獨秀為了服從第三國際的指示而執行違背自己意願的政策,可説是「黨性」(即個人利益絕對服從黨的利益)的具體表現。

　　在中共接受了「黨內合作」的形式後,孫中山便於 1923 年 1 月26 日與剛從北京來到上海的蘇聯駐華特命全權大使越飛(Adolf A. Joffe)發表《孫文越飛聯合宣言》。[2]該《宣言》指明中國目前不適宜實行共產主義或蘇維埃政體,這符合了孫中山的願望。另一方面,蘇俄對中國政局的影響從此大增。第三國際立即派來鮑羅廷(Mikhail Borodin)當國民黨中央的政治顧問,幫助孫中山改組國民黨。又派來加倫將軍(General Galen,原名 Vasily Blucher)協助孫中山訓練一支黨軍;黃埔軍校在得到蘇俄 200 萬盧布的資助及大批槍械的供應後,

1　有關孫中山制訂「聯俄容共」政策的初衷,以及孫中山與蘇聯雙方利益訴求的分析,詳見李玉貞:《孫中山與共產國際》,台北:中央研究院近代史研究所,1996 年;李玉貞:《國民黨與共產國際,1919-1927》,北京:人民出版社,2012 年。

2　越飛早於 1922 年 8 月抵達北京,與當時掌控北洋政府的吳佩孚洽談建立外交關係,藉此解決中蘇兩國之間懸而未決的中東鐵路和外蒙古問題,以維護蘇俄國家利益。由於吳佩孚在上述兩個問題上都不肯讓步,越飛遂將工作重點轉向發展與南方政府的關係,實行以南壓北的方針。1923 年 1 月 17 日,越飛以養病為名赴上海,差不多每天都與孫中山或孫的代表張繼接觸,並於同月 26 日與孫中山發表《孫文越飛聯合宣言》。見金一南:《苦難輝煌》,北京:作家出版社,2015 年。

於 1924 年 5 月在廣州成立，蔣介石成為第一任校長。[3]

1.2 國民黨改組與分裂（1924 年）

　　1924 年 1 月，國民黨第一次全國代表大會召開，會上宣佈改組。由於孫中山已決定「以俄為師」，所以他囑託鮑羅廷利用其在蘇聯組黨的經驗，把國民黨徹底改造成一個具有現代革命意義的政黨。「一大」的宣言也由鮑羅廷負責起草，經中共黨人瞿秋白翻譯、國民黨人汪精衛潤色，最後由孫中山提交大會審議並獲得通過。可見，鮑羅廷在國民黨改組一事上影響巨大。但孫中山亦發揮了很大的個人影響力，使改組後的國民黨符合他本人的意願。大會確定孫中山為總理。新黨章規定總理為全國代表大會及中央執行委員會之主席，有最終決策權，這使總理權大於黨。還有值得注意的是，出席第一次全國代表大會的半數成員及第一屆中央執行委員會的所有成員，都是經孫中山親手挑選的。孫中山又於同年 6 月創立政治會議（或稱中央政治委員會）；它在原則上是中央執行委員會的一個附設機關，但由於它擁有「先斬後奏」之權，所以其權力實在比中央執行委員會大。孫中山領導革命經歷多次失敗後，終於意識到作為國民黨的領袖必須掌握大權。國民黨改組後，孫中山儼如黨的獨裁者。

3　蔣介石早於 1913 年 12 月在日本首次會見孫中山，此後自稱是「追隨」孫中山的忠實信徒。當時孫中山覺得蔣介石為人忠誠，且有敢死的精神，惟脾氣剛烈，容易與人發生爭執，很難與人合作共事。1923 年，蔣介石以孫逸仙博士代表團團長身份出訪蘇聯。訪蘇期間，蔣介石察覺到斯大林等人「排斥異己」；又對俄人拒絕國民黨在庫倫（1924 年改稱烏蘭巴托）建立基地的要求，深感失望。回國後，就任黃埔軍校校長。這時，蔣介石已不煙不酒，摒棄了他早年在日本和上海放蕩不羈的生活習慣。由於蔣介石崇敬曾國藩和胡林翼，所以當了校長五個月就親手編輯成《增補曾胡治兵語錄》，發給軍校師生人手一冊，藉以建立一支效忠於他個人的嫡系部隊。及後，蔣介石對黃埔軍校出身並忠於他的軍官，特別厚待。儘管犯了法，只要他們去向他報告，就不但不加處罰，還認為誠實可信，給予嘉許。當時黃埔軍校出身的軍官，都知道蔣介石這一套作風，因而都喜歡單獨求見「校長」。

國民黨第一次全國代表大會
1924 年 1 月，國民黨第一次全國代表大會在廣州召開，首次確定國共合作政策。圖為大會會場一景。

　　另外，國民黨「一大」確定了「聯俄、容共（又稱聯共）、扶助農工」三大政策。這使國民黨成為一個與下層社會有廣泛聯繫的革命政黨。孫中山此時認為群眾應成為革命的積極參與者，因此在中央成立了農民、工人、婦女、青年、宣傳等部門，由加入了國民黨的中共黨員領導。1924 年 7 月，農民運動講習所在廣州成立，由廣東海豐縣農民運動領袖彭湃擔任主任；1926 年 3 月，聘請毛澤東為所長。[4] 全

4　亞歷山大·潘佐夫指出，歷史上的農民造反和歷史小說中的農民造反故事，給童年的毛澤東留下了不可磨滅的深刻印象。奇怪的是，於農民家庭出身的毛澤東一直覺得農民「愚蠢、討厭」。他首次認真接觸到有關去農村組織農民的問題，大概是在 1923 年 6 月召開的中共第三次全國代表大會上。半年後，當國民黨召開「一大」時，毛澤東表示：「直到我們確定在農村有強大的小組，直到我們已經長期進行煽動之前，我們無法堅決地採取激烈行動對付富有的地主。在中國，大致上（階級）差異還未到達我們可以發動階級鬥爭的時候。」1924 年底，毛澤東離開廣州去長沙；1925 年 2 月初，轉回家鄉韶山，與農民一起工作，並開始意識到惟有依賴這些無知、不識字、不幸的農村勞動者，革命才會成功。1926 年 3 月，毛澤東返回廣州後被委任為第六屆農民運動講習所所長。

國第一個省農民協會（即廣東省農民協會），也於 1925 年 5 月在廣州成立。研究 1924-1927 年廣東農民運動的歷史學家梁尚賢指出，當時國民黨有政權，有軍隊，但無農運人才；而共產黨則無政權，無軍隊，但有農運人才。兩黨於是合力發展農民運動以補自己之不足──國民黨可借助廣大農民的支持推進北伐，而共產黨則可利用領導農民運動增強實力，並藉此制衡國民黨中央的農民政策。[5]「聯俄」、「容共」（又稱聯共）也使「反帝國主義」及「反殖民主義」成為「民族主義」在當前階段的首要特色。《國民黨第一次全國代表大會宣言》指出：「辛亥以後，滿人之宰制政策，已為國民運動所摧毀，而列強之帝國主義則包圍如故，瓜分之說變為共管。……其結果足使中國民族失其獨立與自由則一也」。因此，「民族主義，其目的在使中國民族得自由獨立於世界」；而「民族解放之鬥爭，對於多數之民眾，其目標皆不外反帝國主義而已」。至此，「民族主義」的綱領更加體現為實際政策，如廢除「不平等」條約及革除侵害中國主權的一切現象等等。

孫中山終於掌握了實權，但是派系鬥爭也開始了。國民黨為何分裂？基本原因是國民黨人對「聯俄容共（又稱聯共）」政策產生分歧。其中部份高級黨員（如中央監察委員會之張繼、鄧澤如、謝持等人）基本上反對孫中山的「聯俄容共（又稱聯共）」政策，形成了國民黨右派。1923 年 11 月 12 日，國民黨臨時中央執委會發表了《中國國民黨改組宣言》。當天，鄧澤如等人以國民黨廣東支部名義提出「彈劾案」。孫中山當時就表明國民黨黨綱、黨章和組織法「為我請鮑君〔鮑羅廷〕所起，我加審定，原為英文，廖仲愷譯之為漢文。……切不可

5　梁尚賢：《國民黨與廣東農民運動》，廣州：廣東人民出版社，2004 年。

疑神疑鬼。」他還告誡右派分子：「你們願意跟着我革命的就來，不願意革命的就走。我不能勉強拉你們來革命，你們也不能勉強拉我不革命。」右派分子為了避免公開批評孫中山，故意把矛頭指向中共。1924 年 6 月，右派彈劾中共黨員破壞合作，違反《孫文越飛聯合宣言》的精神。國民黨另一些高級黨員（如汪精衛、廖仲愷等）則支持孫中山的「聯俄容共」政策，形成了國民黨左派。須知，國民黨左派成員並非中共黨員，他們只是依孫中山的主張與中共合作而已。

國民黨左右兩派的勢力，可從改組初期的第一屆中央執行委員會

青年毛澤東在滬留影
1924 年 5 月，國共兩黨人士在上海孫中山香山寓所集會，共同紀念孫中山就任廣州政府非常大總統三週年。照片中的知名人士有：鄧中夏（前排左一）、張繼（前排左五）、胡漢民（前排左六）、汪精衛（前排左七）、葉楚傖（中排左四）、毛澤東（後排左二）。

中各派人數的對比看到：國民黨左派有 5 人，中共 3 人，國民黨右派
16 人。若將中共黨員撥歸國民黨左派陣營計算，則國民黨左右兩派人
數的比率為 1:2，可見當時右派勢力較左派強。雖然中共黨員控制了
國民黨中央黨部的大多數部門，但他們在負責執行紀律的中央監察委
員會中沒有代表，在軍隊中也沒有影響力。孫中山利用個人的影響力
緩和兩派的鬥爭，防止其惡化；但隨着孫中山於 1925 年 3 月逝世，
兩派鬥爭越發激烈，國民黨左派勢力上升。

2、革命陣營裏各派之間的矛盾與鬥爭

2.1 孫中山逝世後國民黨左派勢力的上升（1925 年 3 月-1926 年 3 月）

孫中山死後，國民黨左右兩派對「三民主義」的闡釋出現了分歧。
在「民族主義」方面，左派主張策動群眾推翻帝國主義及其國內支持
者，右派主張恢復中國歷史上的光榮傳統。在「民權主義」方面，左
派強調「憲政」，右派強調「訓政」。而在「民生主義」方面，左派
斷言它是孫中山制訂之「平均地權、節約資本」政策，右派則指出孫
中山所稱的「民生主義」強調德育提升，不是甚麼具體的社會經濟政
策。

權力鬥爭也趨向激烈。孫中山逝世後，由誰來繼承他的革命領導
地位？在當時的廣州，有五個具有實力的競爭者。當中胡漢民是右派
領袖、廣東省長、代理大元帥；汪精衛、廖仲愷二人是左派領袖；許

崇智是粵軍統領；蔣介石是黃埔軍校校長，即國民黨黨軍的領袖。

1925 年 7 月 1 日，國民政府在廣州成立。應注意的是，一般所稱的國民政府是指蔣介石於 1927 年 4 月 18 日成立的南京國民政府；1925 年 7 月到 1927 年 4 月的這一段歷史，是蔣介石「起家」的歷史，在國民黨史籍與一般教科書中少有論述。實際上，國民政府在 1925 年 7 月已經成立。

當時國民黨左派已掌控了國民政府。左派領袖汪精衛和廖仲愷分別被任命為國民政府主席、軍事委員會主席，以及廣東省長、財政部長、工人部部長。右派領袖胡漢民則只獲委任為外交部長，因而深感不滿。況且，廣州國民政府未被列強承認，其外交部長一職形同虛設，無怪乎右派怒氣沖天，將矛頭直指汪精衛、廖仲愷二人。

1925 年 8 月，廖仲愷在國民黨中央黨部門外遇刺身亡。廣州國民政府立即聽從鮑羅廷的建議成立「特別委員會」，由汪精衛、許崇智、蔣介石三人進行調查，得出結論是廖仲愷被右派刺殺。「特別委員會」認為胡漢民對廖仲愷被殺一事雖沒有法律上的責任，但應負政治上的責任，結果胡漢民被「派」去莫斯科，國民黨右派因而受到嚴重打擊。一部份右派成員於 1925 年 11 月在北京附近的西山召開會議，形成「西山會議派」。他們宣稱由汪精衛領導的廣州國民政府不合法，但沒有攻擊蔣介石。早於同年 9 月，蔣介石指控許崇智濫用公款、勾結陳炯明，並把許放逐到上海。到 1925 年底，廣州國民政府的重量級政治人物只剩下汪精衛與蔣介石二人。

1926 年 1 月，國民黨召開第二次全國代表大會。對比左右兩派在第二屆中央執行委員會中的人數，國民黨左派 13 人，中共 7 人，國民黨右派 16 人。若將中共黨員撥歸國民黨左派陣營計算，則左右兩派人數比率為 5:4，左派的勢力明顯加強了。這次會議的另一特點，

是未有被孫中山挑選成為國民黨第一屆中央執行委員會成員的蔣介石，竟以最高票當選為國民黨第二屆中央執行委員會常務委員。蔣介石終於以一介武夫的身份進入了政治權力的核心，且居汪精衛一人之下、萬人之上了。須知，蔣介石與當時一般軍閥不同，因為他能借革命黨的名義，且常常以「總理唯一的接班人」自居來擴充軍權；他又與國民黨的領袖（如汪精衛、胡漢民等）不同，因為他們是沒有實力的空頭政治家，而蔣則擁有軍權。換言之，蔣介石兼有二者之長而避其短。在即將到來的政治鬥爭中，可以預料蔣介石將佔上風。

2.2 「中山艦事件」（1926 年 3 月 20 日）與 蔣介石的崛起

1926 年初，蔣介石跟蘇俄軍事顧問季山嘉（Kissanka，原名 N. V. Kuibyshev）與國民黨左派領袖汪精衛在北伐問題上產生了嚴重的分歧——蔣介石主張立即北伐，而季山嘉和汪精衛則認為時下政治、軍事等各方面的條件還不成熟，故北伐應該從緩。當時廣州到處出現「反蔣」傳單，蔣介石覺得有人企圖把他去掉。他於是自請「赴俄休養」作個試探，誰知汪精衛不但同意他的要求，而且請他「速行」，這更使蔣介石認為中共與汪精衛要「幹他」或「趕他」。右派就在這種情況下乘虛而入，利用蔣介石多疑的心理，製造謠言，以進一步挑起蔣介石和汪精衛及季山嘉之間的矛盾。據左派成員陳公博在其回憶錄中披露，右派鄒魯曾在 1930 年告訴他：1926 年初，「西山會議派」謀劃「拆散廣州的局面」，「使共產黨和蔣分家」；結果由當時廣州市政廳委員長伍朝樞出面，宴請俄國領使吃飯，跟着第二天又邀請蔣介石的左右手吃飯，席間説俄國領使告知蔣介石將於最近往莫斯科，又

問他們知否蔣何時起程？蔣介石獲悉後大吃一驚，懷疑「共產黨要幹他」，或者汪精衛要「趕他」。[6]

3 月 20 日早晨，中山艦沒有收到蔣介石的命令就從省城駛往黃埔（據報是奉命去保護一艘被海盜搶劫的商船）。同一早上，汪精衛問蔣介石：「今天去不去黃埔？」蔣介石回答說：「我今天去不去還不一定。」下午一時，身為中共黨員的中山艦艦長兼代理海軍局長李之龍打電話給蔣介石，請求將中山艦調回省城，預備給由聯共中央委員布勃諾夫（A. S. Bubnov）率領的蘇聯使團參觀。這使蔣介石摸不着頭腦，並相信這是汪精衛設下的陰謀。蔣介石遂下令逮捕李之龍，同時宣佈戒嚴，並監視蘇俄軍事顧問住宅，史稱「中山艦事件」或「三月二十日之變」。4 月 20 日，蔣介石在演說中聲稱：「有人說，季山嘉陰謀，預定是日〔3 月 20 日〕待我由省城乘船回黃埔途中，想要劫我到中山艦上，強迫我去海參崴的話，我也不能完全相信，不過有這樣一回事就是了。」有理由相信，蔣介石當時真的相信汪精衛串謀中共除掉他，而不知這是右派從中挑撥的計謀。蔣介石研究專家楊天石把「中山艦事件」的發生概括為「偶然中的必然」——儘管事件是右派「玩」的一個「小把戲」，但「蔣介石和左派力量爭奪領導權的鬥爭必不可免，即使沒有右派的造謠和挑撥，蔣介石遲早也會製造另一個事件出來的。」其所言甚是。

「中山艦事件」發生後，汪精衛逃去歐洲，從中可窺見汪不能積極地解決問題這一個弱點；他選擇一走了之，實際上更令人懷疑他是否真的想趕走蔣介石。最終，蔣介石成為廣州國民政府中權力最大的一個人物。國民黨左右兩派鬥爭，其結果是鷸蚌相爭，漁人得利。

---

6 趙令揚、李鍔、汪瑞炯編註：《苦笑錄——陳公博回憶，1925-1936》，香港：香港大學亞洲研究中心，1979 年。

此外，在「中山艦事件」發生後，陳獨秀向第三國際表明他主張兩黨要在平等的關係上合作，即改「黨內合作」為「黨外聯盟」，但並未被接納。據悉，當時陳獨秀還產生了「準備獨立的軍事勢力和蔣介石對抗」的想法，並提議把一部份剛到達廣州的蘇聯軍火用來武裝廣東農民，惟鮑羅廷不同意，認為中共應將所有力量用於擁護蔣介石，鞏固北伐計劃。[7]

3、革命陣營走向破裂

3.1 北伐所造成的新形勢（1926 年 7 月-1927 年 3 月）

蔣介石在這個關鍵時刻的心態可以想像得出是非常複雜的。他一方面恐怕自己遭左派、中共及蘇聯顧問暗算，另一方面卻明白自己必須繼續和他們走在一起，因為他在孫中山逝世後就以其遺言履行者的身份自居。實際上，他已經成為「國民革命」的領導人及「聯俄、容共（又稱聯共）、扶助農工」政策的貫徹者。無怪乎他一直把「革命」這個口號掛在嘴邊。1926 年 2 月，蔣介石給剛去了莫斯科孫中山大學讀書的兒子蔣經國寫信，說：「中國革命如能成為世界革命之一部份，這樣革命才有意義，否則不能說是革命。」得悉蔣經國加入了共青團，蔣介石在 3 月再寫信給兒子，稱：「我雖然未加入共產黨，而為純粹的國民黨員，但我自認我一生的事業是在革命。所以我們父子兩人始終是立在革命戰線奮鬥的。我對於你，名稱雖為父子，在革命上說起

---

7 金一南：《苦難輝煌》，北京：作家出版社，2015 年。

7 金一南：《苦難輝煌》，北京：作家出版社，2015 年。

來是一個同志，我實在是滿足的。」5 月，蔣介石在國民黨二屆二中全會的開幕式上致詞時說：「世界革命是由第三國際來統一指揮，中國的國民革命是要由國民黨來統一指揮的。在這指揮國民革命時，一方面要集中革命分子，謀動作的一致；一方面因為是世界革命之一部份，所以也應該和第三國際聯絡，而且還承認它是在指導的地位。」蔣介石對革命的想法，從這幾段話中可見一斑。

　　研究蔣介石革命道路的起源和形成過程的專家施純純指出，蔣介石革命道路主要源自共產國際殖民地民族革命的策略和戴季陶對於中國革命的詮釋。1925 年 6-7 月，蔣介石的結拜好友及中國馬克思主義最早研究者之一戴季陶先後發表《孫文主義哲學的基礎》及《國民革命與中國國民黨》。這兩部著作提出了國民黨革命道路的理論，尤其以生產力優先的主張反對中共的階級鬥爭策略。蔣介石一方面公開支持「聯俄容共（又稱聯共）」，另一方面則依據戴季陶的理論發展與中共不同的革命道路，即重視軍事行動和道德改變，以發展中國生產力為優先，反對中國社會內部的階級鬥爭。在戴季陶發表其革命理論之後，蔣介石逐漸在其公開演講和著作中提出與戴季陶相同的觀點，終於在 1926 年 5 月底之後被中共和第三國際視為戴季陶思想的執行者。[8]

　　蔣介石掌握實權後，就發動北伐戰爭。陳獨秀心中雖然反對北伐，認為它會帶來新的軍事獨裁，但他也只能按照第三國際的指示參與北

8　施純純指出，1919-1927 年間的國共關係「既不單純是共產國際或中共要利用並消滅國民黨的陰謀，也不是中共作為革命者，蔣中正作為反革命者的簡單化樣板故事⋯⋯殖民地與民族革命系列決策，以及史達林〔斯大林〕安排中共的位置，介入中國革命的情況，確實維護了莫斯科為中心的利益；但這些決策卻也同時支持，推進了中國（以及其他區域）反資本主義的政治力量。」施純純又認為，當時國共的分歧在於「應以何種方式進行『國民革命』——國民黨一方強調在既有階級結構下發展生產力，透過思想改變和政治、軍事行動來進行；中共一方則強調革命過程中階級力量的對比，將提升階級能動性視為革命策略。」見施純純：《革命抑反命？：蔣中正革命道路的起源》，台北：國立中正紀念堂，2017 年。

伐。當時在廣州的蘇聯顧問對蔣介石鮮有好感，覺得他極度自負、武斷、囂張；情緒一時高漲、一時低落，脾性難以捉摸；遇到問題又不夠冷靜，凡事一意孤行。雙方的合作明顯地不可能持久。

為準備北伐，蔣介石在廣州預先徵稅開源，強迫廣東商人買公債。

軍隊	名稱	軍長
第一軍	黃埔黨軍	何應欽
第二軍	湘軍	譚延闓
第三軍	滇軍	朱培德
第四軍	粵軍	李濟深
第五軍	粵軍	李福林
第六軍	湘軍	程潛
第七軍	桂軍	李宗仁
第八軍	湘軍	唐生智

這使廣東的商人對他非常不滿。他又收買地方軍閥，將他們委任為北伐軍（即國民革命軍）軍長。委任的具體情況如下：

1926 年 6 月，廣州國民政府任命蔣介石為國民革命軍總司令。7 月，蔣介石誓師北伐。到 1927 年 3 月進駐上海時，國民革命軍已由最初的 8 個軍增加至 40 個軍。

1926 年 7-10 月，北伐軍集中討伐湖南、湖北的軍閥吳佩孚，並攻下長沙、漢陽、漢口、武昌。在湘一帶，由唐生智領軍，收了速戰速決之效。中共黨員隨軍北上，沿途策劃群眾運動，在農村組織農民協會清算地主，在城市組織工人發動罷工。國民黨左派坐鎮武漢，為

國民革命軍北伐
1926 年 7 月，國民革命軍誓師北伐。其主力部隊進攻湖南、湖北，並於該年 9-10 月攻克武漢三鎮。
圖為部份革命軍在武昌的合照，攝於 1927 年 1 月。

了遵守孫中山的「扶助農工」政策，支持由中共黨員領導的群眾運動。

　　蔣介石開闢另一戰場，轉戰江西。1926 年 9-11 月，他討伐控制
着江蘇、安徽、江西、浙江、福建五省的軍閥孫傳芳，目的是防止孫
的 20 萬大軍與吳佩孚會合。北伐最激烈的戰事發生在江西。蔣介石
最終攻下南昌。孫傳芳戰敗後投靠東北軍閥張作霖。蔣介石則坐鎮南
昌。據悉，自從攻克南昌後，蔣介石就擺出目空一切的樣子，不把任
何人放在眼內。

　　到了 1926 年底，革命陣營中出現武漢和南昌兩個權力中心。國
民黨左派控制武漢，蔣介石控制南昌。雙方在重大問題上出現了分歧，
重要分歧如下：一、有關下一步的軍事行動，應取北京還是上海？二、
有關「國民革命」的領導權，誰人應擁有最終決策權？三、有關社會
革命，應該鼓勵還是禁止？在這個問題上要注意到工人的罷工已直接
影響生產，引發出許多問題。尤其是在武漢，外商正在將資金移往上
海。四、有關反帝國主義運動，應該支持反帝還是維護外商在華利益？
兩派在上述問題上，皆持對立的觀點。

國民黨女兵
1926年冬天，黃埔軍校武漢分校破天荒地招收了213名女兵，這在中國歷史上還是第一次，開了
中國軍隊女兵建制的先河。圖為當時4名女兵的合照。

　　1927年3月，國民黨二屆三中全會在漢口召開。當時左派在中
央執行委員會主席蔣介石缺席的情況下，邀請了汪精衛回國主持政局
（汪於4月1日抵滬）。蔣介石不願與武漢政府妥協，他在蘇浙一帶
有較大影響力，於是決定攻取上海、南京。當時蘇聯的斯大林與托洛
茨基（Leon Trotsky）正在進行鬥爭，這對北伐產生很大影響。由於
斯大林一直主張與蔣介石合作，並把中國革命成功的希望放在國民黨
和蔣介石身上，故即使對蔣有所懷疑，還是指令由中共領導的總工會
不要阻止蔣軍進駐上海。1927年3月，蔣介石輕易進駐上海。上海當
時是商業中心，有大批外國僑民，蔣介石答應保護外國資產，防止了
列強趁機干預。

國共合作的危機
1927 年 3 月，國民黨二屆三中全會在蔣介石缺席的情況下於武漢舉行。會議制訂了一系列防止蔣介石軍事獨裁的措施；共產黨人支持這項會議；宋慶齡則重申孫中山的「聯俄、容共、扶助農工」三大政策。圖為武漢國民黨二屆三中全會有關人員合影：前排右四至六為宋子文、宋慶齡、孫科；第二排右三是毛澤東。

3.2 第一次國共合作從局部到全面分裂 （1927 年 4 月-7 月）

　　蔣介石進駐上海後，以總工會與工商業聯合會的武力對抗為藉口展開了「清黨」。從 4 月 12-14 日，「清黨」運動從上海不斷擴大到南京、杭州、福州、廣州。其間發生了一系列流血事件，許多與中共有關聯的青年和學生被殺害。在「清黨」後曾與蔣介石會晤的美國記者樊尚‧希（Vincent Sheean）形容蔣表現得相當緊張及有戒心，其瘦

削的面孔仍掛着一副殘酷的表情，內心則似乎充滿了焦慮和實現霸業的野心。蔣介石「清黨」標誌着國共合作破裂，不過國共合作尚未結束，因為當時中共仍得到武漢國民黨左派的支持。

1927 年 4 月 18 日，南京國民政府成立，與武漢國民政府對峙，史稱「寧漢分裂」。同日，蔣介石發出《告民眾書》，「要各個階級合作，不是要一個階級專政」，即明確反對階級鬥爭理論和政策。[9]武漢國民黨中央執行委員會解除了蔣介石一切職務，並把他開除出黨。

國民黨左派在武漢仍與中共合作，但由於工人罷工停產、資金流

南京國民政府成立
1924 年 4 月 18 日，國民政府建都南京，開啟了南京國民政府的時代。圖為當時主要的黨政軍人員合影。

---

9 蔣介石早於 1926 年 5 月 20 日在〈高級政治訓練班訓詞〉中聲稱，國民黨是代表「各階級利益的黨」。1927 年 2 月，即在「清黨」前兩個月，蔣介石又説：「民生主義對於土地承認私有制，而共產主義完全是取消私有制。這一點原則上民生主義和共產主義是不同的。」在「清黨」後，蔣介石公開反對階級鬥爭。

走、貿易停頓，武漢經濟幾乎陷於崩潰。這使得國民黨左派很快便出現困境。在湖南，中共黨員又繼續領導農民清算地主。土地革命使不少北伐軍軍官的家鄉土地被農民協會沒收；軍隊對群眾運動產生不滿情緒，終於在長沙發起兵變。

共產黨人在武漢也陷入了困境。斯大林於 1927 年 6 月 1 日發給中共一份「緊急指示」，要求它繼續與國民黨左派合作，但同時採取果敢行動增強實力，包括建立一支可靠的 2 萬人武裝部隊、深化土地革命、清除不可靠的將領，以及撤換政府裏的反動分子。陳獨秀接到「指示」後，進退維谷。他明白如要執行斯大林的「指示」，必須另起爐灶，即先中止與國民黨左派合作，但這樣做又顯然違反斯大林路線。陳獨秀只好聽從鮑羅廷的建議，給斯大林一個模稜兩可的回覆：「命令收到，一旦可行，立即照辦。」8 月 7 日，新來的第三國際代表羅明納茲（Vissarion Lominadze）在漢口召開的會議上，批判被禁止參加會議的陳獨秀對國民黨妥協讓步，犯了嚴重的「右傾機會主義」（Right Opportunism）錯誤。與羅明納茲一起批判陳獨秀的是中共黨內新形成的、以瞿秋白為首的一個反對派。他們藉攻擊陳獨秀違反斯大林路線以表明自己對第三國際的忠誠。「八七會議」後，陳獨秀黯然下台。

早於 1927 年 6 月，第三國際駐中國代表團團長羅易（M. N. Roy）把斯大林在 6 月 1 日的電文副本交給了汪精衛，使汪明白中共的目的是要在合作的架構內奪權。7 月 15 日，武漢決定「分共」。但「分共」與蔣介石暴力「清黨」不同，因為它只是以遣散共產黨人的和平方式去解決雙方的衝突。另外，汪精衛決定東征討伐蔣介石。中共黨員隨張發奎東征，賀龍、葉挺於 8 月 1 日在南昌起義。汪精衛終於決定清洗中共黨員。至此，第一次國共合作全面瓦解。眼見南京、

武漢相繼與中共決裂，國民黨右派於是出面調停寧、漢之間的糾紛，最後上演一場「寧漢復合」。實際上，國民黨仍然內訌不已。蔣介石於 8 月下野，這將會是之後的 22 年他喜用的一套以退為進的計策——他讓自己處於超然的地位，在局外觀戰，待各派系爭得不可開交之時，就以公正者的姿態出現，收拾殘局，以達到集大權於一身的目標。1928 年 1 月，在國民黨左、右兩派擾攘一番後，終於邀請蔣介石復職，主政南京國民政府。這解釋了南京國民政府雖然成立於 1927 年 4 月 18 日，但歷史學家皆以 1928 年 1 月為「南京十年」（the Nanjing Decade）開端的原因。

扭轉乾坤之三

革命本土化的年代
（1928-1937 年）

第七章

南京國民政府「十年建設」時期
「國民革命」的「儒家化」
（1928-1937 年）

1、解決「政權合法性」（regime legitimacy）的問題： 「訓政」及「建設」的實施

1.1 1928 年 10 月通過的《訓政綱領》：「軍政」時期的 結束與「訓政」時期的開始

蔣介石為了建立南京政權的合法性，宣稱國民政府的所有政策將以孫中山的「三民主義」為依歸。根據孫中山的革命理論，「國民革命」分三個階段完成：一、實行「軍法之治」的「軍政」時期；二、實行「約法之治」的「訓政」時期；三、實行「憲法之治」的「憲政」時期。

1928 年 6 月，北伐完成，「軍政」時期告終。10 月，國民黨中央常務會議通過《訓政綱領》，這標誌着「訓政」時期正式開始。須知，1928 年 8 月召開的國民黨二屆五中全會議決，遵照孫中山的「遺教」，迅速起草及頒佈「訓政」時期的「約法」。意想不到的是，在1929 年 3 月召開的國民黨第三次全國代表大會上，胡漢民使用其影響力令會議「確定總理所著《三民主義》、《五權憲法》、《建國方略》、《建國大綱》和《地方自治開始實行法》為訓政時期中華民國最高之根本法」。會議還聲稱民國元年的《臨時約法》當時就「不愜總理本意」，所以後來總理即「不復以約法為言」。這就否定了「訓政」時期有制訂「約法」的必要，亦即否定了二屆五中全會的決議，最後導致蔣介石和胡漢民於 1931 年初鬧翻（見本章 3.1.1 節）。

所謂「訓政」，是由執政黨（國民黨）訓練國民行使「選舉」、「罷免」、「創制」、「覆決」四種權力，領導全國邁向地方自治，

完成民主選舉，還政於民，最終實行「憲政」。理論上，「訓政」為期六年。國民政府遂於 1934 年由立法院擬定《中華民國憲法草案》，並於 1935 年通過、1936 年 5 月頒佈。立法院原本打算在 1936 年 11 月 12 日召開國民大會，議定憲法，但由於政局混亂，國民大會代表未能如期選舉完竣，故不得不繼續實行「訓政」，直至國共內戰的後期為止。

1.2「訓政」與「建設」的關係

「訓政」與「建設」是相輔而行的。孫中山在《建國方略》中表示：「夫革命之有破壞，與革命之有建設，固相因而至、相輔而行者也。今於革命破壞之後，而不開革命建設之始，是無革命之建設矣；既無革命之建設，又安用革命之總統為？」他認為，「軍政」時期是破壞時期，而「訓政」是修復、「建設」時期。所謂「建設」，即我們慣稱的「現代化」。

1.3 孫中山的「建設」理想

孫中山的「建設」理想，可見於他的三部著作：

(1)　《建國方略》，1917-1919 年寫成，分〈行易知難（心理建設）〉、〈實業計劃（物質建設）〉、〈民權初步（社會建設）〉三個部份；

(2)　《國民政府建國大綱》，1924 年 1 月 23 日提交中國國民黨第一次全國代表大會審議，主要內容是規劃建設的程序和

政府機構的設置；

(3) 《三民主義》，1924 年 1-8 月在廣州國立高等師範學校演講的筆記稿，經孫中山修改後印行，分〈民族主義〉、〈民權主義〉、〈民生主義〉（未完成）三個部份。

在《國民政府建國大綱》中，孫中山扼要地提出「建設」最重要的三點：

第一、「建設之首要在民生。故對於全國人民之衣食住行四大需要，政府當與人民協力，共謀農業之發展，以足民食；共謀織造之發展，以裕民衣；建築大計劃之各式屋舍，以樂民居；修治道路、運河，以利民行。」

第二、「其次為民權。故對於人民之政治知識能力，政府當訓導之，以行使其選舉權，行使其罷官權，行使其創制權，行使其覆決權。」

第三、「其三為民族。故對於國內之弱小民族，政府當扶植之，使之能自決自治。對於國外之侵略強權，政府當抵禦之；並同時修改各國條約，以恢復我國際平等、國家獨立。」

孫中山所主張的「革命建設」，就是要建立一個現代的、獨立的（擁有主權的）、民主的、經濟發達的國家。

2、充滿「內憂外患」的十年：南京國民政府所陷入的困境

對「十年建設」作出評價之前，首先要明白南京國民政府長期面

對各方挑戰，以致精疲力竭，嚴重影響到「建設」的推行。當然，政府不能完全推卸責任，諉過於人。評價應把主觀因素連同客觀因素一併考慮，才能做到公允。

對國民政府而言，威脅主要來自三個方面：中國共產黨、地方軍閥（歷史學家稱「新軍閥」或「地方實力派」）及日本。一般人對中共、日本在當時的活動比較熟識，但「新軍閥」其實是一股不可忽視的力量，一般歷史課本少有提及，所以下文會作較詳細的交代。

2.1「新軍閥」或「地方實力派」的威脅

2.1.1 軍閥割據格局的延續

蔣介石於北伐期間收買地方軍閥，取得快速的勝利，但結果後患無窮。直到 1930 年代中期，蔣介石只能直接控制江蘇、浙江、安徽、江西數省，軍閥割據格局仍延續着。歷史學家稱南京國民政府統治下的地方軍閥為「新軍閥」或「地方實力派」。著名的有：廣西的李宗仁、白崇禧；廣東的陳濟棠；雲南的龍雲；四川的劉湘；新疆的盛世才；華北、西北的馮玉祥；山西的閻錫山，以及東北的張學良。

蔣介石認為要真正掌握權力，首先要裁軍。1928 年，蔣介石召開全國編遣會議以達裁減地方軍隊數目之效，[1] 這當然引起軍閥的不滿。1929 年，新桂系進攻湖南，被趕回廣西，但未被消滅。1930 年 2 月，閻錫山提出「禮讓為國」，要求蔣介石與自己同時下野。3 月，馮玉祥擁護閻錫山為陸海空軍總司令。5 月，蔣介石下討伐令，中原大戰爆發。7 月，反蔣各派在國民黨左派（當時稱「改組派」）的主導下

---

1 當時中國各軍兵力大概如下：中央軍 50 萬；馮玉祥 40 萬；閻錫山 20 萬；李宗仁 20 萬；奉軍 40 萬；其他 30 萬。總數在 200 萬以上。

在北平召開國民黨中央黨部擴大會議，指責蔣介石借黨治的名義實行獨裁，「號稱訓政，於今三年，而約法一字亦未頒佈」。9月，擴大會議各派在北平成立以閻錫山為主席的「國民政府」，另成立約法起草委員會，負責起草約法並向全國徵詢意見。10月底，擴大會議通過《中華民國約法草案》，用以作為「憲法未頒佈以前的根本大法」。不過，張學良已早於9月18日通電擁護蔣介石，隨後率領東北軍數萬人入山海關，並於10月佔領河北。11月4日，閻錫山、馮玉祥通電下野，中原大戰告終。

中原大戰後，蔣介石為了回應自由派知識分子和「擴大會議派」的「法治」要求，決定召集國民會議，制訂約法，以此剝奪反對派的藉口。但立法院院長胡漢民堅持一貫主張，反對召開國民會議，制訂約法。1931年2月28日，蔣介石以國民政府主席的身份把胡漢民囚禁於南京湯山，並且聲稱：「革命的黨和革命的政府，因為革命的需要」，「隨時可以限制黨員與官吏各人的自由」，「所以胡同志的行動是否自由，不是重大的問題。」5月，反蔣各派要人雲集廣州，旋即召開「非常會議」，成立「廣州國民政府」，造成「寧粵分裂」的局面。儘管胡漢民於「九一八事變」後重獲自由，[2]「廣州國民政府」亦於1932年1月1日宣告撤銷，但兩廣卻維持「半獨立」狀況，直

---

2 關於胡漢民與蔣介石在制訂約法問題上的爭執，楊天石作出了中肯的分析：「胡漢民與蔣介石的矛盾不僅是複雜的，而且是多重交叉的。就胡漢民將孫中山『遺教』絕對化，反對在當時制訂約法來說，他不懂得現代的民主和法治，但是，他又企圖運用現代的多權分立制度來反對蔣介石的個人獨裁；就蔣介石來說，他準備召開國民會議，制訂訓政時期約法，顯示出他企圖邁上民主和法治的道路，或者說，他企圖以民主和法治來裝點門面，但是，當他遭到牽制，面臨反對意見時，他又用粗暴的辦法踐踏了現代民主的原則。」對於日本的侵略，胡漢民主張從「攘外中求安內」，並認為「攘外必先安內」是自殺政策。1931年10月14日，胡漢民從南京湯山被釋放出來，隨後批評蔣介石的對日政策為「三無主義」，即「無辦法、無責任、無抵抗」。他又抨擊蔣介石企圖以法西斯主義代替「三民主義」。誠然，蔣介石曾於1935年宣稱法西斯可以救中國，親蔣人馬因而鼓吹「領袖獨裁」、「樹立最高領袖之信仰」，並宣揚若要中國強盛，只好用「法西斯手段來推行三民主義」。1936年5月，胡漢民因突發腦溢血病逝於廣州。

到 1936 年「兩廣事變」（即陳濟棠與新桂系揭竿反蔣）失敗為止。此外，多個西南及西部省份要到 1934 年 10 月之後，因蔣介石派遣軍隊進入該等省份追剿紅軍才改由中央政府掌控。

在「南京十年」（1928-1937 年）的大部份時間裏，蔣介石並未真正地控制全國，所以中國在當時只有名義上的統一。其實，蔣介石的終極願望是要把中國統一起來。他未能如願以償，是因為他沒有能力同時剷除所有「地方實力派」。只要他有所行動，其政敵就會聯合起來對付他。為了分化政敵，蔣介石只能使用拉一派、打一派的方法。對他有利的是，各方矛盾錯綜複雜，反蔣集團除了一致反蔣外，幾乎沒有共同目標可言。無怪乎 1930 年代的中國仍然陷於權力分散（decentralization）、地方分離（separatism）、勢均力敵（an equilibrium of fragmented military forces）的局面。這明顯是 1920 年代軍閥割據格局的延續。

2.1.2 為何歷史學家把 1928 年設為「軍閥割據時期」的下限？

既然軍閥割據的格局延續到 1930 年代，歷史學家為何把 1928 年設為「軍閥割據時期」的下限？這是因為「法統」這個大是大非的問題在北伐完成後最終得到了解決。在此之前，只有列強承認北洋政府為中國的唯一合法政府，各地軍閥和黨派都不承認它的合法性，但北伐結束了這個局面。眾多地方軍閥因參加北伐成為國民黨黨員，他們如蔣介石一樣以孫中山的忠實信徒自居。在此情況下，他們無法不承認南京國民政府為中國的唯一合法政府，因為該政府把「三民主義」奉為圭臬。

然而，這並不代表 1928 年後的「地方實力派」真的追隨蔣介石。每當南京的政策損害地方的權益時，他們就起來反對蔣介石，抨擊他

背叛了孫總理的「三民主義」，因此非打倒不可。他們甚至另起爐灶，成立另一個國民政府與南京國民政府分庭抗禮，只不過他們所針對的乃蔣介石個人而已。

2.1.3 「新軍閥」對國家整體「建設」的影響

地方與中央不同形式的對抗（從陽奉陰違到兵戎相見），對國家整體「建設」自然有不良的影響。而地方財政獨立則嚴重打擊中央財政收入，對中央政府影響最大。當時地方稅收分國稅、省稅兩類；田賦歸省稅。各省所收國稅，例應繳交中央，但由於各省浩大的軍費開支，訂定為國庫支付，故各省鮮有盈餘上繳中央。[3]

南京國民政府只靠其直接控制的數省提供稅項，幸好長江三角洲是中國最富庶的商業中心，否則後果不堪設想。中央政府主要稅收包括關稅（48.5%）、鹽稅（22%）及商品稅（12.6%），合計佔總稅收的83.1%。中央政府主要開支包括軍費（46%）及歸還債與利息（34%），合計佔總開支的80%。可見在經常預算中能運用於「建設」的款項極少。政府當時的確大搞「建設」。資金從何處來？原來，每舉辦一項「建設」，政府都開徵新稅，這當然加重了人民的負擔。

2.1.4 「新軍閥」與地方「建設」

不少1930年代的「新軍閥」是歷史學家所稱的「改革派軍閥」（reformist warlords）。他們在其管轄的範圍內大辦「建設」，力圖將其地盤變成「模範省」，與蔣介石一比高下。較為突出的例子有陳

3　關於「地方實力派」與南京國民政府在財政上的關係，可參考廣東省陳濟棠的個案研究，見 Alfred H. Y. Lin, "Building and Funding a Warlord Regime: The Experience of Chen Jitang in Guangdong, 1929-1936", *Modern China*, Vol. 28, No. 2 (April 2002), pp.177-212。

濟棠的「廣東省三年施政計劃」、[4] 新桂系的「廣西建設運動」、閻錫山的「山西十年建設計劃」，以及韓復榘的「山東鄉村建設運動」。

「新軍閥」明白公路對運輸與軍事部署的重要性，於是在 1930 年代大力發展公路網。直至今天，中國仍沿用當時的公路網。「新軍閥」又為了擴充經濟實力與中央抗衡，往往在其所據地盤內興辦實業，客觀上對地方經濟發展起了積極作用。

2.2 中國共產黨的威脅

本書第八章將會特別論述中國共產主義運動在這個時段的發展，這裏只簡單談談蔣介石對中共的態度。無可否認，蔣介石視中共為主要敵人，他因此在 1930-1934 年間發動了五次「圍剿」中共根據地的戰爭。同時面臨日本與中共的威脅，蔣介石的既定政策是「先安內後攘外」。1931 年 7 月 22 日，蔣介石寫日記時為自己定下了目標：「消滅赤匪，保全民族之元氣，削平叛亂，完成國家之統一。蓋攘外必先安內，革命即為救國，亦惟保全民族之元氣，而後方能禦侮，完成國家之統一，而後乃能攘外，近日之〔『圍剿』〕戰爭乃為救國與賣國之爭，革命與反革命之爭。」1933 年 4 月，蔣介石在江西省會南昌對部下解釋說，日本只是「皮膚小病」，中共才是「心腹之患」。他又在當年 6 月 20 日的日記寫道：「日本與我們有隙，但同時他們從內

4　連浩鋈：〈陳濟棠據粵的由來與「廣東省三年施政計劃」的緣起〉，《廣東黨史資料》第 35 輯（2001 年 9 月），第 378-420 頁；連浩鋈：〈陳濟棠主粵時期（1929-1936 年）廣州地區的工業發展及其啟示〉，《中國社會經濟史研究》2004 年第 1 期，第 90-99 頁；連浩鋈：〈軍閥與商人：陳濟棠與廣東糖商個案研究〉，《東方文化》第 39 卷第 1 期（2005 年），第 56-78 頁；Alfred H. Y. Lin, "Warlord, Social Welfare, and Philanthropy: The Case of Guangzhou under Chen Jitang, 1929-1936", *Modern China*, Vol. 30, No. 2 (April 2004), pp.151-198。

心懼怕着我們⋯⋯赤色蘇聯才是我們唯一的敵人⋯⋯。」

我們有理由批評蔣介石不及早抵抗日本的侵略，但應當承認他有先見之明，明白能打垮他的不是日本，而是中共。其後事實證明蔣介石的看法是對的，1949年促使他下台的正是中共。

2.3 日本的威脅

1931年9月18日晚上，日軍進攻瀋陽北大營，發動事變，史稱「九一八事變」。長久以來，論者一致認為蔣介石在事變後下令「不抵抗」，是「不抵抗主義」的始作俑者。直到張學良晚年接受訪問時坦率承認「不抵抗」是他本人下的命令，和蔣介石無關，事件才告真相大白。張學良還進一步透露，他下令「不抵抗」有兩個主要原因：其一是對日本侵華的野心估計不足，認為「瀋陽事件」只是一般性的「挑釁」，「找點麻煩」而已；其二是認為根本打不過日本人。蔣介石雖然沒有下令「不抵抗」，卻難逃避默認並實行「不抵抗主義」的責任，因為他在「九一八事變」後沒有採取任何軍事行動去抵抗日本的侵略。蔣介石這樣做，當然有他自己的考慮。首先，蔣介石在事變前已下定「先安內後攘外」的決心（見2.2節）。其次，他和張學良同樣因中日軍力懸殊而懼怕日本。1932年1月，蔣介石下野還鄉，在奉化武嶺學校演講談到中日軍事力量對比時聲稱，「中國國防力薄弱」，海陸空軍不足，一旦給日本提供「絕交宣戰」的口實，「必致沿海各地及長江流域，在三日內悉為敵人所蹂躪，全國政治、軍事、交通、金融之脈絡悉斷，雖欲不屈服而不可得。」其「恐日」心態，在上述一席話中表露無遺。蔣介石大概認為中國還未作好跟日本開戰的準備。作為弱國領袖，蔣介石持有一種基本觀點：弱國的國防不能

像強國那樣「重邊疆」，「取攻勢」，只能「重核心」，「取守勢」。他不是不想抗日，而是相信中國在當時只能對日採取妥協政策，盡可能推延對日開戰時間。

有理由相信，蔣介石像張學良一樣低估了日本侵略中國的野心，導致他錯估整個東亞地區的形勢。1933年2-3月，日本關東軍（Kantō-gun）攻佔熱河；5月，日軍推進河北，令北平、天津受到威脅。為保華北起見，南京國民政府遂於5月31日與日本簽署有關停戰的《塘沽協定》。協議簽訂後，蔣介石認為日本對中國已暫無侵佔領土的野心，因為它已如願獲得東北及熱河。他又認為，日本於1932年3月1日在中國東北建立的「滿洲國」（Manchukuo）侵犯了蘇聯在「北滿」的權益，所以日蘇緊張關係的升溫，已超過了中日間的對峙；而在日蘇矛盾解決之前，日本不會大舉揮軍進攻中國。蔣介石還作出估計，倘若日蘇開戰，日本不得不向中國求援，到時中國將可順勢收回失土。蔣介石日記清楚地顯示他確實將「日蘇先戰」規劃為中國對日、對蘇戰略及國內「反共」政策的一環。

上述說法並非想維護蔣介石，而是要說明一點：我們毋須認同蔣介石的想法、做法，甚至可以強烈批評它，但我們不應因此而否定它有合理的一面。蔣介石對日本步步進逼沒有還擊，這不能證明他不愛國。除了要爭取較多時間去作充分準備外，蔣介石也許明白大規模的戰爭將會帶來巨大的災害、摧毀許多已建設好的現代化設施。他不對日本開戰當然失去了一次團結全國人民的機會，但其後全面抗戰的史實證明，打仗是要付出巨大代價的。值得注意的一點是：蔣介石在「九一八事變」後拒絕與日本交涉，因他認為「與其單獨交涉而簽喪土辱國之約，急求速了，不如委之國際仲裁，尚有根本勝利之望，否則亦不惜與倭寇一戰以決存亡也。」蔣介石始終拒絕承認滿洲

國，這表明他從來不肯在涉及中國主權的問題上作任何讓步。有學者指出，從 1928 年 5 月 9 日（即日軍在濟南挑釁導致「濟南慘案」發生後的第六天）開始，蔣介石每天都在日記的「提要」部份誓願「雪恥」；到該月 31 日，他已連續記述了 18 種「雪恥」之道。直到 1945 年抗日戰爭勝利結束，蔣介石每天日記的起始處都有「雪恥」二字，持續了 18 年之久，一天都沒有間斷。[5] 筆者認為，歷史學家的工作不是說教，而是解釋已發生的事為何就是如此這般發生（The task of an historian is not to moralize, but to explain why things happened the ways they did）。當我們嘗試用當事人的角度去看問題時，就可以更清楚地理解看似不合常理的事，更好地理解歷史。重要的一點是要嘗試去明白，但明白後卻不一定要同意或接受（To understand does not predispose one to agree or to accept）。

3、「十年建設」的回顧與分析

3.1 政治方面

就政治方面的「建設」而言，國民黨實行「以黨治國」。現分析當時黨、政系統建構的成效。整體來說，國民黨與國民政府皆具備現代政黨和現代政府的模式，但兩者都未能發揮整合（integrate）國家的功能。

5　吳景平：〈守住民族大義的底線──讀抗戰初期蔣介石日記有感〉，宋曹琍璇、郭岱君主編：《走近蔣介石──蔣介石日記探秘》，香港：中華書局（香港）有限公司，2016 年。

3.1.1 黨的建構

國民黨早於 1924 年 1 月在孫中山領導下進行改組，確立了全國代表大會制度。理論上，國民黨的最高權力機關是全國代表大會；由它選出中央執行委員會，再選出中央執行委員會常務委員會。另外設有中央政治會議（又稱中央政治委員會），是孫中山於 1924 年 6 月成立的最終決策機關（見第六章 1.2 節「國民黨改組與分裂（1924年）」）；它在組織上是中央執行委員會的附設機構，成員亦由中央執行委員會推定，但人選不一定限於中央委員。這個機關對立法原則、施政方針以及政務官的任命等等，皆有議決之權；決議直接交國民政府執行。

蔣介石一向以「〔孫〕總理忠實信徒」自居，是故於 1929 年將孫中山的遺體從北平移到南京中山陵安葬，並規定國民黨各級黨部要在每星期一的早晨做總理紀念週，其形式還推廣到一切會議上去。儘管蔣介石藉推崇孫中山以凝聚人心、提升國民黨的威望，惟該黨在 1928-1937 年間卻未能發揮整合國家的功能，這大概是由於它的組織與運作皆有嚴重缺陷。

第一、國民黨缺乏群眾基礎。它從未致力吸收基層人士，故其黨員只局限於社會上層的精英分子。黨員的地理分佈顯示他們來自某些城市和地區（主要是「剿匪區」）。國民黨只在 11 個省、6 個城市和 348 個縣（全國有 1,890 個縣）設有黨支部；

第二、國民黨由於資金不足，不重視訓練新加入的黨員，這直接影響到黨員的素質；

第三、黨中央與省市黨支部溝通不足；

第四、國民黨內部派系林立。這是最大的問題。

國民黨內部派系可劃分為兩大類別，每類又可分為若干派：

北伐完成，祭告孫中山

1928 年 7 月 6 日，蔣介石和閻錫山、馮玉祥、李宗仁、白崇禧及吳稚暉等人到北平西山碧雲寺孫
中山靈前舉行祭告典禮，以示北伐勝利。圖為祭告典禮場景。1929 年 5 月，南京中山陵落成，孫
中山的遺體遂被移到南京安葬。

　　第一類是對蔣介石不滿的派系，有：

　　（1）以孫科為靠山、擁護胡漢民為領袖的國民黨右派（又稱「再
造派」）。自 1928 年開始，蔣介石便拉攏國民黨右派來牽制其政敵。
但到 1931 年 2 月，時任立法院院長胡漢民因堅持反對召開國民會議
及制訂「訓政」時期之約法，被蔣介石囚禁於南京湯山，導致蔣和右
派決裂；

　　（2）以謝持、鄒魯、林森、張繼等人為骨幹的國民黨老右派（又
稱「西山派」）；

　　（3）以汪精衛、陳公博為首領的國民黨左派（又稱「改組派」）。

1932 年蔣介石與胡漢民決裂後，便拉攏國民黨左派來牽制其政敵，因此出現了一個新的「二對一」形勢（即蔣、汪對胡，有別於以前的蔣、胡對汪）。

值得注意的是，在 1932-1935 年間，蔣介石專注「剿匪」事宜，因此把日常有關中日兩國交涉的任務委託給時任行政院長兼外交部長汪精衛。蔣介石這麼做表明他絕不懷疑汪精衛的抗日意志，並且深信汪在中日外交決策這方面與他的看法一致。誠然，汪精衛當時確實認為政府「要同時抗日剿共」，而在抗日方面則要「一面抵抗、一面交涉」。汪解釋說，所謂「一面抵抗、一面交涉」，即在軍事上不宣戰而盡力抵抗，外交上不絕交而盡力交涉，二者並行。又強調「有抵抗，然後有交涉」，「抵抗愈得力，交涉愈有希望，否則無交涉之可言」。換言之，「抵抗」和「交涉」不只並行，實在相輔相成。[6] 持平而論，汪精衛的中日外交方針無疑對當時的緊張局勢起了緩和作用，並且為中國爭取到五年的寶貴時間以完成基本的國防建設，[7] 儘管汪為蔣出面應付日本而作出種種退讓和妥協，令他被一般民眾視為「親日派」。大量有關中日外交政策制訂的電文顯示，汪精衛作為中日外交政策之「設計者」和「實行者」的表現，確令蔣介石稱心滿意。不過，蔣、汪二人對中日開戰抱有不同態度。專門研究國民黨左派的歷史學家蘇維初分析說，汪精衛一直持悲觀態度，這主要是因為他認為一旦中日戰爭爆發，西方國家將不會伸手援助中國。還有，汪精衛在武漢「分共」後變得極之反共，他因此堅決反對與中共及蘇聯聯手抗日。蔣介石並不像汪精衛那麼悲觀，他雖然是一個死硬反共派，但卻同時是一

6　林柏生編：《汪精衛先生最近言論集（從民國二十一年到現在）》，上、下編，上海：中華日報館，1937 年。

7　許育銘：《汪兆銘與國民政府：1931-1936 年對日問題下的政治變動》，台北：國史館，1999 年。

個政治現實主義者，所以他不排除與蘇聯、甚至與其死敵中共建立抗日統一戰線。況且，蔣介石對西方援助中國抗日仍抱希望。[8]1935年11月1日，汪精衛在南京中央黨部遇刺受傷；次年2月，汪赴歐療傷，對日政策遂由蔣介石一人決定；

（4）以李宗仁、白崇禧、陳濟棠、馮玉祥、閻錫山等人為代表的「地方實力派」。有關他們與蔣介石之間的關係，可見本章2.1節「新軍閥」或「地方實力派」的威脅。

上述派系領袖不乏資深革命黨員，有些曾追隨孫中山進行革命。他們挑戰蔣介石的領導地位，懷疑蔣是否適合繼承國民黨的革命傳統。蔣介石因此常常感到極度不安。

第二類是蔣介石權力架構內的親蔣派系，有：

（1）CC系（CC是Central Club的縮寫，即「中央俱樂部」），以陳果夫、陳立夫為首，並以組織部為其大本營。該系成員多為文職出身，控制省市縣黨政組織，又指揮特工系統，掌管宣傳。他們擁護蔣介石為至高無上的領袖，堅決反對共產主義、帝國主義，提倡恢復傳統道德及「固有文化」，鼓勵創造「民族文藝」以凝聚民族力量。[9]

（2）黃埔系，以戴笠、賀衷寒為首，成員皆為黃埔軍校出身之嫡系將領。他們隸屬不同名稱的組織──力行社、革命青年同志會、中華復興社、藍衣社、鐵血團，用法西斯手段消滅反對蔣介石人士，以鞏固蔣的權力；又主張廢除「不平等」條約、工業國有化、徵兵制。戴笠掌管鐵血團，它是一個特工、暗殺組織；賀衷寒掌管軍事委員會

8　Wai Chor, So, "The Making of the Guomindang's Japan Policy, 1932-1937: The Roles of Chiang Kai-shek and Wang Jingwei", *Modern China*, Vol. 28, No. 2 (Apr., 2002), pp.213-252.

9　近年有西方學者稱這種文化、文藝取向為「右傾的文化革命」（"Cultural Revolution from the Right"）。Maggie Clinton, *Revolutionary Nativism: Fascism and Culture in China, 1925-1937*. Durham: Duke University Press, 2017.

　扭轉乾坤之三
　　　革命本土化的年代（1928-1937年）

政治訓練部，專門派人滲入地方軍隊進行破壞。黃埔系因掌管情報，又插手宣傳、文化、出版，故與 CC 系產生矛盾。[10]

（3）政學系，由不同背景出身的人組成，有軍人（黃郛、張群、熊式輝等）、知識分子（楊永泰、王寵惠等）、銀行家和工業家（吳鼎昌、張嘉璈等）。他們沒有追隨者、組織、政治綱領，只有興趣追求權力、財富、地位，因此與 CC 系、黃埔系有利害衝突。

必須承認，派系鬥爭不是蔣介石製造出來的，它是中國古今政治的一個組成部份。蔣介石懂得派中有派這個道理。他善於玩弄權術，收買、恐嚇、分化、拉一派、打一派，這是他的拿手好戲，也是他在政海中求存的策略。正如美國歷史學家艾愷（Guy Alitto）說：「中國當時的政治舞台是一個名副其實充滿了各種特殊關係（如包庇網絡與幫派）的政海。那些重要的政治人物能冒起及生存，正是由於他們善於〔在政海中〕游泳。〔譴責蔣介石玩派系〕就等同譴責泳者當中最強的泳手。蔣介石畢竟別無選擇；他若不這樣做必會溺死，好像當時很多政客遭淹死一樣。」（筆者譯）。[11] 無可否認，蔣介石玩弄權術的結果是進一步激化派系鬥爭，使國家統一難於實現。還有，蔣介石

10　就鞏固權力而言，蔣介石非常依賴完全為他服務的兩個特務組織，即中國國民黨中央執行委員會調查統計局（簡稱「中統」）與國民政府軍事委員會調查統計局（簡稱「軍統」）——「中統」的前身是 1928 年初由 CC 系分子所組成的中國國民黨中央組織委員會黨務調查科；「軍統」的前身則是 1932 年 4 月由黃埔系分子所組成的中國國民黨黨團組織「復興社」下屬的「特務處」。蔣介石特別需要這兩個特務組織幫他推行「攘外必先安內」政策及剷除政敵；他同時要求特務必須絕對服從他的命令，又不許他們自作主張。儘管特務是蔣介石的「耳目」，但他們在蔣心目中的地位其實是很低微的。據悉，特務頭子戴笠曾被蔣介石罰跪、罵下賤，連蔣的侍衛長都不給他面子。

11　Guy Alitto, "Chiang Kai-shek in Western Historiography", *Proceedings of Conference on Chiang Kai-shek and Modern China*, Vol. 1, Taipei, 1987. 原文為："China's political arena at the time was a veritable sea of particularistic relationships, from patronage networks to cliques. Those significant political actors that emerged and survived did so because they could swim in it. 〔Condemning Chiang Kai-shek for playing with factionalism〕 is the equivalent of condemning the strongest swimmer for swimming! The only alternative Chiang had, after all, was to drown, as many of his fellow political figures in fact did."

為要保住權力，只能容忍黨內各派貪污、腐敗的存在，以換取他們的支持。這正是當時中國政治的悲哀。

3.1.2 中央政權的建構

南京國民政府體現了孫中山倡議的五權分立制度，即五院制——行政、立法、司法、考試、監察五院。可惜這些負責執行「治權」的機關未能真正「制度化」（institutionalized）。

現以考試院為例說明問題。考試院分為兩個部門：考選委員會及銓敍部。政府的招聘條例規定，公務員必須通過考試及格才能錄用。從 1928 年到 1937 年，考選委員會舉辦過高考 3 次、普考 11 次、特考 6 次，共計 20 次。當中只有 8% 考生及格，而且並不是所有及格者均獲得錄用。其實，只有少於 1% 的公務員通過考試及格，公務員的聘任與升職都是由銓敍部決定的。這表明南京政權「制度化」程度低，不脫「人治」本色。

3.1.3 權力高度集中：權力中心究竟在哪裏？

理論上，國民政府總攬「政權」，但由於南京政權實行「以黨治國」，其主要官員（包括國民政府主席、委員，五院院長，各部、會首長）都由國民黨推薦出任；他們必須執行國民黨中央執行委員會的決定。

國民黨中央執行委員會是黨的最高權力機關。有趣的是，其成員人數不斷地增加：從 1924 年的 24 人增至 1926 年的 36 人、1931 年的 71 人、1935 年的 119 人。這是蔣介石用崇高的職銜來換取政敵支持的結果。中央執行委員會成員人數增加並不意味着它的權力上升；實際上，中央執行委員會的權力不斷地下降，其成員雖享有地位，但越

來越無實權。國民黨中央政治會議（委員會）亦只有孫中山在世時把它作為最終決策機關，它在南京國民政府主政時期沒有實權。

至於國民黨中央軍事委員會，理論上只能執行中央執行委員會或中央政治會議的決定，但實際上常常由其主席蔣介石基於軍事形勢考慮作出重大決定。1933年初，蔣介石在軍事委員會內成立委員長侍從室，並派遣其親信到該處掌管一切涉及黨、政、軍，甚至外交的機密情報。又在數省設立「剿匪總司令部」或「行營」，以方便他親臨督師「剿匪」。可以說，這些省份的軍政與民政，皆由蔣介石督率。他常常以「剿匪總司令部總司令」的名義就地作出有關國家命運的重大決定，南京方面只是形式上通過該等決定而已。曾任國民政府行政院政務處處長及中華民國駐蘇聯大使的蔣廷黻在其回憶錄稱說，當年的南昌「剿匪總司令部」，才是中國真正的首都。受蔣介石器重的著名經濟學家何廉同樣地回憶道：「〔蔣〕委員長無論到了哪裏，政府的實際權力就到哪裏」，「就權力而言，他是一切事情的頭腦。」

實質上，南京國民政府由蔣介石進行軍事獨裁、一人專政。他要求國民必須以他的意志為意志，有不服從他的主張者則以「逆」或「匪」對待。他又把個人的重要性置於黨國之上，認為完成革命與建設大業的先決條件，就是國民必須絕對信任他和效忠於他。無怪乎他處事往往公私不分。連有「蔣中正文膽」之稱的陳布雷也洞見「委座處理政治如同處理家事，事事要親自處理，個人辛苦固不辭，但國家大政不與各主管商定，恐將脫節。」除了不懂得制度、不肯把權力和職責授予下屬外，蔣介石還相信武力是解決問題的最佳選擇和推動中國現代化的槓桿，他又缺乏法治和法定程序的觀念和意識，是故在政治決策中往往出現高度的個人化和隨機性。總而言之，蔣介石是一個徹底的、只相信權術的現實主義者。他在1926年3月26日的日記寫道：

「政治生活全是權謀，至於道義則不可復問矣。」

3.2 經濟方面

在發展經濟方面，南京國民政府無可否認作出了很大的貢獻。

3.2.1 奠下現代經濟基礎結構

1928-1937 年間，中國的現代經濟部門取得了長足的發展，這實有賴南京國民政府為現代經濟發展鋪設了許多基礎設施。政府在這方面的努力包括：

（1）確立現代銀行體系，成立：

（a）中央銀行，負責保持貨幣穩定；

（b）中國銀行，負責外匯管理、發展外貿；

（c）交通銀行，負責協助國內工業、企業。

政府還批准這三家銀行無限地買賣外匯以穩定匯率，令政府銀行第一次控制外匯。另外還成立中國農民銀行，負責農村信貸和土地抵押業務。商業銀行數目也不斷增加，從 1927 年的 57 家增至 1934 年的 138 家、1936 年的 146 家；

（2）統一幣制：1933 年 3 月通過《銀本位鑄造條例》，廢兩改元（0.715 上海兩兌換 1 銀元）；1935 年 11 月放棄銀本位，用「法幣」，可直接兌換外國貨幣。上述政策對工商業及貿易發展有很大裨益；

（3）統一度量衡：採用「米制」（the metric system）；

（4）改善、發展交通、運輸體系：

（a）擴建鐵路網絡：從 1928 年的 8,000 公里增長至 1936 年的 13,000 公里；東西主幹線隴海鐵路於 1934、1935 年

上海中央造幣廠
上海造幣廠由北洋政府於 1920 年決定籌建，1922 年開始建造，1930 年竣工，全部工程由美國費城（Philadelphia）造幣廠專家克利福德‧赫維特（Clifford Hewitt）主持。上海造幣廠於 1928 年更名為中央造幣廠，直屬南京國民政府財政部。1933 年開鑄銀元「船洋」，推動了近代貨幣的「廢兩改元」和「幣制統一」。圖為 1930 年造幣廠的部份先進設備，所見機器是用來量度新鑄錢幣之重量的。

分別延伸到西安、寶雞；中南主幹線粵漢鐵路於 1936 年竣工兼全線通車；

(b) 擴建公路網絡：從 1921 年的 1,000 公里增長至 1936 年的 115,703 公里；

(c) 發展國內航空事業：分別於 1930、1931、1933 年創辦中國、歐亞、西南航空公司；

(d) 擴展郵政業務：郵路從 1921 年的 400,000 里增長到 1936 年的 584,800 里；

(e) 擴展電訊業務：長途電話線從 1925 年的 4,000 公里增長到 1937 年的 52,200 公里。

1930年代中期上海商業區街景
當年上海南京路有四家享有盛名的華資百貨公司，分別是先施公司、永安公司、新新公司和大新公司，合稱「四大公司」。圖中正面的是先施公司，後面是新新公司，左面掛出直幅的是永安公司。

3.2.2 發展工商業

有利工商業發展的因素包括：

(1) 列強同意廢除關稅限制；

(2) 國民政府飭令廢除釐金（地方商業稅）；

(3) 國民政府實業部、資源委員會聯合民間資力，設立示範工廠——紙廠、工業酒精廠、植物油加工廠、煉鋼廠、機器製造廠、電器用具製造廠等，帶動工業發展；

(4) 國民政府制訂新政策——免除原料和出口稅、減低鐵路運輸費、發放現金獎勵、給予專利權、通過交通銀行提供低息貸款，鼓勵私人投資發展實業；

(5) 民間發起杯葛日貨運動；

(6) 國民政府提倡國貨運動。

值得探討的一個問題，是有關南京國民政府與資本家的關係。從 1930 年代直到 1970 年代，一般人（尤其是政治評論員和歷史學家）都把南京政權定性為一個「資產階級政權」（a capitalist or bourgeois regime），即是認為南京政權代表資本家的利益、為資本家的利益服務。這個看法主要基於四個原因：

第一、上海資本家於北伐期間支持蔣介石；

第二、掌管財政的宋子文與孔祥熙二人與資本家有密切的關係；[12]

第三、蔣介石與資本家皆強烈反共；

第四、受馬克思學說影響，認為任何政權都有階級基礎；南京政權既與資產階級的關係最密切，它很明顯是一個「資產階級政權」。

上述看法到 1980 年代受到質疑。一些專門研究南京政權性質的美國歷史學家提出了新的看法，其中較具代表性的三種觀點如下：

第一、認為南京政權是一個「自主政權」（an autonomous regime），即南京國民政府不為任何階級服務；它只謀求自己本身的利益，是一個獨立自主的勢力；[13]

第二、認為南京政權是一個「多元化政權」（a pluralistic regime），即南京國民政府同時兼顧不同階級的利益，故其對各階級的政策常常出現矛盾；[14]

第三、認為南京政權是一個「專制協合政權」（an authoritarian

12　1928-1949 年，蔣介石任用財長總是在扶孔貶宋或扶宋貶孔的圈子中打轉，讓郎舅輪流坐莊。蔣介石與宋子文之間常常為了軍費能否如期足額解到而發生分歧乃至爭執。宋子文是蔣介石身邊唯一敢向蔣犯顏直諫的人。他曾有兩次因未能為蔣介石提供軍餉結果與蔣大吵的紀錄，分別發生於 1933 年及 1943 年。

13　Parks Coble, *The Shanghai Capitalists and the Nationalist Government, 1927-1937*. Cambridge, Mass.: Harvard University Press, 1986.

14　Richard Bush, *The Politics of Cotton Textiles in Kuomintang China, 1927-1937*. New York: Garland Publications, 1982; Bradley Geisert, *Power and Society: The Kuomintang and Local Elites in Kiangsu Province, China, 1924-1937*. Ann Arbor, Michigan: University Microfilm International, 1986.

1930 年代中期北平商業區街景
儘管北平的商業區不及上海繁華，但圖中仍可見到街上有林林總總的店舖和熙來攘往的人群。有趣的是，古老店舖的上空懸掛着一串串電線、電纜，形成一幅中西合璧的景象。

corporatist regime），即南京國民政府強調階級調和，但缺乏明顯的意識形態。[15]

　　上述三種觀點都不認同南京國民政府專為資產階級的利益服務。那麼，應如何看待蔣介石與資本家的實際關係？蔣介石一向視資本家為合作夥伴，但要求他們絕對服從政府的指令。他特別緊張資本家的動向，因為政府依靠他們提供龐大的經費。實際上，蔣介石與資本家的關係乃取決於資本家是否聽從政府的指令，所以他對資本家軟硬兼施，造成政策上搖擺不定。

　　總而言之，蔣介石不允許任何階級或階層建立起獨立的權力基礎，以防止敵對勢力出現，這包括農民、工人、地主、資本家和知識

15　Joseph Fewsmith, *Party, State and Local Elites in Republican China: Merchant Organizations and Politics in Shanghai, 1890-1930*. Honolulu: University of Hawaii Press, 1985.

分子。

近年有學者指出，國民黨政權有明顯的法西斯傾向，惟「國民黨法西斯主義」（Guomindang/GMD fascism），並非當時德國、意大利、日本法西斯主義的翻版——它是植根於中國本土政治、文化環境的一種反帝國（殖民）主義、反共產主義、崇尚資本主義私有制及生產方式但排斥資本主義社會現代性（即自由民主及物質消費主義）的特殊意識形態，是 20 世紀兩次世界大戰期間國際上掀起的一場激進的、信奉國家權力至上的右傾民族主義運動的一個具體表現。[16]

3.2.3 改良農業

在農業方面進行了改良。南京國民政府在改良農業方面的努力包括：

(1) 組織中央農業推廣委員會，致力普及農業知識、改進生產方法、促進農民合作；

(2) 成立中央農業實驗所，進行各種農業改良試驗；

(3) 成立全國稻、麥改進所，從事稻、麥的改良與推廣；

(4) 組織農村復興委員會，輔助農村建設；

(5) 在全國經濟委員會下設水利委員會，統一水利行政。

16　Maggie Clinton, *Revolutionary Nativism: Fascism and Culture in China, 1925-1937*. Durham: Duke University Press, 2017；Brian Tsui, *China's Conservative Revolution: The Quest for a New Order, 1927-1949*. Cambridge: Cambridge University Press, 2018.

3.3 社會方面

3.3.1 現代教育制度的確立

南京國民政府強調實用課程，大學注重理工科；中學注重職業訓練；小學注重勞作訓練。此外，亦注意發展社會公民教育，鼓勵公私費出國留學。

3.3.2「新生活運動」的推行

1934 年初，眼看第五次「圍剿」快要取得勝利，蔣介石便在江西南昌發起一場「新生活運動」，並通過不同形式的公共媒介向全國推展開來。運動主要針對兩種思想和信念，即中共主張的階級鬥爭，以及「五四」新文化運動宣揚的反傳統和個人主義。為了確立一套有利其統治的信仰及行為模式，蔣介石要求國民生活規律化和軍事化，即是要養成衛生健康、勇敢迅速、刻苦耐勞、信守諾言、禮貌待人等習慣。蔣介石又認為真正的軍事化，乃植根於「禮、義、廉、恥」，故須全面恢復傳統美德來建構「一種新的民族意識與群眾的心理」，以達成「中國的社會新生」。運動的主旨，可見於《新生活運動綱要》和《新生活須知》這兩種刊物。1934-1935 年間，運動由南昌的軍事領袖領導；1936 年開始由蔣介石夫人及教會人士在南京領導。「新生活運動」因流於繁瑣及形式化而收效甚微，甚至有人譏諷它是一場「復古」運動。

3.3.3 土地改革的失敗

南京國民政府為了改善租佃關係，曾經提出一項「二五減租」政策。所謂「二五減租」，即佃農先得每年收穫的 25%，剩下之 75% 由

佃農和地主平分，地主得 37.5%，故又名「三七五減租」。該政策只
在浙江推行有些成績，其他地區功效甚微。

　　有論者認為，蔣介石之敗北，是因為他沒有如毛澤東那樣去策動
廣大的群眾、進行土地革命，結果失去農民的支持。但我們不能希冀
蔣介石推行土地革命。他雖未能統一中國，但始終是統治者，自然反
對破壞安定的激烈群眾運動。

3.4 軍事方面

　　面對各方面的挑戰，蔣介石強調軍隊及國防的現代化。在這方面，
德國軍事顧問團起了特別作用。德國軍事總顧問喬治・魏採爾（Georg
Wetzell）、漢斯・馮・塞克特（Hans von Seeckt）及亞歷山大・馮・
法肯豪森（Alexander Ernst Alfred von Falkenhausen）分別於 1930 年 5
月-1934 年 4 月、1934 年 4 月-1935 年 3 月，和 1935 年 3 月-1938 年 7 月，
相繼為南京國民政府訓練了一個現代化的軍官團，並為中央軍部隊進
口了大量主要是德國製造的武器和物資。到抗日戰爭全面爆發前，空
軍的核心部份已經建立；又計劃用德製潛艇、巡洋艦和魚雷艇裝備海
軍。

　　塞克特毫不含糊地對蔣介石解釋說，要維持一支現代化的部隊，
必須有高度發展的國防工業。然而，儘管蔣介石認識到這種工業的重
要性，惟國民政府在這方面卻沒有取得甚麼實際成果。直到 1935 年，
才為發展重工業成立了「國家資源委員會」。該委員會在 1936 年擬
定了一個三年工業發展計劃，惟資金在全面戰爭爆發時仍極缺乏。換
句話說，中國的國防工業到 1937 年還處於原始狀態，軍隊繼續嚴重
依賴外國的武器裝備。中國的兵工廠的確製造了大量步槍和機關槍，

但所有重型武器以及汽車、汽油和無線電設備，還是不得不進口。在大約 30 萬接受德國式訓練的士兵中，只有 8 萬人擁有全副德式裝備。國民黨的其他 170 萬部隊，按德國和日本的標準，是缺乏訓練、裝備簡陋的，而且隸屬於許多實際上獨立行動甚至相互嫉妒的司令部。

4、南京國民政府推行現代化的模式

南京國民政府所選擇的現代化模式，主要是基於「三民主義」理論，並汲取了蘇俄、德國、日本的現代發展經驗。它是一種：

（1）以國家集權和工業與軍事一體化為主導的、自上而下的現代化；

（2）以資產階級為骨幹、保護私有制度、強調自由市場作用，但同時帶有強烈的國家資本壟斷經濟及家長管治色彩的現代化；

（3）主要在通商口岸發展起來的、沒有整體的農業產業化發展政策的現代化。

5、由南京國民政府領導的「保守的革命」——「國民革命」的「儒家化」

本書的〈導言〉指出，孫中山倡導的「國民革命」，實際上包含了革命和改良的雙重性質，故可稱它為「保守的革命」。孫中山逝世

後，曾當他秘書又是蔣介石結拜好友的戴季陶隨即發表了《孫文主義哲學的基礎》及《國民革命與中國國民黨》，把孫中山奉為「孔子以後中國道德文化上繼往開來的大聖」，又把「三民主義」解讀為中國正統儒家思想的現代表述，即將「三民主義」儒家化。以「〔孫〕總理忠實信徒」自居的蔣介石，自創立南京政府以來，就根據戴季陶對孫中山學說的詮釋，給孫中山的革命遺產來個「創造性轉化」（林毓生語），突出孫中山在制訂「聯俄、容共（又稱聯共）、扶助農工」三大政策之前的主張，好讓「國民革命」在反共、抗日的新環境下完成孫中山賦予它的使命。誠然，自北伐途中分裂後，國共兩黨各自為「革命」下定義，並採用以「革命」為口號的鬥爭方式來決定中國將往何處去。

按一般人對革命的理解和對蔣介石的認識，或許很難同意蔣介石曾在「南京十年」中領導過一場革命。軍人出身的蔣介石，具有傳統文人的認同。他喜愛閱讀古籍，特別是《大學》、《中庸》、《孟子》，以及王陽明、曾國藩、胡林翼三人的文集。由於蔣介石經常敦促國民要遵循傳統的「四維八德」（禮、義、廉、恥、忠、孝、仁、愛、信、義、和、平），又常常訓勉屬下要用中國固有的「仁義道德之王道」來挽救國家和民族，所以他一向被歷史學家視為「復古」的典範。其實，蔣介石明白，中國在帝制崩潰後不斷蛻變；它只能往前走現代化的道路，盡快與先進國家接軌。使中國成為一個富裕、和諧、穩定、獨立的現代工業與科技強國，是蔣介石的宏願。他相信，中國的傳統道德是一種跨越特定歷史時空的價值觀，與現代性是互不排斥的，可以幫助他去實現那美好的願景。問題是，在新文化運動開展後，儒家思想在「打倒孔家店」的口號下受到致命的打擊，而包括個人自由主義及馬克思階級鬥爭學說的「新思潮」則在知識界、學術界蔓延。有見及此，蔣介石在主政南京國民政府時，就強調亟需使中國國粹得到

復興，並用它來塑造「一種新的民族意識與群眾的心理」，以促成「中國的社會新生」。應當承認，蔣介石只是鼓吹復興國粹，並非主張全盤復古。

還有需要注意的是，南京國民政府承襲了第一次國共合作時期的兩種革命遺產。其一是布爾什維克之建黨方式，即 1924 年孫中山改組國民黨時所採用的模式；蔣介石在北伐完成後，便實行「以黨治國」。其二是具有主動色彩的動員群眾策略。長久以來，一般研究國共鬥爭歷史的專家都着眼於闡述中共的「群眾路線」及其實踐，即農民和工人運動。學術界一向普遍認為，中共與國民黨的一個基本分別，在於前者善於策動群眾，而後者則視群眾運動為洪水猛獸。上文 3.33 節「土地改革的失敗」一節指出，蔣介石作為統治者自然厭惡破壞社會安定的土地革命，惟抗拒激烈的群眾運動並不等同於全盤否定動員群眾這套策略。

近年，歷史學家徐啟軒在論述 1927-1949 年間國民黨政權的政治文化時，提醒讀者蔣介石在 1927 年 4 月「清黨」後並沒有摒棄上述策略，這大概是因為蔣明白它是一把雙刃刀——儘管群眾在階級鬥爭學說的影響下可以成為一股可怕的破壞力量，但政府若能將大眾精力聚焦在非鬥爭性而具建設性的社會經濟事業上，實有助於建構一個以國家民族利益為依歸的新秩序。實際上，國共兩黨在 1927 年後都繼續動員群眾，但在兩方面明顯地有差異。其一是動員對象。中共自從城市、工人武裝鬥爭相繼失敗後就以農民為主要的動員對象；國民黨的動員對象則包括城市的中產階級、知識分子、學生及工人。其二是動員目的。中共動員農民以達消滅私有制的目的，所以群眾的積極性必須建立在階級鬥爭的考慮上；國民黨動員群眾則以復興國粹、提升經濟、振興中華為目的，所以群眾的積極性必須建立在教化及社會實際利益的考慮上。土地革命體現了中共的動員模式，而「新生活運動」

則體現了國民黨的動員模式。與「新生活運動」性質和目的相似的，還有由戴季陶領導的童子軍運動。政府利用這個運動來灌輸正確的價值觀，施加正當的行為規範，塑造良好的性格，使年輕人長大後成為勤奮、溫順及愛國的公民。[17]

　　若說孫中山主張的革命是「保守的革命」，那麼，經蔣介石「創造性轉化」的「國民革命」，無疑更加保守。旨在宣揚具體社會政策以滿足國民衣食住行四大需求的「民生主義」，被戴季陶「儒家化」後變成突顯抽象的「育」與「樂」兩個主要概念──「育」指精神修養，而「樂」則指道德提升及有紀律的生活方式。富有社會主義色彩的「民生主義」因此成為一種闡釋生活美學的理論，而「國民革命」也因此成為一場由國家督導國民去體驗「優美高尚的享樂」的運動。

　　「保守的革命」是一種語詞矛盾的提法（a contradiction in terms），但它反映了一個充滿矛盾的歷史現實。徐啟軒在其專著 China's Conservative Revolution: The Quest for a New Order, 1927-1949（《中國保守的革命：追尋一個新秩序，1927-1949 年》──筆者譯）中解釋說：「〔國民〕革命之所以變得『保守』乃因其堅決反對以暴力衝擊社會上的等級制度和不平等，但它仍『具革命性』乃因其渴望〔中國能〕超越歐美的『物質』秩序並致力於可預示一個沒有資本主義現代性固有問題的未來社會的群眾政治。」（筆者譯）。[18] 南京國民政府倡導的「保守的革命」，是蔣介石嘗試為中國在歐美自由資本主義及蘇聯革命共產主義兩種途徑之外，尋找第三條實現現代化強國的道

---

17 Brian Tsui, *China's Conservative Revolution: The Quest for a New Order, 1927-1949*. Cambridge: Cambridge University Press, 2018.

18 同上。原文為："The 〔Nationalist〕 revolution became *conservative* in its resolute opposition to insurrectionary attacks on social hierarchies and inequalities, but remained *revolutionary* in its desire to transcend the Euro-American 'materialist' order and investment in mass politics as the harbinger of a future community free from problems inherent in capitalist modernity."

路；具體說，是一條結合儒家文化與工業現代化的道路。對蔣介石來說，未來的理想國度是一個只有通過復興國粹才能跨進的和諧社會。在這個國度裏，民眾皆服從黨國，而最高領袖就是黨國的化身。

6、值得探討的問題

6.1 有關「十年建設」的成效

至於「十年建設」的成敗得失，論者意見不一。學術界長期以來存在着兩種對立的觀點，其中一個學術流派把國民黨在南京統治中國的時段（1928-1937 年）稱頌為「黃金十年」（the golden decade），而另一個學術流派卻認為上述時段所體現的是一場「流產的革命」（an abortive revolution）。

最早提出第一種觀點的人是薛光前。他曾任職國民政府，1949 年後定居美國並當上紐約聖若望大學（St. John's University）亞洲研究中心主任。薛光前堅定地認為「〔南京國民政府的〕政策是合理的；領導是明智的。如果不是在 1937 年 7 月爆發了抵抗日本侵略的戰爭的話，中國可能已經發展成一個新的現代的社會，三民主義可能也已完全實現」。[19]

最早提出第二種觀點的人，是美國國民黨史專家易勞逸（Lloyd E. Eastman）。他不否認「國民政府在朝着為建立一個可行的政治制度創造初步條件方面，確實取得了進步」；亦承認在 1930 年代，「經濟的現代化部份取得了一些重大成就」。但易勞逸着重指出，「國民

---

19 Paul K. T. Sih (ed.), *The Strenuous Decade: China's Nation-Building Efforts, 1927-1937*. New York, 1970；薛光前主編：《艱苦建國的十年》，台北：正中書局，1971 年。

政府在修補已破爛不堪的國家社會結構方面未取得成功」；又認為「國民政府在全國培植新的、統一的價值體系遭到了失敗」。令易勞逸感到非常遺憾的是，「國民黨在 1927-1928 年取得政權後，迅速喪失革命勢頭，而變成了軍事獨裁政權。」他用大量的史實去表明，南京國民政府「是以政府機構的無效率、腐敗、政治壓迫和宗派活動為其標誌的」，這就「改變了國民黨的性質」，「〔使〕它的革命力量和革命精神驟然而逝」。[20]

6.2 有關南京政權的性質

以下的形容詞可供借鑑和參考：

現代的（modern）	傳統的（traditionalistic）
儒家的（Confucian）	基於人際關係的（personalistic）/ 人治的（rule by man）
精英的（elitist）	極權的（totalitarian）
專制的、相信威權主義的（authoritarian）	一黨專政的（one-party dictatorship）
一人專政的（one-man dictatorship）	「法西斯的」（"fascist"）
軍事化的（militaristic）	資產階級的（capitalist）
「自主的」（"autonomous"）	「多元化的」（"pluralistic"）
「專制協合的」（"authoritarian corporatist"）	

20　Lloyd E. Eastman, *The Abortive Revolution: China Under Nationalist Rule, 1927-1937*. Cambridge, Mass.: Harvard University Press, 1974；（美）易勞逸著，陳謙平、陳紅民等譯：《流產的革命：1927-1937 年國民黨統治下的中國》，北京：中國青年出版社，1992 年。

6.3 有關「十年建設」時期中國經濟、社會的性質

以下的形容詞可供借鑒和參考：

傳統的（traditional）	現代的（modern）
半封建半殖民地的 （semi-feudal semi-colonial）	農業的（agrarian）
商業的（commercial）	工業的（industrial）
勞力密集的（labor-intensive）	資本密集的（capital-intensive）

　　以上兩節中每一個形容詞都適用於說明當時政權、經濟或社會的性質，但哪個（哪些）形容詞最（較）貼切則見仁見智。最要緊的是能夠拿出相關史實來支持所選用的某一個或數個形容詞。有些形容詞是相互矛盾的，如「現代的」與「傳統的」、「勞力密集的」與「資本密集的」便是。為何它們可以被選出用來描述同一個現實的性質？理由是每一個歷史實際上都是錯綜複雜、充滿矛盾的。1920-1930年代的中國正處於一個新舊交替的時代──傳統與現代因素並存不足為奇。例如，當時中國的政治制度是「現代的」，但政權或管治的本質還是「傳統的」，因為它是「專制的」和「基於人際關係的」，是「人治」。經濟、社會結構亦如是：通商口岸是「現代的」，其生產方式是「資本密集的」；但內地農村是「傳統的」，其生產方式是「勞力密集的」。這正好表明中國在現代化的歷程中有「變革」（「斷裂」）的一面，也有「承傳」（「延續」）的一面。

第八章

國共鬥爭時期馬列主義革命的
「中國化」（1927-1937 年）

第一次國共合作破裂後，中國共產主義運動出現了兩條革命路線：一、中共中央政治局在第三國際的指使下，進行城市、工人革命；二、於 1926 年 3 月在廣州被委任為第六屆農民運動講習所所長的毛澤東則領導農村、農民革命。1927-1937 年間，中國共產主義運動的進程受到兩種不同性質矛盾的影響——其一是中共與國民黨之間的矛盾；其二是中國共產主義運動的內部矛盾，這體現於革命路線、策略的爭拗以及權力鬥爭。

1、第三國際指使的城市、工人武裝鬥爭

國共分裂後，中共中央政治局領導人瞿秋白和李立三忠實地執行第三國際的革命路線，惟他們因領導起義失敗而相繼下台。他們可以說是負責執行第三國際錯誤路線的代罪羔羊。

1.1 瞿秋白領導時期的武裝鬥爭（1927 年 8 月-1928 年春季）

精通俄語、具理論及文藝修養、兼且負責編輯中共刊物的瞿秋白，於 1927 年 8 月接任中共中央臨時政治局書記一職。當時的中國共產主義運動繼續受到斯大林與托洛茨基權力鬥爭的影響。上述二人對中國「大革命」（1924-1927 年）失敗後的形勢有截然不同的見解——斯大林抱持較樂觀的看法，認為「大革命」失敗後「革命浪潮」（"revolutionary upsurges"）仍會來臨；托洛茨基則相反地認為

中國將會出現「一個無限期的反革命形勢」（"a counter-revolutionary situation of indefinite duration"）。面對托洛茨基的批評，斯大林必須以中國共產主義運動的勝利果實來證明他的觀點正確。

瞿秋白上任後，察覺到自己面臨一個非常嚴峻的局勢。蔣介石早於 1927 年 4 月在上海、南京、杭州、福州、廣州「清黨」，而武漢國民黨左派又於 7 月「分共」，這導致曾參與「大革命」的工人對中共盡失信心。他們大多轉向參加國民黨領導的「黃色工會」，藉此爭取更多經濟利益。據悉，中共黨員人數在 1927 年 4 月達到 6 萬的高峰，而年底則降到了不足 1 萬之數。斯大林卻堅持中共繼續發動政治罷工，並批評追求經濟利益是走托洛茨基「改良主義」（"reformism"）及「經濟主義」（"economism"）路線。

瞿秋白的首要任務是尋找「革命浪潮」。令他沮喪的是，當時只有農村呈現斯大林所稱的「革命浪潮」，因為一般農民習慣於秋收時節抗議交稅繳租，瞿秋白因此促使毛澤東發動農民起義。1927 年 9 月，毛澤東在湖南領導秋收起義，但以失敗告終。瞿秋白在 11 月召開的中共中央臨時政治局擴大會議上承認，這次起義沒有好好地把工人和農民聯繫起來，但他將主要責任推在毛澤東身上，批評毛在領導起義時「完全違背中央策略」，是「單純的軍事投機」。會議撤銷了毛澤東臨時政治局候補委員資格。

斯大林很快又通過第三國際傳達新指示，囑咐瞿秋白注意國民黨派系張發奎和李濟深在廣州一帶爭奪地盤。這正好展示該地區出現了「一個正在上升的革命浪潮」（"a rising revolutionary upsurge"）；況且，廣東農民運動領袖彭湃於 11 月中旬在廣州附近建立了海陸豐蘇維埃政權，正好讓工人和農民聯合起來。瞿秋白遂依照指示，於 1927 年 12 月發動廣州起義，成立廣州公社，但三天後就被鎮壓下去。

廣州起義失敗後，瞿秋白於 1928 年 2 月被第三國際指責犯了「『左』傾盲動主義」（"Left" Putschism）錯誤下台。4 月，瞿秋白離開中國到莫斯科擔任中共駐第三國際代表團團長。由於有需要澄清斯大林給瞿秋白的指示並沒有犯錯，蘇聯著名馬列主義理論家尼古拉·布哈林（Nikolai Bukharin）重新詮釋了有關「革命浪潮」的理論。布哈林解釋說，當時在廣州一帶的革命形勢只是處於「兩個革命浪潮之間的凹處」（"a trough between two revolutionary waves"），意謂策動起義的時機還未成熟，犯錯的是瞿秋白而非斯大林。

值得注意的是，1928 年 6-7 月在莫斯科召開的中共「六大」通過了一項《政治決議案》，對秋收起義作出了如下評價：「秋收暴動在許多地方擴大了黨在農民群眾之中的影響。將土地革命的口號滲入了廣泛農民群眾的意識之中。後來繼續發展的農民鬥爭，以至於許多蘇維埃區域之創立，大致亦由於秋收暴動的影響。」這表明當中國共產主義運動陷於低潮時，第三國際對毛澤東領導農民起義，現實地給予充分肯定。

1.2 李立三領導時期的武裝鬥爭（1928 年夏季-1930 年秋季）

李立三在中共「六大」後負起了繼續尋找「革命浪潮」這項艱巨的任務。[1]當時上海常鬧工潮，但它們大多數由國民黨的「黃色工會」組織和領導，兼且全數都是為工人爭取較高的工資和較短的工時而發

1　「六大」後，李立三任中共中央政治局常務委員兼黨中央秘書長，隨後又兼任黨中央宣傳部長。當時被選為中央政治局主席兼中央常委主席的是工人出身的向忠發。但由於向忠發常常以「立三的意見就是我的意見」，故李立三在實際上成了黨中央的領導核心。

起的。為了免於被批判走「托洛茨基主義」（Trotskyism）路線，李立三只能發動政治罷工，但當時的工人對這種性質的罷工已失去信心和興趣。李立三向第三國際彙報未能爭取大多數工人的支持時，把當前的困境歸因於：一、工人在國民黨的白色恐怖下害怕參與「紅色工會」活動；二、部份工人被南京國民政府「改良派」與汪精衛「改組派」的各種宣傳欺騙。不過，第三國際並不接納李立三用來掩飾失敗的任何藉口；它指責中共「落在群眾日益增長的不滿後面」，並敦促李立三放眼中國境內「革命浪潮」的先兆。李立三內心明白，若不發動武裝起義便會犯「右傾機會主義」錯誤；一旦發動起義而失敗便會犯「『左』傾盲動主義」錯誤。

1929 年，蔣介石與「新桂系」矛盾激化，兵戎相見。第三國際於是指示李立三充分準備「革命浪潮」的來臨（意謂革命形勢將不再處於「兩個革命浪潮之間的凹處」）。1930 年 2-3 月，華北的閻錫山與馮玉祥逼蔣介石下野；5 月，爆發中原大戰，蔣介石從湖南調兵北上，因而削弱了省會長沙的防禦能力。在這個關鍵時刻，中共收到了第三國際的最新指示：「近期事件的發展方向說明，即使革命形勢不會將中國的領土全部包括在內，起碼也會在不遠的將來覆蓋幾個最重要的省份。」這意味着第三國際認定「革命浪潮」即將來臨；對李立三來說，最致命的錯誤將會是放棄主動出擊的「右傾機會主義」。6 月，中共中央政治局根據李立三的意見，通過了《新的革命高潮與一省或數省的首先勝利》。7 月，李立三決定乘長沙防守空虛發動長沙起義。他借助彭德懷領導的紅五軍攻打長沙，於 7 月底建立起長沙蘇維埃，但在 8 月初即被國民黨何鍵的部隊擊敗。

由於李立三在黨內習慣採用高壓手段來鞏固自己的地位，所以他樹敵眾多。長沙起義失敗後，李立三便陷入四面楚歌的困境。圍攻他

的包括：一、以陳獨秀為首的「托〔洛茨基〕派」分子（Trotskyists）；[2] 二、以工會領袖羅章龍為首的反對派；三、1930 年初從蘇聯歸國的「莫斯科畢業生幫」（亦被稱為「國際派」、「留學生幫」或「二十八個半布爾什維克」）；他們主要包括王明、博古、洛甫、王稼祥等人，是莫斯科中山大學校長兼著名中國問題專家米夫（Pavel Mif）的學生。[3] 對李立三構成最大威脅的，就是這個以王明為首的群體。在 1930 年 9 月召開的中共六屆三中全會上，李立三作了自我批評。他承認在策略和時間的判斷上犯了錯誤，但他堅決否認長沙起義有違第三國際的指示。與會的反對派向李立三展開猛烈抨擊，但連「莫斯科畢業生幫」也無法證明所謂「李立三路線」與第三國際的路線有任何差異。繼續批判李立三恐怕會變成批判第三國際的理論和戰略路線。有見及此，「莫斯科畢業生幫」只好求助於他們的老師米夫，最後由米夫重新闡明「革命浪潮」的涵義。米夫解釋說，「革命浪潮」（"a revolutionary upsurge"〔*"pod'em"*〕）泛指一個浪潮起落的整個發展過程，而非指一個浪潮湧到它的最高點；他繼續說，只有當一個浪潮湧到其最高點時才構成一個「直接革命形勢」（"a direct revolutionary situation"），而只有在「直接革命形勢」出現時才是發動革命的恰當時刻。根據上述對「革命浪潮」的重新定義，李立三毫無疑問犯了

---

2 陳獨秀在「大革命」失敗下台後，因對第三國際不滿而傾向於托洛茨基的主張。1929 年 9 月，陳獨秀牽頭創建托派組織「無產者社」，又於 11 月反對當時中共提出「武裝保衛蘇聯」的口號，結果被李立三開除黨籍。

3 該大學於 1925 年開辦，原稱中國勞動者孫逸仙大學，1928 年改名為中國勞動者共產主義大學，1930 年夏天宣佈解散，中文通稱莫斯科中山大學。「二十八個半布爾什維克」的「半」個，是指徐以新。1929 年夏在莫斯科中山大學召開了一個有關「大學支部局的路線是否正確」的「十天大會」。據悉，有 28 人投票支持支部局，而當時只有十七八歲的徐以新對支部局的觀點搖擺不定，「二十八個半」這一專用名詞便由此而來。在中共歷史上，「二十八個半布爾什維克」泛指一眾以王明為首、自稱是第三國際最堅定支持者和當時李立三路線堅決反對者的莫斯科中山大學畢業生。其實，王明在「十天大會」幾個月之前就已返回中國，而洛甫、王稼祥等人亦沒有出席該大會。

「『左』傾冒險主義」（"Left" Adventurism）錯誤，雖然第三國際的文獻在此之前從未對「革命浪潮」作過如上的詮釋。同年 12 月，李立三在反對派面前承認錯誤後便前往莫斯科，並按照第三國際的決定留在蘇聯工作。

1.3「國際派」領導時期的武裝鬥爭（1931-1933 年）

1931 年 1 月，中共召開六屆四中全會。以王明為首的「莫斯科畢業生幫」在突然以身為第三國際代表來華的米夫的支持下取得了領導權。10 月，王明到莫斯科擔任中共駐第三國際代表團團長；12 月，第三國際舊幹部周恩來赴江西蘇維埃根據地。二人離滬前在沒有召開政治局會議的情況下，商定由 24 歲的博古擔任新成立的中共「臨時中央」總負責人。博古雖然成為中共的最高領導人，但由於資歷較淺，所以無論是白區（國統區）的黨員還是蘇區的幹部戰士，對他都沒有多大認識。1930 年代初是中共在上海最困難的時期，在國民黨特工組織窮追猛打的險惡環境下，博古等「莫斯科畢業生幫」的主要工作包括：一、保持與第三國際的電台聯絡；二、以電台指導蘇區的工作；三、指導上海與全國的工運；四、應付國民黨「中統」對上海及白區黨組織的破壞。

「莫斯科畢業生幫」百分之百執行第三國際的城市革命路線。他們堅持發動政治性罷工，是故失去更多工人的支持。他們又進行公開鬥爭，導致中共在上海等城市的組織遭到毀滅性的破壞。從 1931 年開始，大批黨員（包括十多個「莫斯科畢業生幫」）被捕或自首，其中不少被國民黨收編；國民黨又依靠這批人抓捕更多中共黨員，致使中共無法在上海立足。1932 年 12 月初，第三國際執行委員會下令中

共「臨時中央」撤出上海，遷往江西蘇維埃根據地的首都瑞金。1933年1月，博古等人進入中央蘇區並致力樹立「莫斯科畢業生幫」的權威，這自然激化他們與毛澤東之間的矛盾和鬥爭（詳情參看第2節）。

2、毛澤東領導的農村、農民武裝鬥爭

2.1 從開闢井岡山根據地到中華蘇維埃共和國的誕生（1927年11月-1931年11月）

　　1927年10月底，毛澤東帶領湘贛邊界秋收起義部隊進駐井岡山，創建了第一個農村武裝革命根據地，並開展土地革命。1928年4月，朱德、陳毅率領南昌起義餘部上井岡山與毛澤東會合，並於6月成立紅四軍。由於井岡山被國民黨軍隊封鎖，導致糧食日益短缺，毛澤東和朱德遂於1929年1月率領紅四軍主力到贛南、閩西建立新的根據地。須知，第三國際已早在1928年6-7月召開的中共「六大」會議上對秋收起義給予正面的評價，並正式批准「發展蘇維埃底根據地」及「最大限度的發展正式的工農革命軍——紅軍」。在這個新形勢下，不少蘇維埃根據地在華中各省邊界的山區相繼建立起來。1930年夏，中國已出現了15個蘇維埃根據地，當中只有毛澤東和朱德擁有軍隊，無怪乎他們享有「實力（權）派」之稱。是年7月，李立三借助紅軍攻打長沙，失敗後指示紅軍轉攻武漢，但為毛澤東所拒。對李立三來說，城市鬥爭和對城市的佔領，不管在理論上還是實踐上，都比散佈在山區的根據地更有決定意義。但從毛澤東看來，保存根據地是個生

死攸關的問題，因為中國革命的重心問題就是農民問題。

毛澤東在「大革命」失敗後就提出了「槍桿子裏出政權」的論斷。他堅信中共若要在中國奪權成功，就必須建立自己的軍隊。「毛澤東主義」這個用語，大概是從這時開始在中共中央委員會當作「軍事機會主義」的同義詞傳開來。當時中央軍事委員會書記周恩來曾表示非常不滿意毛澤東的組軍方式，說「毛的部隊簡直是一股到處流竄的土匪。」還說：「〔像毛〕這樣的領導人不相信人民群眾的力量，犯了軍事機會主義的錯誤。」但毛澤東畢竟是中共第一個武裝革命根據地（井岡山）的締造者。儘管當時第三國際指使中共中央政治局策動「正統」的城市、工人武裝鬥爭，但它對中國境內任何有利於擴大革命力量的積極因素，都是表示歡迎的。潘佐夫撰寫的毛澤東傳記透露，從1920年代末期起，第三國際就開始支持毛澤東，甚至當中共其他領導人批評毛時，也會出面替他辯護。第三國際遠東局有關中共的報告，無不高度讚揚毛澤東、朱德的部隊在各方面都是「最好」的。斯大林讀了這些報告，又觀察到蘇維埃在中國共產主義革命低潮時仍有所增長，終於在1930年7月作出結論。他申明，根據中國的現今狀況，「建立完全有戰鬥力的政治上堅定的紅軍……是第一等的任務，解決這個任務，就一定可以保障革命的強大開展。」

在斯大林越來越注意毛澤東的情勢下，蘇聯開展了一場褒揚毛澤東和朱德的運動。當時蘇聯的報章大談這「兩個英雄」：「兩個共產黨員，兩個游擊隊領導人，僅僅他們的名字就足以使數以千計的高貴的中國人或聞之變色，或氣急敗壞，但更多的時候是聞風喪膽。他們在國外也是知名人物。」斯大林是一個名副其實的權謀政治家，他雖然支持毛澤東，卻還未有決斷性地出面挺毛。潘佐夫指出：「克里姆林宮〔Kremlin〕的主人用馬基雅維利式〔Machiavellian〕的手腕，以

三組人馬為基礎為中國共產黨構建了一個混合式的領導層：土生土長的游擊隊幹部（毛澤東及其支持者）、莫斯科的畢業生（王明、博古、洛甫）以及共產國際的老同志（周恩來、張國燾、項英）。每一方都沒機會獨佔鰲頭。所以，毛只能等待。」毛澤東的地位增強，實際上幫助了斯大林牽制其他派系的人。[4]

就在此時，毛澤東確立他的革命理論。其主要內容如下：

第一、武裝奪取政權是中國革命的主要鬥爭形式。這是因為中國沒有資產階級的民主制度，沒法經過長期合法鬥爭以積蓄力量，只能首先在局部地區建立革命政權，然後在一個長時間裏逐步地、波浪式地把這種政權推向全國。

第二、武裝奪取政權應走農村包圍城市的道路。這是因為鄉村是反革命力量比較弱的地方，又可以在脫離城市的條件下相當獨立地存在下去。

第三、走武裝奪取政權、農村包圍城市的道路，必須有一個革命政黨和一支人民軍隊。黨是整個鬥爭的組織者和領導者；軍隊有「三大任務」：打仗、做群眾工作、籌款。

第四、軍隊和黨的關係必須建立在「黨指揮槍」的原則上。1929年12月的古田會議批判了「純粹軍事觀點」，指出「軍事只是完成政治任務的工具之一」，是中共建黨、建軍的里程碑。

第五、革命要摒棄「教條主義」，必須從實際出發、作實際調查。毛澤東說：「沒有調查，沒有發言權」。他於1930年5月發表〈反對本本主義〉，目的是批評盲目執行第三國際指示的中共中央政治局

4　Alexander V. Pantsov with Steven I. Levine, *Mao: The Real Story*. New York: Simon & Schuster, 2012；(俄) 亞歷山大・潘佐夫著，卿文輝、崔海智、周益躍譯：《毛澤東傳》，上、下冊，北京：中國人民大學出版社，2015年；亞歷山大・潘佐夫、梁思文著，林添貴譯：《毛澤東——真實的故事》，台北：聯經出版事業股份有限公司，2015年。

領導人。

　　第六、革命要得到廣大群眾的支持。毛澤東在井岡山推行激烈土地政策失敗取得了教訓，決定縮小打擊面以爭取廣大群眾的支持。根據地的土地革命路線是：「依靠貧農，聯合中農，限制富農，保護中小工商業者，消滅地主階級」。他在這個時期奠定了日後「群眾路線」的基礎。

　　毛澤東將馬克思主義與中國革命實踐相結合，有中國內地學者稱這一發展為「新的啟蒙運動」；亦有西方學者稱之為「馬克思主義的中國化」（the Sinification of Marxism）[5]。當今世界著名左派理論家斯拉沃熱·齊澤克（Slavoj Žižek）指出，若要發揚馬克思主義的精神，就要對馬克思進行批判、進行超越。從上述立場出發，齊澤克認為，在馬克思主義發展的歷史進程中有兩次重大傳承：第一次是從馬克思到列寧的傳承；第二次是從列寧到毛澤東的傳承。這兩次傳承的共同點都是對原初理論有所發展和改變：第一、從最先進的國家到一個相當落後的國家；第二、革命的主要依靠力量從工人變成了農民。齊澤克說：「惟其如此，〔馬克思主義真理的〕普遍性才得以誕生。」[6]

　　1930 年 10 月，中原大戰結束，蔣介石集中兵力對付中共。從 1930 年 10 月到 1931 年 7 月，蔣介石發動了三次「圍剿」。[7] 而毛澤

5　Stuart R. Schram, *The Political Thought of Mao Tse-tung*. London and Dunmow: Pall Mall; New York: Praeger, 1963.

6　見尚慶飛：《國外毛澤東學研究》，南京：江蘇人民出版社，2008 年。

7　1930 年 10 月，蔣介石糾集 10 萬兵力，分兵三路，採用「分進合擊」戰術，向中央根據地發動了第一次「圍剿」。毛澤東、朱德領導紅軍 4 萬人，以「撤開兩手、誘敵深入」的作戰方針殲滅國軍 15,000 多人，粉碎了第一次「圍剿」。1931 年 3 月，蔣介石又調集 20 萬兵力，採用「穩紮穩打、步步為營」戰術，分兵四路，向中央根據地發動了第二次「圍剿」。毛澤東、朱德指揮 3 萬多紅軍，採取「集中兵力，先打弱敵，在運動中各個殲滅敵人」的作戰方針，殲滅國軍 3 萬多人，粉碎了第二次「圍剿」。1931 年 7 月，蔣介石再拼湊 30 萬兵力，親任總司令，分兵兩路，採用「長驅直入」、「分進合擊」的戰術，發動了第三次「圍剿」。毛澤東、朱德指揮紅軍 3 萬多人，採用「避敵主力，打其虛弱，乘勝追擊」的作戰方針，殲滅國軍 3 萬多人，粉碎了第三次「圍剿」。

東則制訂了反「圍剿」的戰略戰術。毛澤東認為，敵人人數及武備都比自己優勝，不能打陣地戰。反「圍剿」的戰略戰術可概括為：「誘敵深入」、「集中兵力，先打弱敵」、「避敵主力」、「敵進我退；敵駐我擾；敵疲我打；敵退我追。」毛澤東的聲譽隨着反「圍剿」的勝利而上升。

1931 年 11 月，中華蘇維埃共和國工農兵代表大會在江西瑞金召開。各根據地的610個代表參加了這次大會，毛澤東當選共和國主席。會上通過了《中華蘇維埃共和國憲法大綱》、《勞動法》、《土地法》。

這是中國共產主義運動的一個重要發展時期。毛澤東不只建立了一套實際的革命理論，還在建設根據地的過程中把一向流離於政治外的廣大農民納入政治體系之中，因而創立了一套自下而上、全民政治動員、全面社會整合的發展模式，與國民黨當時推行的一套分庭抗禮。這裏有需要解答一個根本問題：農民為何支持及參與中共革命？在當時農村土地分配不均、家庭貧困的惡劣環境下，農民自然抱着改變生活的願望。按常理推測，共產黨既是一個「窮人黨」，打着為貧苦大眾謀幸福的口號，農民參與共產革命順理成章，惟實際情況並非如此簡單。農民一直生活在與外界隔絕的鄉土社會裏，久而久之便養成了一種固步自封、抗拒新生事物的習慣。從日常謀生的角度來看，農民別無選擇地接受了傳統社會的租佃制度、僱傭制度和借貸制度。可以想像得到，當農民面對着一個完全陌生的共產黨及其針對富戶的土地改革宣傳時，他們的內心是極之複雜的——物質利益的渴求自然使農民傾向支持革命，但參與革命的風險考慮（如對中共的前途捉摸不定和擔心地主報復）及頭腦中早已存在的價值判斷和行為準則（如對現存體制的依賴感及「安全第一」的日常生活觀），卻往往使農民邁不出革命的第一步。以上論述想說明的是，農村貧困與農民革命之間未

必存在着必然的、不證自明的邏輯關係。[8] 毛澤東成功領導農民革命，正是因為他明白中共與農民之間並非是一種簡單的「揮手——跟隨」關係。為了使農民成為中共革命的「主力」，毛澤東着眼於以下方面：一、給農民物質利益的回報；二、給農民所需要的安全感；三、給農民必要的社會尊重和社會地位；四、給農民灌輸階級、剝削、鬥爭等概念，藉此消除他們心中的傳統鄉土倫理觀念及強化他們新領悟到的革命意識；五、給中共革命一個道德高尚的形象。毛澤東的這個認識和做法是中共革命壯大的一個基本原因。

2.2 中華蘇維埃共和國的困境與覆亡（1931 年 11 月-1934 年 10 月）

削弱中國共產主義運動的一個重要原因是其內部鬥爭不斷。1930年代初，毛澤東遭到剛從蘇聯回國的「莫斯科畢業生幫」猛烈抨擊。他的軍事戰略戰術、土地政策被指罵為「游擊主義」、「富農路線」，亦即犯了「狹隘的經驗論」、「極端右傾機會主義」的錯誤。

1931 年「九一八事變」後，瑞金政府於 1932 年 4 月發出《對日宣戰通電》，提出建立廣泛的抗日民族統一戰線的任務。但以博古為首的「莫斯科畢業生幫」認為日本侵略中國東北「是最露骨的反蘇聯戰爭的序幕」，並提出要「武裝保衛蘇聯」。

蔣介石於 1932 年 6 月與日本妥協後便發動第四次「圍剿」。中共在湖南、湖北、安徽的各根據地相繼失守，在華中的勢力被迫向西撤退。1932 年 10 月，（江西）寧都會議召開，毛澤東挺批，其「誘

---

8 有關這個觀點的論述，詳見李金錚：《重訪革命——中共「新革命史」的轉向，1921-1949》，香港：開明書店，2021 年。

敵深入」戰略方針被仍在上海的中共「臨時中央」指責為「專去等待敵人進攻的右傾主要危險」。潘佐夫一書揭露，當時批判毛澤東「右傾」，原來不是第三國際執委會的意旨，而是博古等人採取先斬後奏的手段，以達到其剷除異己的目的。給這班人撐腰的，並非斯大林，而是他們的老師米夫。值得注意的是，代表第三國際主持這次會議的是它的舊幹部——在中共黨、軍兩方面都有雄厚基礎的周恩來。他早於 1931 年 12 月抵達瑞金，出任江西蘇維埃區中央政治局書記。周恩來性情隨和，無領袖慾，對毛澤東、博古皆親善；無論他傾向哪邊，都會影響大局。周大概自知軍事才能不及毛，所以對毛表現得遷就，無怪乎當時不少人都認為他已被毛爭取過來。然而，周恩來主持寧都會議不只令毛澤東捱批，還在未告知第三國際的情況下自作主張接管了毛的軍權，就此埋下了兩人歷史恩怨的種子。1942-1943 年延安整風時，毛澤東把周恩來當作黨內「經驗主義」的代表來批評，周自此擁毛，並多次公開承認寧都會議是他「一生最大的錯誤和罪惡」。可是記性非常好的毛澤東對這次寧都會議一直耿耿於懷，動不動就要翻出來算老賬。該會議撤銷了毛澤東的紅軍總政委職務，令他感到受辱。同時被整治的還有鄧小平。在 1930 年代初的江西，鄧小平因為替毛澤東的游擊戰術及「富農路線」背書，被視為「毛派的頭子」，結果與毛澤東一起捱批。

1933 年 2 月，蔣介石調集 50 萬兵力「圍剿」江西蘇維埃。周恩來、朱德運用前三次反「圍剿」經驗，粉碎了蔣介石對中央根據地的進攻。中共「臨時中央」就在這個關鍵時刻遷入瑞金，進一步激化中共黨內鬥爭。6 月，博古在中央蘇區開展「查田運動」，改變了毛澤東推行的溫和土地政策。富農只分得較差的土地，甚至被劃為地主；不少中農被劃為富農。新政策自然削弱農民對中共的支持。中華蘇維埃共和

國覆亡後，博古被指推行極「左」路線，破壞了農村的群眾基礎，受到猛烈抨擊。

　　1933 年 5 月，蔣介石在南昌成立了全權處理贛、粵、閩、湘、鄂五省軍政事宜的「軍事委員會委員長南昌行營」。9 月，蔣介石發動並親自指揮對中央蘇區的第五次「圍剿」。他在南昌對部下訓話時說，日本不過是「皮膚小病」，共產黨才是「心腹之患」。這次「圍剿」採用「步步為營，堡壘推進」的新戰略，其要旨是：「以守為攻，乘機進剿，主用合圍之法，兼採機動之師，遠探密壘，薄守厚援，層層鞏固，節節進逼，對峙則守，得隙則攻。」為配合這個新戰略起見，蔣介石迫使住在中央蘇區周圍的群眾遷入實行「保甲」（即「聯保連坐」）制度的「戰略村」，藉此對蘇區實行全面封鎖，使它處於缺糧狀態。蔣介石又徵召了 2 萬多人來修建公路，以提高其軍隊的機動性。一切就緒後，蔣介石就出動早已調集好的 100 萬軍隊、200 架飛機，並在軍隊推進的沿路上築起了成千上萬座碉堡，重重包圍瑞金。[9] 這時負責保衛江西蘇維埃的主要人物是被人稱為「共產國際派來的軍事顧

9　由於蔣介石在軍事化和工業化方面喜用德國顧問，所以不少人認為第五次「圍剿」所採用的碉堡戰術是當時德國軍事總顧問喬治‧魏採爾（1930 年 5 月-1934 年 4 月）和漢斯‧馮‧塞克特（1934 年 4 月-1935 年 3 月）的主意。中國國防大學戰略教研部教授金一南指出，魏採爾為規劃第五次「圍剿」的作戰計劃出了不少主意，包括贊成採納碉堡政策，但他卻不是這個政策的提出者。而魏採爾的繼任人塞克特主要為蔣介石提供建軍方針和思想，並沒有就軍事行動的細節為蔣提供諮詢。況且，塞克特上任時，第五次「圍剿」已經發起了七個半月，碉堡政策早已執行。金一南繼而指出，蔣介石的碉堡政策來自三個人：最早提出建議是滇軍將領金漢鼎；最早實踐此法者是贛軍 18 師 52 旅旅長戴岳；最終將其全面化、系統化、完善化者是蔣介石南昌行營第一廳第六課課長柳維垣。金一南稱此三人為蔣介石的「碉堡三劍俠」。金一南：《苦難輝煌》，北京：作家出版社，2015 年。

問」的李德（原名奧托・布勞恩，Otto Braun）。[10]他與博古把紅軍「正規化」，並決定「全線出擊」、「禦敵於國門之外」、打「陣地戰」。1934 年 4 月，由李德親自指揮的、規模最大且持續了 18 天的廣昌保衛戰幾乎將紅軍主力拚光，並導致中央蘇區不得不被放棄的局面。毛澤東此時已失勢，離開了蘇區中央政治局和紅軍的領導崗位。然而，當毛澤東在江西被批鬥時，斯大林已表態支持他。1933 年 3 月，第三國際執委會致電中共中央，特別指出：「對毛澤東應取盡可能忍耐的態度和對他施行同志式的影響，讓他有百分之百的可能性在黨的中央委員會或中央委員會政治局的領導下擔任極為重要的工作。」1934 年 1 月，在莫斯科的支持下，毛澤東在周恩來召開的中共六屆五中全會上由政治局後補委員晉升為委員。

在較早前的 1933 年 11 月，駐守福建的國民黨第十九路軍將領陳銘樞、蔣光鼐、蔡廷鍇與李濟深等國民黨內一部份反蔣勢力，成立了「中華共和國人民革命政府」，並與紅軍訂立反蔣抗日協定。惟博古認為「福建事變」是國民黨欺騙民眾的把戲，還把福建「人民革命政府」定性為與南京國民政府無異的「反革命資產階級政府」，拒絕給予任何援助和配合。結果，福建人民政府於 1934 年 1 月垮台，而中共也失去了一次突破「圍剿」的機會，中華蘇維埃共和國最終在 1934 年 10 月覆亡。據悉，博古要把毛澤東留在蘇區，不帶毛突圍，只是

10　金一南指出，李德並非如他自己所述，「受共產國際指派」。事實上，李德是蘇聯紅軍總參謀部的一個秘密送款員，於 1932 年 11 月帶着 2 萬美元去上海營救 1931 年 6 月被上海公共租界警務處逮捕的第三國際特工牛蘭（Hilarie Noulens）及其妻子。1932 年 12 月，李德在上海遇上早在莫斯科認識並且剛剛當上了中共「臨時中央」總負責人的博古。1933 年春，不懂軍事的博古要求李德一同去中央蘇區；臨行前，獲得共產國際的一個指示：「奧托・布勞恩作為沒有指示權力的顧問，受支配於中國共產黨中央委員會。」這意味着：一、作為顧問，李德「沒有指示權力」，僅具有建議權；二、作為顧問，李德並不受託於共產國際，只受託於中共中央。然而，博古為了建立自己在中央蘇區的權威，把身邊的李德吹捧成為「共產國際派駐我黨中央的軍事顧問」，李德也因此做了太上皇。可見，替李德完成身份轉換的並非第三國際，而是博古。金一南：《苦難輝煌》，北京：作家出版社，2015 年。

因為蘇聯反對，才允許毛參與長征。[11] 而紅軍能突破國民黨軍隊的「圍剿」，乃因它沒有洩漏情報給敵人。負責收復瑞金的陳誠承認，「共軍封鎖情報的工作十分成功，因此才有突圍的成功。」

2.3 轉戰西北（1934 年 10 月-1935 年 10 月）與「西安事變」（1936 年 12 月 12-25 日）

1934 年 10 月，紅軍開始長征，到 1935 年 10 月抵達陝北，中共中央遂以陝北作為新的革命大本營。長征途中發生了數件值得注意的事件。

2.3.1 紅軍突破圍剿後輕易通過粵軍封鎖線

第一、紅軍在贛南突破國民黨軍隊的「圍剿」後，竟能順利、迅速地通過（不是突破）粵軍在贛粵及湘粵邊境的兩道封鎖線向西轉移，實在令人感到意外。究其原因，原來是當時號稱「南天王」的廣東軍閥陳濟棠因恐怕蔣介石迫使紅軍搞粵，遂主動電約中共中央舉行秘密軍事談判，以達成其「保境安民」的目的。雙方的代表於 1934 年 9-10 月間在江西省東南端的尋烏縣進行了三天三夜的談判，終於達成了以下五項協議：一、就地停戰，取消敵對局面；二、互通情報，用有線電通報；三、解除封鎖；四、互相通商，必要時紅軍可在陳的防區設

11　博古的姪兒秦福銓在 2009 年出版的《博古和毛澤東──及中華蘇維埃共和國的領袖們》（香港：大風出版社）提出了相反的論調。他說是毛澤東主動要求留下來的，後經與周恩來通宵長談終被說服才改變主意。秦福銓在該書還對延安整風後形成的、以批判博古等為中心的中央蘇區史、長征史等歷史定論提出了質疑。歷史學家高華對秦書的評述既詳細又中肯，見高華：〈解讀博古、毛澤東、周恩來的三邊關係──評《博古和毛澤東》〉（上篇），《二十一世紀雙月刊》，2009 年 12 月號（總第一一六期），120-128 頁；高華：〈解讀博古、毛澤東、周恩來的三邊關係──評《博古和毛澤東》〉（下篇），《二十一世紀雙月刊》，2010 年 2 月號（總第一一七期），117-126 頁。

後方，建立醫院；五、必要時可以互相借道，紅軍有行動事先告訴陳濟棠，陳部撤離 40 華里。紅軍人員進入陳的防區用陳部護照。[12] 達成協議之後，陳濟棠即將協議的內容及紅軍欲借路西行的意圖傳達給粵軍軍官，還下了一道命令，要部隊做到「敵不向我射擊，不許開槍；敵不向我擊來，不准出擊」。陳濟棠最終執行了秘密協議，沒有堵截紅軍，還在湘粵邊境劃定通路，讓紅軍通過。這正好解釋為何鄧小平在 1980 年接見陳濟棠的兒子陳樹柏時說：「令尊治粵八年，確有建樹。有些老一輩的廣東人還懷念他。」[13]

2.3.2 遵義會議

第二、紅軍在 1935 年 1 月 7 日攻佔黔北重鎮遵義後，便於同月 15-17 日召開中央政治局擴大會議，即中共革命史上著名的遵義會議。主持該會議的博古首先作主報告；他解釋說，第五次反「圍剿」未能取勝乃因帝國主義和國民黨力量強大、中央根據地物質條件差、各根據地紅軍沒有緊密配合、白區工作沒有做好等等。當時地位僅次於博古的洛甫聽完主報告後就站出來做反報告，否定了博古和李德在軍事指揮上所犯的「左」傾軍事路線。須知，洛甫在 1934 年 4 月廣昌保衛戰慘敗後，就強烈批評博古和李德指揮不當，令紅軍遭到重大損失，無怪乎他終於被毛澤東爭取過來。這次洛甫帶頭作反報告，正好讓毛澤東抓住中央蘇維埃垮台最關鍵的軍事問題，在洛甫說畢後便一口氣講了一個多小時，詳細地分析「左」傾軍事路線的癥結所在。會議決定改組黨和紅軍的領導：推選毛澤東為中央政治局常委；取消博古、

12　上述協議內容根據當時中共談判代表之一、紅軍粵贛軍區司令兼政委何長工的回憶。見廣州市政協文史資料研究委員會編：《南天歲月——陳濟棠主粵時期見聞實錄》，廣州：廣東人民出版社，1987 年。

13　《羊城晚報》，1982 年 9 月 22 日。

李德的最高軍事指揮權，由中央軍委主要負責人周恩來、朱德指揮軍事。1月18日政治局會議常委進行分工時又決定：由洛甫代替博古負總責；「以澤東同志為恩來同志的軍事指揮上的幫助者」；最高軍事首長仍然是周恩來、朱德，而「恩來同志是黨內委託的對於指揮軍事上下最後決心的負責者」。毋庸置疑，遵義會議使毛澤東的政治生涯得到翻身，儘管他仍是周恩來的副手。[14] 又由於中共與莫斯科的聯繫在長征前夕已經中斷，所以中共在長征途中首次獲得自主選擇領導人的機會，這可說是遵義會議的另一個重大意義。

2.3.3 第三國際支持毛澤東

第三、遵義會議後半年，毛澤東受到莫斯科公開表揚。1935年7-8月，第三國際召開第七次代表大會，會上宣佈剛當選為第三國際執委會總書記的格奧爾基．季米特洛夫（Georgi Dimitrov）與毛澤東為世界共產主義運動的兩個「模範標兵」。莫斯科隨後更掀起了對毛澤東的個人崇拜。但仍在長征途中的毛澤東並不知情，直到該年11月中旬中共駐第三國際代表團特使林育英從莫斯科來到陝北，毛澤東才知道第三國際之前對他的稱讚。12月初，第三國際的理論與政治喉舌《共產國際》（*The Communist International*）登出一篇題為〈毛澤東──中國勞動人民的領袖〉的長文，對毛褒獎備至；同一作者有關毛澤東的文章又出現在12月13日《真理報》（*Pravda*）上。這正好解釋為

14　據悉，周恩來在遵義會議上臨時改變原和博古商定的會議程序，支持洛甫和毛澤東發言，會後又成功勸說博古主動交權。正是由於周恩來棄博投毛，毛才得到翻身的機會。見高華：〈解讀博古、毛澤東、周恩來的三邊關係──評《博古和毛澤東》〉（下篇），《二十一世紀雙月刊》，2010年2月號（總第一一七期），117-126頁。

何莫斯科得悉中共曾在遵義召開會議後，表示完全支持該會議的決定。[15]

2.3.4 張國燾事件

第四、1935 年夏秋之際，發生了一樁嚴重的「退卻主義」、「逃跑主義」及「分裂主義」事件，其始作俑者是中共始創人之一，惟沒有參與遵義會議的紅四方面軍軍委主席張國燾。1935 年 6 月 14 日，由周恩來、朱德、毛澤東、洛甫等領導、剛翻越了長征途中第一座大雪山夾金山的紅一方面軍（又稱中央紅軍）與由張國燾領導、剛從川陝邊區根據地退出的紅四方面軍在四川懋功地區會師。26 日，中央政治局在兩河口召開會議；28 日議決一、四方面軍會合後的戰略方針是：「集中主力向北進攻，在運動戰中大量消滅敵人，首先取得甘肅南部，以創造川陝甘蘇區根據地。」張國燾卻反對北上，主張向南或向西朝西康邊遠地區作「總退卻」，以求得與國民黨中央軍之休戰。8 月 5 日，中央政治局重申兩河口會議確定的戰略方針，並對張國燾進行了批評。隨後，紅軍被編成左、右路兩軍。8 月底，黨中央率領右路軍向北推進，惟左路軍總政委張國燾卻擅自命令部隊南下。9 月 12 日，中央政治局在俄界召開擴大會議，議決電令張國燾立即率軍北上；月底又作出關於保衛和擴大陝北蘇區的決定，即正式決定以陝北作為領導中國革命的大本營。10 月，右路軍終於翻越了長征途中最後一座高峰六盤山，並於 19 日抵達陝北根據地保安縣的吳起鎮，結束了 25,000 里的長征。

回說張國燾，他竟於 10 月 5 日在四川理番縣卓木碉另立「中共

---

15 Alexander V. Pantsov with Steven I. Levine, *Mao: The Real Story*. New York: Simon & Schuster, 2012；（俄）亞歷山大・潘佐夫著，卿文輝、崔海智、周益躍譯：《毛澤東傳》，上、下冊，北京：中國人民大學出版社，2015 年；亞歷山大・潘佐夫、梁思文著，林添貴譯：《毛澤東——真實的故事》，台北：聯經出版事業股份有限公司，2015 年。

中央」、「中央革命軍事委員會」、「中央政府」，自封為「主席」，企圖在川康邊界地區建立根據地，但被國民黨軍和四川軍閥劉湘的部隊擊敗，退到西康甘孜一帶。1936 年 6 月 6 日，張國燾因損失了一半兵力被迫取消了偽中央；11 日，電告中央，同意北上。同年 10 月上旬，各方面的紅軍主力在甘肅會寧地區會師。12 月 7 日，組成了由毛澤東為主席，周恩來、張國燾為副主席的統一中央革命軍事委員會。1937年 1 月 13 日，中共中央進駐延安。長征開始時，中央紅軍有 85,000人參加，到陝北時只剩下 8,000 人，其後各路人馬會合加起來擴充到約 30,000 人。

1936 年 6 月底、7 月初，陝北與莫斯科重新建立無線電聯絡。據悉，毛澤東在第一封電報就拜託斯大林增加對中共的經濟、武器、軍用補給及戰略物資援助。斯大林很快就送來了援助。1937 年，第三國際給予中共的援助接近 200 萬美元。給斯大林轉送金錢的一個重要中間人是孫中山的遺孀宋慶齡，她從 1920 年代中期開始就和中共領導人維持非正式關係，並深深牽涉到第三國際的地下財務運作。宋慶齡當年化名「蘇西夫人」（Madame Suzy）、「林泰」（Leah）；[16] 她雖非中共正式黨員，但用季米特洛夫的話來說，「〔她〕幾乎就是共產黨員」。[17]

2.3.5 西安事變

中共撤到陝北後，蔣介石還是窮追猛打。1936 年 12 月 12 日，時任西北剿匪總司令部副總司令的東北軍將領張學良，與時任國民革命

16　同註 15。

17　見格奧爾基・季米特洛夫 1936 年 12 月 9 日的日記。Ivo Banac (ed.), *The Diary of Georgi Dimitrov, 1933-1949*.　New Haven & London: Yale University Press, 2003.

軍第十七路軍總指揮的西北軍將領楊虎城在西安發動「兵諫」，扣押蔣介石，逼蔣停止剿共，進行抗日，史稱「西安事變」。

這是一樁耳熟能詳卻極具爭議性的歷史事件。自上個世紀末以來，不少歷史學家利用各類（包括解密）檔案重新探究該事件的前因後果，使我們對當時有關人物的互動過程，尤其是斯大林及中共所擔當的重要角色，有更深的了解。其中表表者是中國現代史專家楊奎松。他用大量新舊材料（包括俄文檔案）進行考證後，對張學良策劃「西安事變」的背景作了精闢的分析。重點大致如下：一、中共駐東北軍代表劉鼎於 1936 年 6 月 30 日電告中共中央，表示張學良要求加入中共。這大概是因為張學良非常清楚只有蘇聯才能幫他打回東北老家去抗日，除了通過中共找蘇聯幫手外，別無他途。二、儘管東北軍將領呂正操和「西安事變」期間代表中共中央跟張學良聯絡的葉劍英，曾對人說張學良是中共黨員，惟蘇聯檔案卻表明莫斯科明確地反對中共吸收軍閥入黨來擴充隊伍，且特別強調「不能把張學良本人看作是可靠的盟友」。[18] 因此，張學良最多不過是一個所謂的「特殊黨員」，而非一般意義的中共黨員。三、張學良明白打回東北的希望實在渺茫，所以又策劃把東北軍（約 20 萬人）、紅軍（約 3 萬人）及西北軍（約 3 萬人）組成一支「西北聯軍」，並在此基礎上成立以他為首的「西北抗日聯合政府」。他冀望蘇聯會向這個包括中共的「西北大聯合」提供軍事援助。四、1936 年 11 月，中共在寧夏戰役中損失重大，而國民黨軍隊也圍追堵截過來，迫使中共中央決定突破包圍圈，進入山西、河南、陝西，等待時機再轉回來。倘若中共、紅軍真的走了，回

---

18 蘇聯有特別理由不信任中國的東北軍閥。1927 年，張學良的父親張作霖在北京抄了蘇聯大使館並在大使館內逮捕了李大釗；李旋被「和蘇俄通謀，裏通外國」之罪名被絞刑處決。1929年，張學良在東北抄了蘇聯領事館，又代南京國民政府收回中東鐵路，導致蘇聯紅軍與中國東北軍武裝衝突。

不來，或被蔣介石殲滅，那麼，張學良的「西北大聯合」計劃便會泡湯。為了避免節外生枝，張學良就不惜與蔣介石徹底翻臉，用「兵諫」一招逼蔣停止剿共。五、在整個「西安事變」策劃和實行過程中，張學良如以往一樣我行我素。各種資料充分顯示中共並沒有參與策劃事變，而張學良也來不及等待中共代表葉劍英來到西安就在 12 月 12 日發動「兵諫」。[19]

「西安事變」令斯大林震怒。季米特洛夫的日記披露，他於 13 日獲知張學良在西安把蔣介石扣押起來。14 日深夜，斯大林來電問他：「中國所發生的事情有否獲得你的認許？」他答道：「沒有！」斯大林跟着說：「沒有人能如此這般地為日本效勞！」他回答說：「這正是我們〔第三國際——筆者按〕的看法！」[20] 斯大林為何會把張學良這次行動和日本連繫起來？原來，自 1935 年夏秋以來，斯大林就極之擔心德國和日本會夾攻蘇聯，他因此認為各國共產黨應盡快與敵對的統治階級組成新的反法西斯、反日統一戰線。1936 年 11 月 25 日，德國和日本簽定了《反共產國際協定》（the Anti-Comintern Pact），這使蘇聯面臨緊迫的威脅。斯大林亦擔心基本上持反共態度的蔣介石會倒向德日聯盟。就中國的政治形勢而言，斯大林認為只有蔣介石有能力帶領中國抗日，是故他把爭取蔣為盟友視為生死攸關的大事。張學良突然發難把蔣介石扣押起來，難道不是幫了日本一個大忙，兼且破壞了他想利用蔣來牽制日本的大計？

當「西安事變」的消息傳到當時中共中央所在地保安後，政治局

19　楊奎松：《西安事變新探——張學良與中共關係之謎》，南京：江蘇人民出版社，2006 年。

20　當時斯大林還繼續追問季米特洛夫：「你們那個王明是誰呀？一個挑釁者？他想發送一個電報整死蔣介石。」季米特洛夫回答說：「我並沒有聽過這樣一回事！」斯大林說：「我會去找那封電報給你！」斯大林這番話表明他對王明不滿，並認為王明屬第三國際那邊這組織的人。Ivo Banac (ed.), *The Diary of Georgi Dimitrov, 1933-1949*. New Haven & London: Yale University Press, 2003.

立即召開會議，並幾乎一致議決，「必須把蔣中正〔介石〕押解至保安，交由全民公審，以償還十年血債。」毛澤東遂向第三國際報告上述決定。遺憾的是，中共中央忽視了這項決議有違當時蘇聯的戰略考慮。16 日，斯大林囑咐季米特洛夫電告中共，指出「張學良的行動，不論他的意圖如何，客觀上只能損害把中國人民的力量團結在抗日統一戰線中，並會鼓勵日本對中國的侵略」，繼而指示中共必須「堅決站穩和平解決衝突」的立場，即要求中共釋放蔣介石。[21] 接受這個指令無異於要毛澤東出面推翻中共政治局的決議，無怪乎毛深感沮喪、羞愧、丟臉。用當時到訪保安的美國左翼記者埃德加·斯諾（Edgar Snow）的話來說，「當莫斯科下令釋放蔣介石時，毛澤東氣壞了。毛澤東跺腳、咒罵。」斯大林就是這樣通過毛澤東和代表中共到西安談判的周恩來，去達成他的意願。[22]22 日，蔣介石要求宋子文轉告周恩來，要中共同意下列四點：第一、廢除中國蘇維埃政府；第二、取消紅軍名義；第三、停止階級鬥爭；第四、願意服從〔蔣〕委員長之領導。24 日，張學良、楊虎城、周恩來、宋子文、宋美齡會談。當晚及第二天早上，蔣介石與周恩來會面。歷史學家曾銳生在闡述這次蔣周會面時，着重指出周恩來給蔣介石帶來了一個極之重要的訊息——長期在

21 同註 20。

22 Alexander V. Pantsov with Steven I. Levine, *Mao: The Real Story*. New York: Simon & Schuster, 2012；（俄）亞歷山大·潘佐夫著，卿文輝、崔海智、周益躍譯：《毛澤東傳》，上、下冊，北京：中國人民大學出版社，2015 年；亞歷山大·潘佐夫、梁思文著，林添貴譯：《毛澤東——真實的故事》，台北：聯經出版事業股份有限公司，2015 年。埃德加·斯諾於 1936 年到保安訪問中共領導人後，寫成 *Red Star Over China*，翌年在倫敦出版；中文版則以《西行漫記》為名於 1938 年在上海出版。三聯書店後來邀請董樂山將 *Red Star Over China* 重新翻譯，新的中文版本取名《紅星照耀中國》，並於 1979 年面世。

蘇聯當人質的蔣經國，很快便會獲得批准返回中國。[23] 蔣介石當然明白中共絕對沒有權力讓他的兒子返回中國，這只能是斯大林本人的決定。[24] 須知，在「西安事變」發生之前的數年間，蔣介石一直想恢復中蘇兩國因 1929 年 7 月國民政府強行收回中東鐵路導致蘇聯紅軍與東北軍武裝衝突而陷於中斷的外交關係；蔣還渴望斯大林能給他提供實質援助以對抗日本。

1934 年 10 月 16 日，正當中央紅軍開始長征時，蔣介石的私人代表蔣廷黻抵達莫斯科，以中蘇共同利益為大前提，開展有關恢復兩國正常關係的對話。蘇聯的反應是，蘇聯同在中國起領導作用的蔣介石的關係，「不是從回憶過去和感情出發，而是從我們兩國的共同利益和真誠地希望發展和鞏固兩國關係出發。」這當然使蔣介石感到鼓舞。1936 年 2 月，蔣介石秘密派遣他的心腹陳立夫到莫斯科，跟蘇聯外交人民委員長馬克西姆‧李維諾夫（Maxim Litvinov）洽商簽署中蘇共同防禦條約（mutual security treaty），但蘇方只肯開展有關互不侵犯條約（non-aggression pact）的談判，[25] 令蔣介石懷疑蘇聯是否真心想援助中國抗日。為何斯大林現在又向他擺出友善的姿態？蔣介石大概懂得斯大林的心意，認為斯大林這樣做是想他活着回南京去領導中國

23　Steve Tsang, "Chiang Kai-shek's 'secret deal' at Xian and the start of the Sino-Japanese War". *Palgrave Communications*, vol.1, no. 1, 2015, pp.1-12. 近年有學者以周恩來及張學良二人對「西安事變」的發生、發展及終結作重點研究，見 Mayumi Itoh（伊東真弓），*The Making of China's War with Japan: Zhou Enlai and Zhang Xueliang*. Singapore: Springer, 2016。

24　順帶一提，早於 1931 年，蘇聯通過宋慶齡告訴蔣介石，若他釋放了在上海被捕的第三國際特工牛蘭及其妻子，則蔣經國可安然回國，但蔣介石婉拒了這個請求。他在該年 12 月 16 日的日記中寫道：「余寧使經國不還，或任蘇俄殘殺，而決不願以害國之罪犯以換親子也。絕種亡國，乃數也，余何能冀倖免。但求法不由我而犯，國不由我而賣，以保存我父母之令名，使無忝此生則幾矣，區區後嗣，豈余所懷耶？」

25　John W. Garver, *Chinese-Soviet Relations, 1937-1945: The Diplomacy of Chinese Nationalism*. New York, Oxford: Oxford University Press, 1988; "The Soviet Union and the Xi'an Incident", *The Australian Journal of Chinese Affairs*, No.26 (July 1991), pp.145-175.

抗日，令日本的軍力集中對付中國，藉此減低日本對蘇聯的威脅。蔣介石又認為，若然他同意與中共聯手抗日，蘇聯會向中國提供軍事援助。結果，蔣周會面取得了成果：蔣介石同意停止「剿共」、聯共抗日，並聲稱待他回到南京後，周恩來可以去南京和他談判。26 日，蔣介石飛回南京，「西安事變」最終和平解決。曾銳生進一步分析說，中日戰爭爆發後，正是由於蔣介石相信蘇聯會向中國提供軍事援助對抗日本，他才有足夠信心派遣其轄下最精銳的部隊到華東與日軍作生死戰。[26] 順帶一提，蔣經國終於在 1937 年 4 月 18 日返抵杭州。由中日爆發全面戰爭直到 1941 年，蘇聯是唯一一個供應軍火給中國的國家。而蔣介石在南京和武漢分別於 1937 年 12 月 13 日和 1938 年 10 月 19 日淪陷時，仍寄望斯大林出兵助他解救困局（見第九章）。

　　為了展示聯蔣抗日的誠意，中共於 1937 年 2 月提出四項保證：一、在全國範圍內停止任何企圖推翻國民政府之武裝鬥爭；二、工農政府改名為中華民國特區政府，紅軍改名為國民革命軍，兩者直接受南京中央政府及其軍事委員會指揮；三、在特區政府區域內，實行普選的徹底民主制度；四、停止沒收地主土地政策，堅決執行抗日民族統一戰線共同綱領。蔣介石對於如何實施聯共抗日，也有他一套獨特的設想。他在 1937 年 5 月 31 日寫的日記中第一次提出要建立一個新的國共聯合組織──「國民革命會」。但在同一天寫作的「本月反省錄」中，蔣介石又將這個新組織定名為「國民革命同盟會」，還規定所有參加者必先「取消」其原有的國民黨或共產黨黨籍，才能成為這一新組織的成員。6 月初，周恩來到廬山與蔣介石會面。在得悉蔣介石的新構思後，即表示中共不反對成立「國民革命同盟會」，但堅持兩黨

26　Steve Tsang, "Chiang Kai-shek's 'secret deal' at Xian and the start of the Sino-Japanese War". *Palgrave Communications*, vol.1, no. 1, 2015, pp.1-12.

必須保留各自組織的獨立性，即不能取消共產黨。其實，早在兩個月前，中共中央擴大會議已議決起草民族統一戰線綱領，並在此基礎上，成立包括國共兩黨及贊成這個綱領的各黨各派及政治團體的民族統一聯盟（或黨），共同推舉蔣介石為領袖。換言之，中共絕不能解散，只能整個加入聯盟，以保持其獨立性。抗日戰爭全面爆發後，國共第二次合作形成，但兩黨仍未能在這個問題上達成共識——蔣介石希望通過成立「國民革命同盟會」來「合併」國共兩黨，而中共卻希望它只是兩黨之間的一種「統一戰線」而已。

扭轉乾坤之四

生死存亡的年代
（1937-1949 年）

第九章

全面抗日戰爭時期國共兩黨
既聯合、又鬥爭的實況
（1937-1945 年）

1、國民政府在全面抗日戰爭中的處境

1.1 蔣介石的抗日戰略：打持久戰、消耗戰

蔣介石認為對付日本大舉入侵的最佳方法是打「持久戰」、「消耗戰」。1932 年 1 月 28 日晚上，日軍突然向上海閘北的國民革命軍第十九路軍發起攻擊（史稱「一二八事變」），蔣介石當晚在日記寫道：「決心遷移政府，與之決戰。」1933 年，蔣介石的目光開始轉向西南地區。1934 年，他的日記陸續出現「專心建設西南」、「經營四川」的記載。到 1935 年 2 月，蔣介石在重慶演講時明確地提出，「四川應為復興民族之根據地」。他明白日本沒有足夠能力長期佔領幅員遼闊的中國；只要國民政府能撤入及堅守西部地區，勢必取得最後勝利。

下文闡述全面抗日戰爭的兩個主要階段。

1.1.1 第一階段（1937 年 7 月-1938 年底）：國民政府逐步撤入四川時期

1937 年 7 月 7 日「盧溝橋事變」（又稱「七七事變」）發生，中日兩國正式開戰。[1] 北平、天津分別於 7 月 28 及 30 日淪陷。當時國民黨內外一部份人士——如軍人徐永昌、何應欽，以及知識分子胡適、蔣夢麟等，積極主和。胡適提醒蔣介石：「外交路線不可斷」；又建議放棄東三省、承認「滿洲國」，藉此換取東亞長期和平。8 月 7 日，蔣介石召開國防會議，議決「積極抗戰與備戰」，抗戰於是成為國策。

倘若日本派遣軍隊沿平漢（即北平及漢口）或津浦（即天津及浦

1　中國學者一致認為，「盧溝橋事變」是日軍蓄謀已久的侵華計劃，是日本實施大陸政策的必然結果。

上海閘北陷於火海

1937 年 8 月 13 日，淞滬會戰爆發，日本戰機猛烈轟炸閘北，導致當地居民傷亡慘重。圖為當時從遠處俯覽閘北，但見一片火海，火光沖天，濃煙滾滾。

口）鐵路南下，截斷東西交通，蔣介石便無法使國民政府逐步撤入四川。幸好日本海軍積極主張向華東地區擴張，目的是要摧毀蔣介石在上海一帶所建立的現代經濟基地，以收速戰速決之效。8 月 13 日，淞滬會戰（又稱「八一三戰役」）爆發，日本在華東開闢了第二戰場，中國全面抗戰開始。[2] 蔣介石立即派遣其最精銳的、體現德式裝備和編制的中央軍校教導總隊及 87、88 和 36 師到上海一帶攔阻日軍。這個決定大概是為了達到如下目的：一、減輕華北戰場的壓力；二、維護

2　1945 年 8 月 15 日，國民政府發表了《抗戰勝利告全國軍民及全世界人士書》，其中有「我們的抗戰……八年奮鬥的信念，今天才得到了實現」、「我全國同胞們自抗戰以來，八年間所受的痛苦與犧牲……」的說法。「八年抗戰」的概念自此被民間廣為接受。2017 年 1 月 3 日，為了全面反映日本侵華罪行起見，國家教育部要求全國各地教育廳（教委）對各類中小學春季教材進行修改：凡涉及「八年抗戰」的字樣，一律改為「十四年抗戰」，以「確保樹立並突出十四年抗戰概念」。換言之，抗日戰爭歷史要從 1931 年的「九一八事變」算起到 1945 年日本投降，而非以往的 1937 年「七七事變」到 1945 年。須知，毛澤東早於 1945 年 4 月在中共七大的政治報告《論聯合政府》中提到：「中國人民的抗日戰爭，是在曲折的道路上發展起來的。這個戰爭，還是在 1931 年就開始了。」其後，「八年抗戰」與「十四年抗戰」兩種說法都有在不同的場合、不同的角度、不同的語言環境下被使用。本書以 1937 年 8 月 13 日淞滬會戰爆發來劃分之前的局部抗戰階段與之後的全面抗戰階段。

蘇聯與中國之間的軍火運輸線（詳見下文）；三、游説在上海有龐大經濟利益的西方國家，冀望它們能為中國向日本爭取有利的媾和條件；四、爭取時間撤退到武漢；五、爭取對 10 月底將召開的九國公約會議有較好的影響。[3]11 月 12 日，上海淪陷，淞滬會戰結束。這是抗日戰爭中規模最大、戰鬥最為慘烈的戰役之一：日軍投入 37 萬人，死傷 9 萬餘人；中國軍隊投入 75 萬人，死傷 25-30 萬人。由德國顧問訓練出來的最精鋭中國部隊中，有四分之三在淞滬會戰中犧牲，大部份都是蔣介石的嫡系部隊。更嚴重的是，潰退後的中國軍隊已缺乏武器、彈藥、糧食，士氣低落，喪失鬥志，很難再投入戰鬥了。13 日，蔣介石「決心遷都重慶」。由於 24 日閉會的九國公約會議沒有取得任何有利中國的成果，蔣介石只好寄望蘇聯出兵挽救危局。須知，早於是年 8 月 25 日（即淞滬會戰爆發後第十二天），中國外交部長王寵惠與蘇聯駐華大使德米特里·波戈莫洛夫（Dmitry Bogomolov）在南京簽署了《中蘇互不侵犯條約》。這意味着蘇聯將會向蔣介石提供大量軍火，而中蘇雙方在戰爭結束前也不會跟日本達成任何單邊協議。蔣介石一直嘗試説服斯大林派遣紅軍到中國抗日，惟蘇聯當時最擔心的是遭德國入侵，況且日蘇矛盾亦未到干戈相見的地步，所以蘇聯是不可能輕易出兵的。不過，斯大林並沒有直截了當地拒絕蔣介石的請求，因為他恐怕這樣做會迫使蔣對日媾和，無怪乎蔣對蘇聯出兵仍然抱有期望。

12 月 5 日，蔣介石感到非常失望，因為斯大林電告他，「假使蘇聯不因日方挑釁而即刻對日出兵，恐將被認為是侵略行動，日本在國

3　論者長期指出，蔣介石決定堅守上海是一項很高明的戰略決策，其目的是要將日軍的進攻矛頭由北轉向東南，以免日軍過早攻佔武漢，截斷國民政府自南京西遷的道路。蔣介石日記表明，他的目的是要分散日軍兵力，粉碎其首先佔領華北的侵略計劃。

精銳國軍
淞滬會戰爆發後，蔣介石派遣其轄下最精銳的部隊到上海一帶攔阻日軍。圖為一名全副德式裝備的士兵。

際輿論的地位將馬上改善」，因此，只能在《九國公約》簽字國或其中大部份國家同意「共同應付日本侵略時」，蘇聯才可以出兵，同時還必須經過最高蘇維埃會議批准，該會議將在一個半月或兩個月後舉行。但蔣介石仍未感到絕望，因為中國駐莫斯科大使館有消息說：倘若南京失陷，蘇聯出兵的可能性是不能抹殺的。為激勵士氣起見，蔣介石對身邊的高級將領說：「俟之兩個月，必有變動。」6日，蔣介石決定離開南京，並致電李宗仁、閻錫山稱：「南京決守城抗戰，圖挽戰局。一月以後，國際形勢必大變〔指蘇聯出兵──筆者按〕，中

城陷悲痛

圖為 1937 年 12 月 13 日，攻陷南京中華門的日軍谷壽夫（Hisao Tani）部隊。這是一個歷史性的
場景，因為南京大屠殺就是從谷壽夫攻陷中華門開始的。這張經典照片也因此被視為南京大屠殺
的象徵。谷壽夫第六師團進入中華門後，開始清洗中山北路、中央路的難民區，其他三個師團也
相繼進入南京市區，展開大規模的屠殺行動，這座歷史名城陷入前所未有的黑暗時刻。

國必可轉危為安。」他還在當天日記「雪恥」條下寫道：「十年生聚，
十年教訓。三年組織，三年準備。」7 日，蔣介石飛離南京。13 日，
南京失陷，估計 20-30 萬人被殺害（史稱「南京大屠殺」）。蘇聯最
終也沒有出兵。

武漢為南京撤退後最高統帥部所在地。1938 年初，白崇禧向蔣介石提出「積小勝為大勝，以空間換時間」的意見。[4] 蔣介石遂於 2 月 7 日在武昌中樞紀念週上闡述「以空間換時間」問題，並於 3 月 6 日致電第二戰區司令長官閻錫山和副司令長官衛立煌，命其貫徹執行。[5] 最高統帥部遂派遣國軍跟日軍在黃河以北及津浦鐵路一帶交戰，並於 3 月 16 日至 4 月 15 日在徐州附近的台兒莊激戰中，取得了自南京淪陷後第一場重大勝利；6 月，國軍炸毀了黃河堤岸以阻擋敵軍的推進，藉此爭取更多時間撤入重慶。經過數百次大小戰鬥，固守武漢的策略終告失敗。9 月底，日軍從三面夾攻武漢。儘管蔣介石急切請求斯大林出兵解除困局，惟蘇方並沒有作出任何積極回應。10 月 25 日，蔣介石下令棄守武漢；大批政府人員、軍隊及物資隨即遷向重慶。26-27 日，日軍攻佔武漢三鎮。廣州早於同月 21 日淪陷。

較少人注意的一個事實，是蔣介石自開戰以來，一直採取兩手政策，即一方面堅持和日本決戰到底，另一方面則與日本進行公開或秘密的談判。南京失陷後，蔣介石在日記中披露：「近日各方人士與重要同志皆以為軍事失敗，非速求和不可，幾乎眾口一詞。」當時，德國駐華大使奧斯卡·保羅·陶德曼（Oskar Paul Trautmann）仍在調停中日爭端。12 月 26 日，日方開出較之前更「苛刻」的議和條件，致

4　白崇禧曾對兒子白先勇親口說過，他想出這套抗日的戰略，是受到拿破崙侵俄戰爭的啟發。白崇禧還解釋說，俄軍利用俄國廣大的空間，拉長法軍的補給線，最後拖垮拿破崙的部隊。中國的情況與當年俄國有許多相似之處。國軍沒有制空權，與日軍正面作戰犧牲太大，如八一三淞滬戰役，故應以游擊戰配合正規戰，「積小勝為大勝」；中國類似俄國，幅員廣大，將日軍拖往內陸，拉長其補給線，「空間換時間」，消耗日軍國力與日軍做持久戰，破解其速戰速決的企圖。見廖彥博、白先勇合著：《悲歡離合四十年：白崇禧與蔣介石——北伐·抗戰》、《悲歡離合四十年：白崇禧與蔣介石——國共內戰》、《悲歡離合四十年：白崇禧與蔣介石——台灣歲月》，香港：天地圖書有限公司，2020 年。

5　陳誠回憶說，1936 年 10 月，由於日本關東軍及其卵翼下的偽蒙軍對察哈爾及綏遠侵擾，蔣介石命令他進駐洛陽，策劃抗日方針，最後議定作戰的最高原則，是要以犧牲爭取空間，以空間爭取時間，以時間爭取最後勝利。陳誠又說，持久戰、消耗戰、以空間換取時間等基本決策，皆在這時制訂。

使將介石決定：「我國無從考慮，亦無從接受」。他在 1938 年 1 月 2
日的日記寫道：「與其屈服而亡，不如戰敗而亡。」4 月，國軍在山
東台兒莊取得勝利，令蔣介石覺得中國有了談判的籌碼。他遂於 8 月
下旬派遣曾多次與日軍駐華北將領談判的蕭振瀛跟日本軍部特務和知
鷹二（Kazutomo Takiji）在香港進行談判，直至 12 月因察覺到日方
談判的虛偽而決定剎停而終止。同年 7 月，有日本「民間人士」（包
括曾支持和參與辛亥革命的元老級人物萱野長知（Kayano Nagachi）
和小川平吉（Ogawa Heikichi），在日本「主和」派頭山滿（Tōyama
Mitsuru）的推動及首相近衛文麿（Konoe Fumimaro）等政要的支持下，
與當時的行政院院長孔祥熙的親信及軍統局人員在香港展開談判。但
由於 1939 年 9 月 3 日歐戰爆發令蔣介石覺得中國抗戰有希望取勝，
故在關鍵時刻下令中止談判。

1.1.2 第二階段（1939 年-1945 年 8 月）：
國軍與日軍對峙僵持時期

在這個階段，日軍佔領着「點」和「線」，並加強對佔領區的控制，
轟炸及封鎖國（民黨）統（治）區，又對中共建立在「面」的根據地
展開「掃蕩戰」，嚴重削減中共的勢力。[6]（有關抗日戰爭時期中共勢
力的消長及國共關係，見本章 2.1 節）。1939-1940 年，蔣介石仍然和
日本邊戰邊談。1939 年 1 月，蔣介石重申，實現中日和平的條件是必
「先恢復七七以前原狀」。這並非意味着他準備放棄東北，而是要剝
奪日本「七七事變」以來的「戰果」。至於「滿洲國」，蔣介石認為
它是「中日間之瘤」，要留在適當時機解決；他在國民黨五屆五中全

6　「點」、「線」、「面」是軍事用語。「點」表示沿鐵路的市鎮，「線」指鐵路，而「面」則
　　指廣大的農村腹地。

會發表演講時解釋說:「外蒙有自治之可能,而滿洲完全是中國人,絕對不能獨立。」面對汪精衛向日本公開求和,蔣介石在 7 月 7 日發表了《告世界友邦書》,表明中國要抗戰到日本「徹底放棄其侵略政策」為止。1940 年,由於日本積極謀劃進軍東南亞,故屢屢要求蔣介石開展談判,以盡快結束對華戰爭。為了應付日本方面頻繁的談判要求,蔣介石遂於 8 月指導張群、陳布雷、張季鸞(香港《大公報》主筆)等人,制訂《處理敵我關係之基本綱領》,作為對日談判的原則。《綱領》將抗戰目標區分為「最小限度之成功」與「最大之成功」——前者指「收復七七事變以來被佔領之土地」;後者指「收回被佔領掠奪之一切」。蔣介石又企圖以和談來阻擾日本承認汪精衛早於 3 月 30 日以「還都南京」形式成立的所謂「國民政府」,惟日本於 11 月 30 日與汪精衛簽訂了《中日基本關係條約》,亦即承認「汪偽政權」。轉入 1941 年,蔣介石對和談完全失去興趣。

在此確實有需要談談全面抗日戰爭爆發後,兩個尚未交代的事態發展:其一是汪精衛於 1938 年底公然走上策動「和平運動」的不歸路;其二是中國在美國對日本宣戰前(即在 1941 年 12 月 8 日前)接受了大量由蘇聯所提供的軍事援助。

先談汪精衛。歷史學家邵銘煌指出,在抗日戰爭中,抗戰乃是一道洪潮,和談則為一股暗流。當時日本以和談為謀略,輔成侵略目的;國民政府則本於大義,視和談為畏途,對於言和者依法究辦。其實開戰以來,上至達官顯要,下至升斗小民,想望和談者大有人在。[7] 上文提到「七七事變」後,國民黨內外不少知名人士,如徐永昌、何應欽、胡適及蔣夢麟,都積極主和。而蔣介石、汪精衛、蕭振瀛、孔祥熙、

7　邵銘煌:《和比戰難?八年抗戰的暗流》,台北:政大出版社,2017 年。

張群、陳布雷、戴笠、張季鸞等黨、政、軍及民間意見領袖，亦直接或間接涉及秘密和談活動。重要的一點是，蔣介石跟日本進行公開或秘密談判時，從不打算在中國主權問題上作任何讓步。至於汪精衛，他在開戰的首15個月仍然堅持「一面抵抗、一面交涉」的一貫方針。然而，自從廣州、武漢於1938年10月下旬相繼失陷，汪精衛就變得極度悲觀失望，求和心志越見堅強。他坦然道：「我自從抗戰開始以來，想到中國不得已而抗戰，時時刻刻想着抗戰怎樣可以持久，怎樣可以獲得勝利，同時也想着怎樣可以覓得和平。我對於覓得和平的意見，在會議裏不知說過多少次了。到廣州丟了，長沙燒了。我的意見，更加堅決，更加期其實現。」1938年12月18日，汪精衛終於脫離重慶抗戰陣營經昆明出走河內，並於同月29日發出「艷電」，倡議以「互相善鄰友好、共同防共和經濟合作」三個原則，「與日本政府交換誠意，以期恢復和平」。在1939年1月1日遭國民黨永遠開除黨籍及3月21日在河內險遭刺殺後，汪精衛於5月返抵上海，再飛往東京與日本磋商由他另組中央政府的辦法。1940年3月30日，在日本支持下，汪精衛組建了一個高舉「和平、反共、建國」旗幟的所謂「南京國民政府」，與重慶國民政府分庭抗禮。[8] 汪精衛於1944年11月13

8 　邵銘煌指出，汪精衛出走唱和的幕後主要推手，是北伐期間由中共轉投國民黨的周佛海。周在「七七事變」後確信「戰必大敗，和未必大亂」，他又與汪精衛同樣對國共合作抗日深感憂慮，因為他們認為中共一心奪權，並無合作之誠意。無怪乎二人結合為共推「和平運動」的親密夥伴。邵銘煌分析說：「〔汪精衛〕不顧一切脫離抗戰陣營，除由於客觀形勢惡化之外，周佛海從旁策劃與勸進，確實發揮很重要的作用……細察汪精衛出走過程，處處可見周佛海背後之鋪陳與用力」，「在組建南京政權過程中，周出謀獻策，扮演折衝要角，謂其為汪精衛政權的總設計師，毫不為過。」見邵銘煌：《和比戰難？八年抗戰的暗流》，台北：政大出版社，2017年。另一位歷史學者王克文亦指出，周佛海在「汪偽政權」中之勢力，幾乎與汪精衛相當。王克文解釋說：「作為一名派系領袖，汪氏常顯得被動而無甚定見，若有一二助手積極牽引，汪氏即易受其影響。」見王克文：《汪精衛·國民黨·南京政權》，台北：國史館，2001年。有關「汪偽政權」歷史最完整的論述，見余子道主編，余子道、曹振威、石源華、張雲著：《汪偽政權全史》，上、中、下冊，上海：上海書店出版社，2020年。

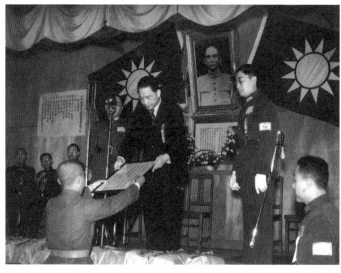

汪偽政府
1940年，偽南京政府
主席汪精衛主持日本
政府扶植的「中央軍
官訓練團」的結業式。

日於日本病逝，逃脫了被公審的下場，[9]但他的高級同僚卻在戰後很快被判通謀敵國罪成立而遭處決。

9　汪精衛在1943年3月發表的《敬告全國國民書》中説：「漢奸賣國賊等等污穢名詞，蝟集於我，我一點沒有顧忌，一點沒有退縮。」王克文指出，汪精衛之所以「沒有顧忌」、「沒有退縮」，或許源於一個信念，此即他並非幫助日本，而是與日本合作以幫助中國。汪精衛在策動「還都南京」時就認為重慶不能持久，惟有求和的一途；接受令人不能滿意的和平條件，至少比日後無條件投降好。不僅如此，汪精衛還認為他可以利用其政權的法理地位，繼續與日本交涉，逐步改善條件，以圖最後恢復中國之獨立。因此他從未視自己為「日本傀儡」，亦相信「漢奸賣國賊等等污穢名詞」，乃是對他一時的誤解。但事實的發展證明，「汪偽政權」並不能脱離日本的嚴密控制，也不能真正有效地治理淪陷區。這些狀況使汪精衛了解到，自己的對日交涉是不成功的。但即使如此，由於汪精衛認為中國戰勝無望，故他仍覺得除繼續交涉外，別無他法。汪精衛常常忠告國人要有「罪己的精神」，即要有「深切的反省」（不應把苦難完全怪罪於他人）和「深刻的責任心」（應該檢討本身應負的責任）。王克文批評汪説：「汪氏對中國民眾的勸誡，顯示他似乎完全不能掌握『民心』和『民氣』。在國土將近三分之一陷入敵手，全國上下悲憤填膺之際，他卻叫大家『謙恭』、叫大家『先責己後責人』，必然令中國民眾極為反感。他對中國『過失』的指責，不僅將日本對中國的侵略合理化，而且打擊國人的自尊和自信。所謂『作日本夥伴』的構想，更近乎一廂情願。」王克文總結説：「作為一名戰時通敵者，汪氏如此強調自我反省和良心的重要，似乎頗具諷刺意味。然而細加推究，這也許正是他對本身通敵行為的終極辯解。」當初與汪精衛交往密切的胡適在其日記中惋惜道：「精衛一生吃虧在他以『烈士』出身，故終身不免有『烈士』的 complex。他總覺得，『我性命尚不顧，你們還不能相信我嗎？』性命不顧是一件事，所主張的是與非，是另外一件事。」這可説是持平之論。見王克文：《汪精衛．國民黨．南京政權》，台北：國史館，2001年。

現談蘇聯援助。1937-1941 年間，蘇聯是唯一一個供應軍火給中國的國家。據有關資料披露，這些軍火包括：

軍火	數量
SB-2 轟炸機	348 架
I-15 和 I-16 戰鬥機	542 架
不同類型的特種飛機	44 架
T-26 坦克	82 輛
機動車	2,118 輛
火炮	1,140 枚
炮彈	200 萬枚
機槍	9,720 支
步槍	50,000 支
彈藥	1.8 億發
空投炸彈	31,600 枚

當時，蘇聯與中國之間有兩條軍火運輸線：一條經外蒙古、內蒙古、山西大同至內地；另一條經新疆、甘肅、山西，連接隴海鐵路。直到 1938 年 10 月廣州淪陷為止，蘇聯亦有運用海路運輸軍火到廣州，然後由粵方利用鐵路把軍火轉送到大西南地區。為了確保中國有足夠資金購買蘇製軍火，蘇聯在 1938 年 3 月至 1939 年 6 月間向中方提供了三筆合計 1 億 9,120 萬美元的貸款，年利率為 3%；中國須在 5-13 年內以農產品及原料償還債務。專門研究中國對外關係的美國學者加佛

日本部隊在上海法租界內巡邏
1940 年夏天，日本得到法國軍事當局同意，派遣其部隊進入上海法租界內執行巡邏任務。當時法租界人口約 70 多萬。1943 年 7 月 31 日，法國政府將法租界交給了「汪偽政權」，原法租界地區成為陳公博治下的「上海特別市第八區」。圖為 1940 年 7 月日本二人坦克車隊在法租界內巡邏。

（John Garvar）在比較蘇援與美援對中國在戰爭期間的重要性時指出，蘇聯在 1937-1941 年間貸給中國用來購買軍火的 1 億 9,120 萬美元高達美國在 1941-1943 年間以「租借物資」（lend lease）形式貸給中國用來購買軍火的 2 億 100 萬美元的 95%，可見蘇聯對中國的軍事援助絕非吝嗇。況且，蘇聯供給中國的 I-16 戰鬥機和 SB-2 轟炸機是當時世界上最先進的作戰飛機；T-26 坦克與蘇製槍械也大大提高了中國軍隊的戰鬥能力，在台兒莊戰役起了重大作用。除提供軍火外，蘇聯還遣派了數千名軍事顧問和專家到國統區服務，包括 2,000 名「自

願」飛行員，其中 200 餘人在空戰中喪命。必須承認，美國為中國提供了巨大非軍事性的援助。從 1938 年 12 月到 1940 年 11 月，美國四家出入口銀行給予中國 1 億 2,000 萬美元貸款，並指定中國將以桐油、錫、鎢、黑鎢礦及銻償還債務。日本突襲美國夏威夷珍珠港（Pearl Harbor）後，美國再給予中國 4 億 8,500 萬美元貸款來購買非軍事用品。蘇聯則沒有為中國提供非軍事性的援助。[10]

1941 年 12 月 8 日（此為東亞時間，美國東岸時間是 7 日），日本突襲珍珠港，太平洋戰爭爆發。對一直「寄望國際形勢有所變化」的蔣介石來説，日本這個突發行動令他感到無比欣慰。他在當天的日記興奮地寫道：「抗戰之陣略，本日達於極限」，「終於峰迴路轉」。美國宣佈介入遠東戰場，成立中（國）緬（甸）印（度）戰場指揮總部，任命蔣介石為中國戰區盟軍最高統帥部最高統帥；另委派史迪威（Joseph Stilwell）為中國戰區盟軍最高統帥部參謀長，兼掌控調配「租借物資」之權。1942 年 2 月，蔣介石派遣中國第五、第六軍入緬甸援助英軍作戰，但與史迪威在指揮權及戰略兩方面皆產生矛盾，結果導致 10 萬人的遠征軍剩餘 4 萬；二人自此經常發生齟齬，關係極度惡劣。1943 年，為了逼蔣介石與中共合作以增強抗日實力，史迪威竟然建議武裝陝北共軍，再令其向山西、河南出擊，以牽制日軍，減輕平漢鐵路的壓力，這正好觸犯了蔣的禁忌。蔣介石一直痛恨史迪威「以〔美國〕總統代表資格威脅〔中國戰區盟軍最高統帥部最高〕統帥」、「以殖民地總督自居」；他在日記中痛罵史迪威「愚拙、頑劣、卑陋」、「無常識、無人格」，又批評史迪威「無作戰經驗，徒尚情感」、「不顧基本原則」，是一個「推諉罪過，逃避責任以圖自保的人」。史迪

10　John W. Garver, *Chinese-Soviet Relations, 1937-1945: The Diplomacy of Chinese Nationalism.* New York, Oxford: Oxford University Press, 1988.

威在其日記中則取笑蔣介石為「固執的傢伙」、「小人」、「偉大的獨裁者」、「世界上最大的傻瓜」，認為「解決中國問題的唯一辦法，是去掉蔣介石」，還真希望蔣介石「在某個地方猝然死亡」。

由於日本決定要打通從中國東北直到越南的水陸交通線，以及摧毀美軍在中國華東、華南的 B-29 轟炸機基地，免得日本本土繼續遭受轟炸，因此，它在 1944 年 5 月開始向國軍發動自 1938 年以來最強大的攻勢，稱為「一號作戰」，亦即豫湘桂戰役。5-6 月，日軍攻陷洛陽、長沙，向粵漢、湘桂兩路交叉點和戰略基地衡陽迫近。7 月初，史迪威藉局勢危急，要求羅斯福總統（President Franklin D. Roosevelt）迫使蔣介石把中國軍隊的指揮權交給他。羅斯福遂於 7 月 7 日致電蔣介石，提議「應責任一人，授以調節盟國在華資力之全權，並包括共產軍在內」；又告訴蔣介石他已擢升史迪威為上將，建議蔣「置彼〔史迪威〕於閣下直屬之下，以統率全部華軍及美軍，並予以全部責任與權力，以調節與指揮作戰」。這無疑將蔣介石架空，無怪乎蔣在 16 日的日記中大罵「美帝國主義」。羅斯福隨後派赫爾利（Patrick Hurley）以私人代表身份來華，嘗試改善蔣介石與史迪威之關係，惟蔣介石向 9 月 6 日抵達重慶的赫爾利表明，他已對史迪威「失去最後一分之希望與信心」，希望美國另派人來華。10 月 13 日，赫爾利致電羅斯福解釋說：「如我總統支持史迪威將軍，則將失去蔣委員長，甚至還可能失了中國。」中國畢竟是抗日的主要力量，故當羅斯福得悉蔣介石寸步不讓時，只好向這位戰略夥伴讓步。19 日，史迪威被召回國。接替史迪威的魏德邁（Albert Wedemeyer）舉止謙和體諒，這使他立即得到了蔣介石的接納。此時，日本將其部隊轉調至太平洋與美軍作戰，故日軍在華中的攻勢也自行減弱。不過，由於國軍在豫湘桂戰役中潰敗，羅斯福便轉向爭取蘇聯紅軍協助中國抗日，他

因此與斯大林和邱吉爾（Winston Churchill）在 1945 年 2 月召開的雅爾達會議（the Yalta Conference）上，承諾滿足蘇聯在中國東北的野心，以換取蘇聯在德國投降時對日本宣戰。8 月 14 日，中蘇兩國在莫斯科簽訂《中蘇友好同盟條約》——國民政府承認外蒙古獨立；中東鐵路及南滿鐵路改名為中國長春鐵路，主權屬於中國，但由中蘇兩國共同經營；大連闢為自由港，行政權屬於中國；旅順口由「兩國共同使用」，民事、行政權屬於中國旅順政府。在《中蘇友好同盟條約》的附件中，蘇聯政府承認「東三省為中國之一部份，對中國在東三省的主權重申尊重，並對其領土與行政之完整重申承認。」還須注意的是，豫湘桂戰役使中共獲得喘息機會，在中國各地建立或重建抗日根據地；國民黨則因國統區陷入困境，無暇顧及中共勢力的再次擴張。

1.2 國統區的困境與重慶國民政府的對策

在國統區，國民政府面臨一系列嚴重的問題，並作出了相應的對策。

首先是糧食短缺問題。四川雖是產米省份，但由於大量難民湧入國統區，[11] 再加上華中產米區淪陷、日本實施經濟封鎖，故產生了嚴重的糧食短缺問題。國民政府的對策是禁止種植罌粟以及推廣穀物栽植。1940 年旱災失收，投機活動導致通貨膨脹，國民政府遂於 1941 年 7 月將田賦劃為國稅，該稅不再以貨幣形式徵收，而是代之以大米（在不產大米的地區，則以小麥或大麥等其他糧食徵收）。新的稅率按以下原則確定：即每畝田地的全部實物稅應等同戰前正式的田賦和

11　由抗日戰爭爆發到 1940 年，約有 5,000 萬難民從日佔區遷入國統區，令後者的人口由 1 億 8,000 萬增加到 2 億 3,000 萬。

中國戰時首都重慶
位於長江與嘉陵江交匯處的重慶，是中國在全面抗日戰爭期間的陪都。圖為戰時重慶的海濱區。

重慶糧荒
由於大量難民湧入國統
區，加上華中產米區淪陷
兼 1940 年旱災失收，國
民政府遂於 1941 年 7 月
開始實行糧食配給政策。
圖為重慶居民到糧店排隊
領糧。

所有有關的附加稅的價值。與上述新措施同時推行的，是糧食配給政策。

　　財政拮据是另一個嚴重問題。自全面戰爭爆發以來，國民政府支出劇增，收入卻因失去了關稅、鹽稅和商品稅而銳減。撤入重慶後，國軍人數大增——從 1940 年的 250 萬增加到 1941 年的 450 萬，再增至 1944 年的 570 萬。田賦劃為國稅後，行政費用亦增加不少。儘管國民政府提高稅率、開徵新稅、發國債、借外債，但仍未能扭轉入不敷支的局面。到 1940 年春，國民政府的歲入僅及其歲出的七分之一；它終於採用大量印鈔的方法去解決上述問題，結果導致嚴重的通貨膨脹。在蔣介石身邊工作了 18 年（1929-1947 年）的美國經濟顧問阿瑟‧楊格（Arthur Young）披露，1938-1945 年國民政府發行的紙幣總量如下：

年份	紙幣總量（億元）
1938 年	23.05
1939 年	42.87
1940 年	78.67
1941 年	151.33
1942 年	343.60
1943 年	753.79
1944 年	1,894.61
1945 年（1-8 月）	5,569.07

　　同一時期的零售價格年均增長率為：[12]

12　Arthur N. Young, *China's Wartime Finance and Inflation, 1937-1945*. Cambridge, Mass.: Harvard University Press, 1965.

年份	零售價格年均增長率
1938 年	49%
1939 年	83%
1940 年	124%
1941 年	173%
1942 年	235%
1943 年	245%
1944 年	231%
1945 年（1-8 月）	251%

在數年間，情勢急轉直下。

　　一個亟待解決的問題，是戰時內陸的傳統農業經濟基礎並不足以支援打「持久戰」。國民政府的對策是發展工業。戰爭初期，大量工廠、機器、技工遷入內地。[13] 國民政府亦大力鼓勵私人投資。國統區的工業年均增長率高達 27%。工業發達的原因包括：戰時軍需品需求大增、日本實施封鎖消滅了競爭對手、大量廉價勞工從敵佔區湧入、政府銀行提供低息貸款。但必須指出，國統區內國營工業佔工業總產值 80%，而國營工業中最發達的當然是國防工業。

13　從 1937 年 8 月開始，國民政府迅速地把它的軍工企業（如飛機裝配廠）轉移到內地。國家資源委員會又幫助私人工廠從上海向西部轉移。就這樣，總共將 639 家私人工廠遷到了非佔領區，其中有四分之三最終回復了生產。在這次轉移活動中，武漢兩家龐大但落後的鋼鐵廠的設備（37,000 噸）佔了主要部份；此外，還包括 115 家紡織廠的 32,000 噸以及 230 家機械製造廠的將近 19,000 噸設備。與這些工廠一起轉移的熟練工人約 42,000 人，其中 12,000 人的轉移得到了政府資助。

撤退的機器
軍民撤退到大後方的同時，不少工業生產的物資也陸續運抵重慶。圖為從漢口用人力拉到重慶的工業機器，部份則會運到其他中部城市的作業地點。

1.3 中日全面戰爭對國民政府的影響

整體來說，中日戰爭對國民政府產生極大的負面影響。

第一、軍力衰竭。國民政府在戰爭初期就失去其最精銳的、大部份受過德國軍官訓練的部隊；其後雖然着力擴軍，惟軍隊的素質和士氣每況愈下。一個基本原因是戰時的軍官訓練大不如前，入學要求低，訓練內容少。在典型的步兵營隊中，軍校畢業生佔軍官總數的百分比從 1937 年的 80% 下降到 1945 年的 20%。1944 年 10 月來華的美國高級軍官魏德邁將軍認為，國民黨軍官的特點是「無能、懶惰、缺乏訓練、狹隘……總之不可用」。然而，惡化最嚴重的，還是最下層的、往往被強徵入伍的普通士兵。他們常常要步行數百英里，才能到達指定的部隊。由於軍官習慣剋扣士兵的米糧和餉錢，所以很多國民黨士兵營養不良。魏德邁將軍來華不到一個月，就發覺戰士無力行軍，不能有效作戰，其主要原因是他們處於半飢餓狀態。簡陋的衛生與醫藥

條件，也是導致士兵身體素質普遍下降的主因。軍中疾病肆虐，加上士兵經常被軍官辱罵，吃不飽飯，無怪乎士氣低沉，甚至出現大批逃兵的現象。

第二、通貨膨脹日益嚴重。通貨膨脹毫無疑問令一小撮人，包括囤積者、投機者和腐化官吏，獲得了大量的財富。然而，社會上絕大多數人的生活，都下降到了勉強甚至難以維持的水平。以一般公務員為例，他們薪水的購買力在 1940 年已下降到戰前的五分之一；到 1943年，則進一步下降到十分之一。政府雖然每月都為他們提供大米和食油的補貼，但是借用政學系銀行家張嘉璈的話來說，他們仍然常常生活在「赤貧」狀態中，這就嚴重影響了政府的活力。知識分子和學生的健康水平也普遍下降。根據重慶《大公報》1945 年 3、4 月兩篇〈社論〉的報道，在戰爭後期，教師和學生都掙扎「在飢餓的邊緣」，「處於所能想像的最悲慘的境地」。他們對政府的幻想因而日漸破滅。物資短缺、價格飛漲的環境，是貪污腐化的溫床。戰時官場貪腐成風，每令百姓痛心疾首。[14] 通貨膨脹雖然是一個經濟現象，但它給國民政府帶來極其嚴重的政治後果。

14　蔣介石曾多次下令嚴懲貪污官員。1942 年，孔祥熙的親信林世良（時任重慶中信局運輸處經理）受賄，將商貨冒充公貨走私，雖經孔說情，但蔣介石還是將貪污罪批交軍法執行部處理，最後將林判處死刑。但當真正懲治的人物是其至親時，儘管證據確鑿，蔣介石還是用「大事化小、小事化無」的手段令案件不了了之。1942 年，國民政府為解決財政上的需要，在西南、西北地方發行「同盟勝利美金公債」，每美元折合國幣 20 元，讓人民以國幣購買，待抗戰勝利後兌還美元。至 1943 年秋季止，全國實際售出約 4,300 萬美元。由於美金公債券價格持續上漲，身為行政院副院長、財政部長和中央銀行總裁的孔祥熙遂於 10 月 9 日致函蔣介石，以「顧全政府之信譽」為由，申請於該月 15 日結束美金公債的發售；至於各地尚未售出的美券 5,000 餘萬元，全數由中央銀行購進，上繳國庫。當時美券 1 元的最高市價已飛漲到國幣 250 元，但經孔祥熙批了一個「可」字，並加蓋了「中央銀行總裁」的官章，國庫局卻仍可以國幣 20 元的低價購入所有未售出之美券，而這筆巨款就成為國庫局少數人的囊中財富。根據後來國民參政會的提案揭露，當時的國庫局局長呂咸於 1944 年 2 月以美金公債券 350 餘萬元作賄金送給孔祥熙，其後又貪污美券 800 萬元，共 1,150 餘萬元。司法部給蔣介石的書面報告，將該案的性質定性為：「未按通常手續辦理，容有未合」，「亦有未妥」；又指出，債票已經追繳，呂咸亦已免職。由於蔣介石沒有新的指示，該舞弊案就此結束。

戰時通貨膨脹

自 1940 年，重慶國民政府嘗試採用大量印鈔的方法去解決入不敷支的困境，結果導致嚴重的通貨膨脹。圖為 1944 年 10 月昆明一家銀行的客戶存錢入他們戶口的奇怪景象。據悉，當時一般人需要請苦力把大堆貶值了的法幣抬到銀行櫃枱存入戶口。

　　第三、黨政人員士氣日益低落，組織內部更趨分裂。抗戰初期，蔣介石對國民黨的現狀深感失望。他指責道：「多數黨員看上去情緒消沉。他們生活鬆散、缺乏熱情、工作敷衍，而且像普通老百姓那樣貪圖安逸。他們甚至爭奪權利……因此，黨員幾乎成了特殊階級……而群眾……對黨不只是冷漠，甚至變得反感了。」為了恢復國民黨的生機，蔣介石於 1938 年 7 月在武昌成立三民主義青年團（簡稱三青團），鼓吹「一個主義、一個政黨、一個領袖」。他解釋說：「國民黨是國

家的動脈，而三民主義青年團〔的成員〕，則是動脈中新的血液。」蔣自任團長，並鼓勵青年男女投身到他和「三民主義」的領導下，冀望藉此促進抗日與革命陣營的團結以達成國民革命的使命。遺憾的是，蔣介石沒有明確地界定團與黨之間的關係。沒有多久，三青團就開始與國民黨為各自的權力範圍而起鬨。隨着三青團力量的增長，其成員竟毫不留情地抨擊國民黨老朽、落伍和腐化。許多團員倡議脫離國民黨，部份團員則認為三青團應當取代國民黨，但亦有一些三青團的領導幹部與國民黨內的派系組成聯盟，因而在團內出現了「黨方」和「團方」的對立意見。上述發展令蔣介石對三青團感到極為失望和憤怒。1947 年 9 月，由於蔣介石確信黨團之間的鬥爭已經危及到國民黨政權本身的存在，他遂把三青團併入國民黨內。回說 1944 年，當時國民黨內一群 CC 系的中層幹部因討厭黨和政府腐敗無能，便聯同一些黃埔系成員發起了一場名為「黨政革新」的政治運動（一般稱為「革新運動」），矛頭直指行政院副院長孔祥熙和財政部部長翁文灝。儘管該運動的初衷是振興國民黨政權，但它很快便轉變為一場擁蔣派系之間（主要是 CC 系、黃埔系與政學系之間）的權力鬥爭。歷史學家易勞逸指出：「革新運動和三青團明白無誤地證實：國民黨的國家機器是由內部瓦解的」，「這些運動都未能拯救國民黨政權，因為它們每一個本身都像它們所攻擊的個人和派系一樣，同樣染有各種弊病的基因」。[15] 其所言極是。

　　第四、農民不滿情緒高漲。戰爭的前兩年，農村普遍豐收抵銷了農產品價格下降的影響。惟自 1940 年開始，由於國統區的主要糧食作

15　Lloyd E. Eastman, *Seeds of Destruction: Nationalist China in War and Revolution, 1937-1949*. Stanford: Stanford University Press, 1984；（美）易勞逸著，王建朗、王賢知譯：《蔣介石與蔣經國，1937-1949》，北京：中國青年出版社，1989 年。

物稻穀連年歉收，兼且大地主和商人乘機積儲稻穀以自肥，因此，農村貧富之間的傳統差距迅速擴大。令農民感到最苦惱、最無助的事情，莫過於繁重的稅捐負擔。伴隨着正規的田賦是各式各樣的苛捐雜稅，包括強制性的糧食徵購和徵借，以及各地巧立名目的、定期或不定期的所謂攤派。攤派其實是非法的，但是，大多數的攤派是得到了更高一級當局的默許而徵收的。據有關資料顯示，戰爭後期的攤派負擔相等於同期綜合田賦的兩倍。此外，農民須為支持戰爭而去當兵及做苦力，可惜他們只得到很少的或完全得不到報酬，因為準備發給他們的工錢往往被掌權者榨取。值得注意的是，國民政府的權力並沒有到達大西南的基層，它只好依靠地方上臭名昭著的豪紳和保甲長們管理稅收。當時不少實地調查揭露農村的富戶大多逃避了他們應負擔的那部份賦稅；又揭露攤派負擔往往偏壓在小地主、自耕農甚至佃戶這些農村社會的貧苦階層身上。美國國務院的一位官員在戰爭後期直率地指出，在農村地區的普遍民眾中，「〔國民黨〕的威信和影響力也許已經達到他們的最低點」。

　　第五、中共有了擴大的機會（詳情參看下文），直接影響國共兩方力量的對比。

2、中國共產主義運動在全面抗日戰爭中的發展

2.1 全面抗日戰爭時期中共勢力的消長

　　中國共產主義運動在全面抗日戰爭中有很大的發展。戰爭爆發時，中共只控制陝北的部份地區，黨員及紅軍只有數萬人；到戰爭結

束，黨員及紅軍已增至 100 萬人。全面抗日戰爭是國共鬥爭的一個轉折點。不過，在此期間，中共的勢力並非持續擴張。現分三個階段加以說明。

第一階段從全面抗日戰爭爆發起到 1938 年底止，是國民黨軍隊與日軍正面交鋒的時期，也是中共開闢抗日根據地、迅速發展其勢力的時期。由於國民政府撤入四川，日軍又只能佔據「點」與「線」，故中共能在敵後廣大的農村腹地（「面」）建立起抗日根據地，主要在華北地區。要注意的是，中共並非全面控制每一個根據地，它只能掌控根據地範圍內的若干分散地帶而已。一個根據地可劃分為「鞏固地帶」、「半鞏固地帶」及「游擊地帶」。中共只能在「鞏固地帶」

中共抗日根據地
由中共在敵後農村腹地建立起來的抗日根據地，是奉行集體意識的試驗場所。圖為戰爭後期華北一個根據地的民眾正在進行集體搬運木材的場景。

內建立起政權。一般地圖所顯示的抗日根據地分佈情況實在誇大了中共在這階段的勢力範圍。中共中央的根據地，即陝（西）甘（肅）寧（夏）邊區政府的所在地，是唯一一個最鞏固的根據地。

在這階段，國共兩黨雖已建立「抗日民族統一戰線」，但雙方仍然繼續爭奪領導中國的地位。1937 年 9 月，毛澤東在中央一級積極分子會議上提出，共產黨要從「現在地位」發展到「實力領導地位」，要在戰爭中建立「工農資產階級民主共和國，並準備過渡到社會主義」。他更特別強調，這是「資產階級追隨無產階級，還是無產階級追隨資產階級」，也就是「國民黨吸引共產黨，還是共產黨吸引國民黨」的問題。1938 年 2 月，蔣介石對周恩來說：「我始終認定我們要對外戰勝，要革命成功，就只能有一個黨，一國團體。」他重申兩黨亟需合併為「國民革命同盟會」以達「團結一致」之目的，實質上就是要解散、取消共產黨。這個建議當然不為中共所接受。歷史學家鄒燦對由蘇聯促成的國共「一致合作」抗日中各方的利益考慮有扼要的闡釋：中共「對這場民族戰爭的投入是要以自身發展、壯大為前提」；蘇聯強調「聯蔣抗日」是「以期把蔣介石的軍事力量拖入對日戰爭，從而緩解日本對蘇聯的軍事威脅」，但「蔣介石也一直對此有清晰的認識和判斷，對來自中共的合作始終抱以保守態度」。鄒燦繼而指出，這種充滿矛盾的、在表面上「一致合作」的格局，結果「導致了全面戰爭期間國共紛爭不斷、相互消耗，這恐怕也是中日戰爭持續八年之久的原因之一。當然，國民政府及日本方面的原因更是不可忽視的。」[16]

還有值得注意的是，毛澤東在黨內的地位和聲望正在穩步上升。

---

16 鄒燦：〈「盧溝橋事變」中的中共政治動態〉，《大阪大學中國文化論壇 討論文件 No.2013-1》，2013 年 1 月 15 日。

自從博古在 1935 年 2 月主動交權後，毛澤東就運用其在黨內所獲得的相對優勢，對中共的政策及領導機構作出了局部調整。1938 年秋在延安召開的中共六屆六中全會將毛澤東在 1935 年後在軍權、黨權方面的權力擴張予以合法化，這自然鞏固了毛在中共核心層中的地位，使他可以名正言順地進行一系列有關中共意識形態、政治路線及組織機構的重大改變。毛澤東贏得莫斯科的青睞，更使他有一種如虎添翼的感覺。全面抗日戰爭爆發後，毛澤東被蘇聯形容為「聰明的戰術家與戰略家」。1938 年 9 月，季米特洛夫代表斯大林向中共中央政治局發出指示：「在領導機關中要在毛澤東為首的領導下解決問題，領導機關中要有親密團結的空氣。」翌年，蘇聯國家出版社根據新編校過的埃德加·斯諾的保安訪問筆記，發表官方俄文版的毛澤東小傳，以宣揚毛的英雄形象。還有一本名為《毛澤東、朱德：中國人民的領導人》的小冊子，也在莫斯科書店販售；該書作者蕭三（蕭克森）是毛澤東在長沙讀書時的同學，他把毛澤東形容為抗日戰爭以及中國共產運動的「模範」領袖。

第二階段從 1939 年起到 1943 年底止，是抗日根據地面臨困難、嚴重萎縮的時期。國民政府撤入四川後，日本集中兵力對付中共，在華北進行「掃蕩戰」及實施「三光政策」，即「殺光、燒光、搶光」。1940 年 8 月，中共發動「百團大戰」還擊，卻招來更大規模的報復作戰。「掃蕩戰」令中共失去近一半的根據地。

國共關係也在這個階段逐步惡化。有理由相信，蔣介石把對付共產黨視為一石二鳥之策——既可除去「心腹之患」，又可展示與日本和談的誠意，因為日方堅持「共同防共」是不可或缺的和談條件。1939 年 1 月，國民黨籌備召開五屆五中全會時，蔣介石再次約見周恩來，重提國共兩黨合併，但周再次明確答覆「不可能」。會議舉行時，

中共中央致電五中全會，說明兩黨合作「為現代中國之必然」，但兩黨合併則「為根本原則所不許」，這是對蔣介石「合併」建議的堅決拒絕。結果五中全會在「宣言」中聲稱：「吾人絕不願見領導革命之本黨發生二種黨籍之事實」，這是對中共所提「跨黨」意見的明確拒絕。4 月，國民黨中央黨部秘密下發《限制異黨活動辦法》。其後，蔣介石派遣軍隊（各個時期在 15-50 萬人之間變化）封鎖中共的西北根據地，令國共兩黨關係再次進入多事之秋。1941 年 1 月，更發生中共新四軍與國民革命軍第三戰區第 40 師在安徽南部達數萬人規模的衝突（史稱「新四軍事件」或「皖南事變」），到此，「抗日民族統一戰線」名存實亡。1943 年 6 月，蔣介石密令胡宗南準備一項「閃擊邊區」的軍事計劃，胡預定 7 月 28 日進攻，一星期完結戰局。但胡宗南不料其機要秘書、中共地下黨員熊向暉將有關情況急報延安；7 月 12 日，毛澤東為戰時首府延安《解放日報》撰寫社論〈質問國民黨〉，令計劃曝光，蔣介石只好放棄行動。惟事有下文。延安《解放日報》分別於 7 月 21 日及 8 月 6 日發表文章批評蔣介石在當年 3 月發表的《中國之命運》一書，使蔣相信中共旨在「割據」，故「不得不準備軍事」以取代一切「用政治方式和平解決」問題。蔣介石遂於 8 月 24 日決定召令胡宗南來重慶，撥發準備金 1,000 萬元，攻打延安，使中共中央放棄延安，成為「流寇」，然後以十個軍的部隊在後方各地，分別肅清。直至 9 月 1 日，蔣介石才向軍事委員會彙報計劃。由於徐永昌等人對計劃有所保留，又由於蔣介石考慮到美蘇兩國不會贊成中國在抗日的關鍵時刻爆發內戰，最後決定取消進攻延安的軍事計劃。值得注意的是，斯大林雖然知道中共與國民黨的關係不斷惡化，但他一直敦促中共必須貫徹國共合作策略，務使抗日民族統一戰線的功效得到充分發揮。

為了爭取生存空間，中共遂於 1942 年初以延安為中心推行一套

全方位的新政策，通常以「運動」方式進行。

第一、在組織方面，推行「整風運動」。這實際上是一場黨內整肅及重建運動，內容包括黨內上層的鬥爭和領導機構的改組、審查幹部的歷史和「肅反」，以及全黨的思想改造。它的矛頭指向「主觀主義」、「宗派主義」及「黨八股」三股歪風。所謂「主觀主義」，是指以王明為代表的「教條主義」（即反對把馬克思列寧主義的普遍真理與中國革命的具體實踐相結合）及以周恩來為代表的「經驗主義」（即輕視馬克思主義理論的指導作用，滿足於個人狹隘經驗，把局部經驗誤以為是普遍真理）。「宗派主義」指在黨內「鬧獨立性」，兼且對黨外人士妄自尊大。而「黨八股」主要指空話套話，「是主觀主義和宗派主義的一種表現形式」。簡言之，「整風運動」旨在組織上和思想清黨，藉此提升黨性的純潔。

第二、在政治方面，推行「三三制」，即政府機關由共產黨員、非黨的進步人士、中間派人士組成。

第三、在思想、教育方面，推行「下鄉運動」、「時事教育」。

第四、在經濟方面，推行「大生產運動」、「減租減息運動」、[17]

---

17 儘管陝甘寧邊區是戰時中共中央的所在地，但從「減租減息」這項措施的制訂和實踐來看，華北根據地在這兩方面都早於陝甘寧邊區。中共在華北創建的第一個敵後根據地（晉察冀邊區根據地）早於1938年初就有了明確的民間借貸條例，而陝甘寧邊區直到1941年底還是對「減租減息」作口頭宣傳而已。這表明地方根據地的措施是可以提升為中央政策的。全面抗日戰爭時期的「減租減息」政策可分為兩個階段。1937年到1941年為第一階段。在這個階段，借貸政策的原則是不論新債舊欠，一律減息。當時華北各個根據地的利率規定，大體都在1-1.5分（10%-15%）之間。在已經實行減息的地區，農民終於擺脫了高利貸的剝削。但不幸的是，農民曾經對減息之後借不到債的擔憂竟變成了事實，有餘錢者不再借錢給農民的威脅也變成了事實。這使農民面臨借債停滯的困難，也促使中共中央於1942年初頒佈新的民間借貸政策。1942年到1945年是戰時民間借貸政策演變的第二階段。在這階段，借貸政策的原則是舊債繼續實行減息（以1.5分為標準），新債利率則自由議定。換句話說，借貸政策開始具有革命、妥協與調和的多面性。這個轉變，除了與前述第一階段減息帶來的問題有關，也受當時根據地所處困難形勢的影響。有關資料顯示，新債利率自由政策實施之後，民間借貸活動有所回升。見李金錚：〈革命策略與傳統制約：中共民間借貸政策新解〉，《重訪革命——中共「新革命史」的轉向，1921-1949》：開明書店，2021年。

「互助合作運動」。

　　上列的各項「運動」中，當以「整風運動」尤其值得我們注意，原因是它標誌着中共歷史的一個決定性轉折點。毋庸諱言，「整風運動」是中共歷史上進行的第一次由毛澤東直接領導、兼且涉及全黨範圍的政治運動。毛澤東能夠策動這場「運動」，是因為他的權力在1941年秋達到了新高峰（前文已闡述1935-1938年間毛澤東的權力如何攀升）。在1940年初，當中共為召開第七屆全國代表大會做準備工夫時，莫斯科傳來斯大林的一個訊息：建議中共領導人不要把王明放進黨內領導要職。須知，王明的靠山米夫早於1938年9月已被蘇聯特務機關逮捕，並以「人民公敵」罪名處決。[18] 斯大林的指示無疑給予毛澤東一個削弱其主要對手（王明）的大好機會。在1941年9月召開的政治局擴大會議上，毛澤東當面向王明發起挑戰，並獲得全勝。有理由相信，沒有斯大林的指示，毛澤東大概不會在1942年發起「整風運動」批判王明。在延安「整風運動」中，毛澤東運用「審幹」和「肅反」兩種手段清除了「留蘇教條派」及「五四」自由、民主、個性解放思想對黨內知識分子的影響。他又利用其絕對的政治優勢樹立起其「領袖至上」和「集體至上」的革命理念和思想，實際上把中共改造成為毛澤東的中共。毛澤東自此成為中共的一把手，這直接影響了中國期後30多年的發展。用歷史學家高華的話來說，「整風運動」「不僅完成了黨的全盤毛澤東化的基礎工程，而且還建立起一整套烙有毛澤東鮮明個人印記的中共新傳統，其一系列概念與範式相沿

18　Alexander V. Pantsov with Steven I. Levine, *Mao: The Real Story*. New York: Simon & Schuster, 2012；（俄）亞歷山大・潘佐夫著，卿文輝、崔海智、周益躍譯：《毛澤東傳》，上、下冊，北京：中國人民大學出版社，2015年；亞歷山大・潘佐夫、梁思文著，林添貴譯：《毛澤東──真實的故事》，台北：聯經出版事業股份有限公司，2015年。

成習，在 1949 年後改變了幾億中國人的生活和命運。」[19]

　　第三階段從 1944 年起到 1945 年 8 月 15 日日本正式宣佈向同盟國無條件投降止，是抗日根據地再度擴張的時期。如前所述，日本於 1944 年 5-12 月向國軍發動「一號作戰」，導致國民政府損失 50 萬兵力，中共趁機再度擴張勢力。在中日戰爭的最後一年，始見 1942 年開始在陝甘寧邊區推行的各種新政策在其他根據地試行。到戰爭結束時，中共控制華北、華中、華南共 18 個解放區，人口合計 9,000 萬。

　　對中共而言，這階段最重大的事件是中共第七次全國代表大會的召開（1945 年 4 月 23 日-6 月 11 日）。中共七大所選擇的時機，大概是基於對當時國際和國內形勢的考慮。從國際上看，由於世界反法西斯戰爭和中國的抗日戰爭都處於勝利的前夕，中共亟需在此關鍵時刻確立黨的領導人物及制訂抗戰勝利後的政治路線和鬥爭策略。在國內，中共七大旨在與同時召開的國民黨第六次代表大會唱對台戲，在每一方針上與國民黨針鋒相對。大會一致通過了毛澤東《論聯合政府》的政治報告、朱德《論解放區戰場》的軍事報告，以及劉少奇關於修改黨章的報告；又制訂了「放手發動群眾，壯大人民力量……打敗日本侵略者，建設新中國」的政治路線。最重要的是，大會確認毛澤東為中共和中國革命無可爭議的領袖，並根據劉少奇的建議把「毛澤東思想作為我們黨一切工作的指針」這句話寫進黨章。高華指出，在延安整風時期，毛澤東提拔了一些對蘇區歷史不了解的人，如劉少奇系的彭真等，使了解內情的人從此噤聲。當時延安最有權勢的人就只有四位：毛澤東、劉少奇、康生和彭真。[20] 在劉少奇的全力支持下，毛

19　高華：《紅太陽是怎樣升起的——延安整風運動的來龍去脈》，香港：香港中文大學出版社，2000/2002 年。

20　高華：〈解讀博古、毛澤東、周恩來的三邊關係——評《博古和毛澤東》〉（下篇），《二十一世紀雙月刊》，2010 年 2 月號（總第一一七期），117-126 頁。

澤東使中共核心層完全接受了他的主張和他至高無上的個人權威。劉
少奇在「七大」主動提出毛澤東思想是中共「一切工作的指針」，實
不足為怪。

2.2 戰時中共勢力擴張的原因：評價西方史學界中三種 具有代表性的觀點

　　最早嘗試闡釋戰時中共勢力擴張的西方歷史學家是詹鶽
（Chalmers A. Johnson）。他在 1962 年出版的有關專著中指出，日軍
全面侵華後所犯的暴行，喚起了中國境內前所未有的「農民民族主義」
（"peasant nationalism"）。他繼續解釋説，中共懂得充分利用農民的
仇日愛國意識，所以它在戰時取得了廣泛的支持。這意味着中共所領
導的是一場「民族主義運動」（"a nationalist movement"）。[21] 假若詹
鶽的論點是正確的話，就有需要解答如下問題：為何大部份抗日根據
地並非建立在日軍暴行最猖獗的地區？誠然，最鞏固的根據地，即陝
甘寧邊區政府的所在地，是日軍從未猖獗過的地區。

　　另一位西方歷史學家馬克·塞爾登（Mark Selden）在其 1971
年出版的專著中提出與中共一致的説法：由於中共在戰時實行符合
廣大民眾利益的「群眾路線」（"the mass line"），所以它取得了廣
泛的支持。這意味着中共所領導的是一場「社會革命」（"a social
revolution"）。[22] 問題是，塞爾登所稱的「延安道路」（"The Yenan
Way"）是否體現於各個抗日根據地？實際上，「延安道路」只是總結

21　Chalmers A. Johnson, *Peasant Nationalism and Communist Power: The Emergence of Revolutionary China, 1937-1945*. Stanford: Stanford University Press, 1962.

22　Mark Selden, *The Yenan Way in Revolutionary China*. Cambridge, Mass.: Harvard University Press, 1971.

了中共中央根據地的革命經驗；直到戰爭結束前的一年，始見這套革命方針和政策在其他根據地試行。

還有另一種觀點，由拉爾夫・撒克斯頓（Ralph Thaxton）在其 1983 年出版的、有關「農民世界裏革命合法性」（"revolutionary legitimacy in the peasant world"）問題的專著中提出。撒克斯頓首先把中國人的傳統區分為「大傳統」（"the Great Tradition"）與「小傳統」（"the Little Tradition"）——「大傳統」體現於士人的儒家文化（"the literati Confucian culture"）；「小傳統」則體現於庶民（老百姓）的文化（"the folk culture"）。他進一步指出，由於中共以順應「小傳統」作為其制訂政策的基本考慮，所以它取得了廣泛的支持。這意味着革命並非傳統的否定，而是傳統的肯定。[23] 問題是，中共是否無條件地順應農民的「小傳統」？答案是否定的。儘管中共的政策是以農民利益為依歸的，但它絕不會在原則方面讓步。譬如，華北農民想消滅地主階級，但由於中共正在致力組織包括反日地主在內的「抗日民族統一戰線」，農民最終被勸服暫時放下階級仇恨，接受黨的「減租減息」政策。

要注意的是，詹鶡與塞爾登的觀點雖然不同，但二人皆強調中共在抗日戰爭中所擔當的先鋒角色（"vanguard role"）。無論中共是領導一場「民族主義運動」（詹鶡的觀點）或者是領導一場「社會革命」（塞爾登的觀點），其結果是促進「農民的政治化」（"the politicization of the peasants"）。在這方面，撒克斯頓的意見與詹鶡及塞爾登的意見恰好相反。中共迎合「小傳統」（撒克斯頓的觀點），其結果是促進「政治的庶民化」（"the folklorization of politics"）而非

23　Ralph Thaxton, *China Turned Rightside Up: Revolutionary Legitimacy in the Peasant World*. New Haven: Yale University Press, 1983.

「農民的政治化」。上述三位學者對戰時中共勢力的擴張具獨特的見解，但各人的論點也有不足之處。

無可否認，中共領導抗日民族主義運動相當成功。它實施「統一戰線」策略，推行較溫和的土地政策，縮小打擊面，故能爭取到廣泛的支持。[24] 不過，民族主義並非導致中共勢力擴張的唯一因素。抗日根據地的建立，實際上取決於地形和軍事因素。但根據地一旦建立，其成功與否則取決於領導的素質和政策的成效。我們該承認中共在組織群眾運動方面的努力及成就。

從現代化的角度而言，全面抗日戰爭對中國現代化帶來了沉重的打擊。戰前所建立的現代化產業部門幾乎全被摧毀。國民政府在戰時建立的統制經濟體系在一定程度上促進了西部地區的現代化發展，但同時造成了官僚資本和國家資本主義的畸形發展，又帶來了通貨膨脹的惡性循環。另一方面，中共在其根據地（主要是陝甘寧邊區）推行了一套動員各階級（層）、全面整合社會的發展模式，為日後現代化範式的轉換奠下了基礎。

---

24 在此有需要說明「統一戰線」（united front）與「聯盟」（alliance）的分別。儘管兩者都有相同的目標，即聯繫利益一致的人來對付共同敵人，但「統一戰線」卻多了一個目標：即進行統戰內部的鬥爭，故「統一戰線」可概括為一個「既聯合、又鬥爭」的策略。毛澤東在抗日戰爭時期曾解釋說：「統一戰線」與共同敵人的矛盾是「主要矛盾」，而「統一戰線」內部的矛盾是「次要矛盾」；「統一戰線」內部有三個組成部份，包括進步、中間和頑固勢力；進行內部鬥爭的方針是孤立頑固勢力、爭取中間勢力、發展進步勢力，但內部鬥爭必須有限度，以防止影響「統一戰線」的共同對外，待主要敵人消滅後，才重點解決內部的矛盾。中共採用「統一戰線」去完成革命，顯示他們相信革命是要分階段來進行的，把敵人一小撮地、逐步地消滅。

第十章

國共對決與
中華人民共和國的誕生
（1946-1949 年）

1、抗戰勝利後的形勢與國共和談的失敗

抗戰勝利後，中國獲得自 1895 年以來最好的一次現代化發展契機。這麼說是因為戰後出現了一個寬鬆的國際環境，以及有利於現代化發展的新因素。後者包括民族主義升溫，有助社會的整合；民眾參與意識高漲，體現於輿論議政和政黨組織（如走「第三條道路」的近百個政黨）的湧現。可惜，中國很快便爆發內戰，失去了這個契機。

戰爭結束，國共雙方都希望首先到達敵佔區接受日本投降，並接收大量的敵方戰略武器和物資。在這場競賽中，中共佔有明顯的地理優勢，因為它在華北、華中和華南控制着人口達 9,000 萬的 18 個解放區。國民黨軍隊則分散在幾條戰線和中國的西部地區，實在處於很不利的位置。1945 年 8 月 11 日，即日本正式投降的前四天，蔣介石致電第 18 集團軍總司令朱德和副總司令彭德懷，強調受降辦法由盟軍總部規定，並要求中共軍隊「就原地駐防待命」，不得「擅自行動」。為了盡快扭轉劣勢，蔣介石請求美國協助，立即調派飛機和戰艦將國民黨部隊空運和海運到淪陷區，接受日本投降。他同時命令駐華日軍總司令岡村寧次（Okamura Yasuji）在淪陷區內堅守陣地、維持秩序，只允許國民黨軍隊進駐淪陷區。蔣介石就此剝奪了中共接受日軍投降的權利，在美國的幫助和日本的合作下，迅速地取得了這場競賽的勝利。

由於國民政府重新獲得對華中、華東和華南幾乎所有重要城市和交通樞紐的控制權，中共的部隊只好暫時撤退到農村地帶，特別是華北和東北地區。東北的情況較為特別。蘇聯於 8 月 8 日晚上向日本宣戰後便派遣 150 萬軍隊進攻偽滿洲國，迫使日軍繳械投降。之後，蘇

軍幫助中共部隊進軍東北，還將相當數量投降日軍的武器交給了中共軍隊，但蘇軍並沒有讓中共接管東北。他們也用各種藉口阻撓國民黨部隊進駐東北。鑒於蔣介石決定收復東北，美國便幫助他空運部隊到東北的大城市。1946年1月5日，國民黨軍隊進駐長春，三星期後進駐瀋陽。這時，中共軍隊幾乎已控制了幾個國民黨軍隊據點以外的農村腹地。1946年5月，蘇聯軍隊最終撤離了中國東北。這表明斯大林違背了他早於1945年在雅爾達會議和《中蘇友好同盟條約》談判中，所作的將在佔領東北後三週內撤離、三個月內完成撤軍的承諾。根據有關資料顯示，蘇軍在這大半年時間洗劫了東北的工廠和礦山，將價值20億美元的設備當作「戰利品」運往蘇聯。

1945年8月14、20及23日，蔣介石三次電請毛澤東到重慶來「共商大計」。毛澤東還未拿得定主意，便收到斯大林來電說：「蔣介石已再三邀請你去重慶協商國事，在此情況下，如果一味拒絕，國際、國內各方面就不能理解了。如果打起內戰，戰爭的責任由誰承擔？你到重慶去同蔣會談，你的安全由美、蘇兩家負責。」23日，毛澤東在中共中央政治局會議上說他已「準備坐班房」[1]，但他同時估計，「國際壓力是不利於蔣的獨裁的，所以重慶可以去，必須去」，「由於有我們的力量，全國的人心，蔣介石自己的困難，外國的干預四個條件，這次去是可以解決一些問題的。」28日，毛澤東由美國大使赫爾利和蔣介石的代表張治中陪同，與周恩來、王若飛同機抵渝，開展和談。

1　毛澤東有此憂慮不無道理。事實上，蔣介石曾打算把身在重慶的毛澤東扣留、「審治」，但因想到美國大使赫爾利對毛的安全作過保證，也想到蘇聯政府可能的反應，以及此舉在國內必然出現「再起紛擾」的嚴重局面，故最後決定打消這個念頭，且在國共雙方簽署《國民政府與中共代表會談紀要》（簡稱《雙十協定》）後，更授予毛澤東、朱德、彭德懷、葉劍英、董必武、鄧穎超等人「勝利勳章」。蔣介石在《反省錄》寫道：「斷定其人（毛）決無成事之可能，而亦不足妨礙我統一之事業，任其變動，終不能跳出此掌一握之中。仍以政治方法制之，使之不得不就範也。政治致曲，不能專恃簡直耳！」這個想法令蔣介石悔恨終生。

談判召開前，雙方公開表示在談判期間實行停火，但為了取得更多的談判籌碼，雙方軍隊對戰略要地的爭奪，在談判期間從未中斷。不過，談判是在友好氣氛下進行的。毛澤東為了贏取公眾輿論和中間派的支持，所以對某些問題（如縮減軍隊和根據地數目）表示願意讓步，但對涉及中共基本地位的問題（如軍隊的指揮權和根據地的控制權），毛就堅持沒有妥協的餘地。而當時威望正處於頂峰的蔣介石，自然不肯在涉及國民政府特權地位的問題上作任何退讓。他要求將中共軍隊納入由國民政府領導下的國民革命軍統一指揮，又堅持除全面抗日戰爭爆發前已為中共佔有的延安革命根據地保持不變外，其他所有根據地一律收回。無怪乎長達 43 天的和談得不到實質進展。儘管如此，雙方在 10 月 10 日簽署了一份具意見書性質的《國民政府與中共代表會談紀要》（簡稱《雙十協定》），其內容主要包括：一、承認和平建國的基本方針；二、堅決避免內戰；三、迅速召開政治協商會議（下稱政協會議），對國民大會及其他問題進行商討後再作決定，制訂新憲法；四、國民政府解散特務機關，釋放除漢奸外之政治犯；五、中共願將其所領導抗日軍隊縮編到 20-24 個師的數目；六、中共承認重慶國民政府對中國的合法領導地位。國民政府承認國民黨、共產黨及一切黨派的平等合法地位。

12 月中旬，美國總統杜魯門（President Harry Truman）派遣馬歇爾（George C. Marshall）將軍以特使身份來華斡旋國共問題。杜魯門賦予馬歇爾一個重要使命——在不使美國捲入任何直接軍事干涉的大前提下，協助國民政府建立一個「強大、統一和民主的中國」。馬歇爾還須向蔣介石表明，大規模的美國援助有賴國共兩黨達成停火協議及實現國家統一的情形而定。馬歇爾抵達中國後察覺到國共兩黨代表都接受調停及準備承認三項目標：一、內戰停火；二、召開政協會議

來討論建立聯合政府;三、將國共兩黨軍隊編成一支國家軍隊。然而,雙方都堅持一套無法令對方接受的合作條件:國民政府要求中共在建立立憲政府之前交出軍隊,而中共則堅持雙方軍隊的合併應在建立立憲政府之後才實施。經馬歇爾積極的調停,國共雙方終於同意在 1946 年 1 月 10 至 31 日停火,並在停火期間在重慶召開一次政協會議。該會議迫使蔣介石簽訂了《關於政府組織問題的協議》、《和平建國綱領》、《關於國民大會問題的協議》、《關於憲章問題的協議》、《關於軍事問題的協議》等五項協議。有需要指出,政協會議在有關憲章問題上通過了《憲草修改原則》[2],把「總統制」改為「內閣制」,令總統不能「統率」五院,變得沒有多少實際權力。楊天石分析說:「國家的實際權力掌握在行政院院長手中,而行政院只對立法院負責,與立法院形成相互制衡的關係。立法院可以對行政院表示不信任,行政院可以要求總統解散立法院。在這裏,沒有最高權力和絕對權力,所有權力都處於制衡的網絡中。」3 月 1 日,國民黨六屆二中全會在重慶召開,會上一致認為政協會議通過的《憲草修改原則》違反了孫中山五權憲法的精神,不能算數,必須修改。中共與中國民主同盟(民盟)自然反對作任何變更。蔣介石在美國施壓後才接受《憲草修改原則》,制訂總統「虛位」的《中華民國憲法》,該憲法草案終於在當年 12 月 25 日在南京召開的國民大會上三讀通過。新出爐的《中華民國憲法》被中共和民盟稱為「偽憲法」,因憲草從未經過政協會議審查過。但蔣介石指出,政協會議並非制憲會議,是故憲草沒有需要經它審查。到 1948 年,需要召開國民大會行憲及選舉總統。陳立夫等人最後決定在不修憲的前提下,以「動員戡亂」為由,增加「動員戡

2　這是對 1936 年 5 月 5 日由立法院立法起草委員會制訂的《中華民國憲法草案》(通稱《五五憲草》)的修改。

亂時期臨時條款」，規定總統在「國家或人民遭遇緊急危難，或應付財政經濟上重大變故」時，可以「緊急處分」，不受憲法之限制，即給予總統實際上無限權力。蔣介石欣然當選為中華民國總統。

早於 1946 年 3 月 11 日，馬歇爾因斡旋取得成功返回美國，準備為蔣介石操辦一筆 5 億美元的貸款。他未嘗洞曉，停火協定與政協會議的決議乃一紙空文。馬歇爾一走，國共和談所達成之協定便宣告失效。雙方在各地的武裝衝突很快便升級為大規模的戰鬥，東北的戰爭尤為激烈。4 月，國民政府遷返南京。5 月，中共將其武裝力量重新整編為「人民解放軍」。6 月，馬歇爾再度出面斡旋，敦促雙方停止在東北的武裝衝突，惟徒勞無效。7 月，中國爆發全面內戰。1947 年 1 月 6 日，馬歇爾被杜魯門總統召回美國。在其離華聲明中，馬歇爾一方面譴責國民黨內的「不妥協集團」「對中國實行封建統治」，缺乏履行政協決議的誠意，另一方面批評中共「不願意作公平的讓步」；他最後黯然宣佈任務失敗，就此結束了美國調停國共鬥爭之夢。

2、全面內戰（1946 年 7 月 -1949 年）

2.1 國民黨軍隊的潰敗

內戰開始時，國共實力懸殊：國民黨的總兵力達 450 萬人，中共只有 120 萬人。從 1946 年 7 月起的往後一年，國民黨軍隊發動總進攻，且在各個戰場上取得了勝利；中共則全面退卻，進入了鬥爭中的戰略防禦階段。1946 年 12 月，國民黨軍隊從中共手裏奪取了 165 座城鎮

和 174,000 平方公里土地。1947 年 3 月，蔣介石命令胡宗南等部隊 23 萬多人對陝北的重點進攻；在佔領了中共的革命基地延安後，蔣蠻有信心地告訴美國大使司徒雷登（John Leighton Stuart），敵人將會在該年 7、8 月被打敗。到了 6 月，即第一年內戰結束時，中共的解放區減少了 191,000 平方公里面積和 1,800 萬人口。有需要注意的是，國民黨的作戰部隊實際上減少了，因為越來越多的部隊要負起守戍克復地區的職責。還須指出，蔣介石為了收復東北，將戰線拉得太長，只能守著「點」和「線」，四面皆被共軍包圍。對蔣更不利的是，偽滿洲的 30 萬部隊經他下令解散後，被迫轉投中共。[3]

　　1947 年 7 月，經過一年的內線作戰，中共的總兵力已發展到 190 多萬人，而國民黨的總兵力則下降到 370 萬人。正是在這種形勢下，中共命令解放軍立即進行全國性反攻，以主力打到外線去，把戰爭由解放區推進到國民黨統治區，在外線大量殲滅敵人。解放軍很快便在河南和河北一帶報捷，國民黨軍隊自此節節敗退。斯大林此時領會到，他低估了中共的實力。1948 年 2 月，斯大林和南斯拉夫共產黨領導人談話時，首次坦率承認自己在中國革命問題上犯了錯誤。8 月，蘇聯開始秘密向中共提供軍事援助。[4]

3　有關「偽軍」（"puppet forces"，即曾經接受日軍或偽政權賦予番號的中國武裝團體）的專門研究，見劉熙明：《偽軍——強權競逐下的卒子（1937-1949）》，台北：稻香出版社，2002 年。不少人認為，蘇聯協助中共，以及國民政府領導人不願收編偽軍，是造成中共在東北獲勝的主因，此結果更是造成國民政府在大陸失敗的關鍵因素。劉熙明卻認為，相對於國共，偽軍戰力欠佳是普遍現象，偽軍協助國民政府完成接收後，國共對偽軍的處置與偽軍的政治立場，沒有改變國共雙方的勝負關鍵，是故偽軍的角色並不重要。劉熙明進一步指出：「就軍事觀點言，內戰結局的主因是團結的共產黨擊敗分裂的國民黨，實施總體戰的共軍擊敗採取單純軍事行動的國軍，軍紀較佳的共產黨擊敗軍紀欠佳的國軍，後勤與兵源補給能力卓越的共產黨擊敗欠佳的國軍。」

4　1948 年 6 月底，聽命於斯大林的「歐洲共產黨和工人黨情報局」（Information Bureau of the Communist and Workers' Parties，簡稱 Cominform）宣佈開除由鐵托（Josip Broz Tito）領導的南斯拉夫共產黨。中共於 7 月下旬獲得通知後，隨即表示支持上述決定。這大概也是蘇聯開始向中共提供武器的原因之一。

三大戰役，包括遼瀋戰役（1948 年 9 月 12 日-11 月 2 日）、淮海戰役（1948 年 11 月 6 日-1949 年 1 月 10 日）、平津戰役（1948 年 12 月 5 日-1949 年 1 月 31 日）是國共內戰的轉捩點。對國民政府最嚴重的打擊首先發生在東北——林彪的部隊分別於 1948 年 10 月 14 日、10 月 18 日、11 月 2 日攻克錦州、長春、瀋陽，令蔣介石損失了 47 萬最精銳的部隊。正如美軍駐華顧問團團長巴大維（David Barr）將軍指出，東北戰敗「揭開了國民政府崩潰的開端」。遼瀋戰役結束時，中共的總兵力已超過了國民黨（具體説是 300 萬人對 290 萬人）。在淮河和隴海鐵路一帶的另一戰場，陳毅等部隊在 11-12 月期間使蔣介石再損失不下 20 萬部隊，並使華東、中原、華北三大解放區聯成了一片。至此，國民政府的首都南京完全暴露在解放軍面前。與此同時，林彪從東北帶領 80 萬大軍入關與聶榮臻率領的華北兩個兵團的 20 萬人會合。1948 年底，兩支解放軍形成了鉗形合擊態勢對付天津和北平。1949 年 1 月 14 日，天津失守。北平國民黨軍 20 餘萬人在 100 萬解放軍嚴密包圍下，完全陷入了絕境。國民政府北平衛戌司令傅作義終於在 1 月下旬命令其統率的 20 萬國民黨大軍出城聽候改編。

　　平津失守，蔣介石辭去總統之職，由李宗仁任代總統，惟李實際上只是「代行職權」而已。這麼説是因為蔣介石下野回鄉後，立刻在溪口建立了七座電台，把故里變成國民黨的政治中樞，並以一介平民身份，控制着黨、政、軍、經一切事務。他把行政院從南京搬到廣州；把國民黨所剩下的半壁江山置於自己親信的掌握之中；將中央銀行庫存的黃金、銀元、外幣全部搬運到台灣；私下命令，把軍隊主力撤退到台灣，破壞了李宗仁防衛兩廣的部署。蔣介石獨斷獨行，代總統李宗仁往往事前全不知情，知道後也沒有蔣的辦法。

　　還有一事應在此交代。1949 年 1 月 10 日，正當人民解放軍重重

包圍天津、北平之際，斯大林突然來電，提議中共可在兩個條件下與國民黨開展談判：第一、不讓發動內戰的戰犯（指蔣介石）參加；第二、不讓任何外國調解人參加。斯大林還解釋說，國民黨是決不會接受上述兩個條件的，所以談判只是裝個樣子，不會得出甚麼結果。當時毛澤東勝券在握，最怕就是上了國民黨「和平陰謀」的當，所以對來電感到困擾，幸好傅作義投誠使中共得以和平接管北平，不用考慮與國民政府開展談判的問題。為增進中蘇兩黨的相互了解，斯大林於1月底派遣蘇共中央政治局委員米高揚（Anastas Mikoyan）到河北中共中央所在地西柏坡與毛澤東會晤。雙方於1月31日至2月7日進行了八天會談。這是毛澤東第一次直接與蘇共中央成員交換意見，而米高揚亦藉着這次會晤對毛澤東的想法取得進一步的了解。1950年代後期中蘇交惡，一度盛傳斯大林派米高揚到西柏坡勸說中共跟國民黨劃江而治，即由中共統治長江以北地區，由國民黨統治長江以南地區。當時在西柏坡擔任中方俄文翻譯員的師哲在其回憶錄中對此事未有提及，但師哲並沒有出席八天的所有會談。斯大林是否企圖在中國推行「南北朝」，不得而知。

1949年春，中共已坐擁長江以北一半江山。4月，人民解放軍渡過長江，佔領南京（4月23日）、上海（5月27日），並向各方猛烈推進，國民黨軍隊不是在戰場上潰敗，就是反蔣投誠。6月，中共在兵力上已取得了對國民黨的絕對優勢：400萬人對150萬人。[5] 至此，國共內戰勝負已定。國民政府在南京失守後遷到廣州，於10月13日再遷重慶，最後在12月8日遷往台灣。在內戰的最後兩年國民黨軍隊兵敗如山倒，沒法扭轉劣勢，實在有一個基本原因。全面抗日戰爭

5　有關國共全面內戰時期中共擴軍及農民參軍的複雜動機，詳見李金錚：〈「理」、「利」、「力」：農民參軍與中共土地改革之關係考（1946-1949）〉，《重訪革命——中共「新革命史」的轉向，1921-1949》，香港：開明書店，2021年。

中國人民解放軍佔據上海
1949 年 5 月 27 日，中國
人民解放軍進駐上海。圖
為上海居民平靜地看着解
放軍軍車進城。

爆發後不久，蔣介石就在淞滬戰場上失去了最精銳的、忠誠於他的嫡
系部隊。到內戰爆發及面臨生死存亡之際，蔣介石惟有依靠不少地方
實力派的軍隊去保衛他的江山，故未能收到統一指揮之效。這個致命
的弱點正好是中共的強項，無怪乎蔣介石被中共打敗。

　　1970 年代末期，美國國務院一份解密文件披露美國於 1949
年 5 月底收到一份非常機密的、好像是由周恩來發出的「通知」
（circular），內容主要談及兩點：第一、當時中共高層分成對立的兩
派，即以劉少奇為首的親蘇派及以周恩來為首的親美派；第二、周恩
來希望得到美國的實質援助，並想推動中美關係的建立。美國外交檔
案稱這個「通知」為「周恩來的外交行動」（"Zhou Enlai's diplomatic

扭轉乾坤之四
生死存亡的年代（1937-1949 年）

move") 。其實，所謂對立的兩派並不存在。從 1990 年代解密的前蘇聯機密檔案得悉，該項「行動」其實已預先徵得斯大林的同意。當時國民黨在美國援助下對中國解放區實行經濟封鎖，中共因此採取此項「行動」來緩和他們所面對的經濟困難。不過，美國總統杜魯門決定暫時拒絕與中共打交道，並打算等待適當時機來臨才作出回應。毛澤東遂於 1949 年 6 月 30 日在〈論人民民主專政〉中正式提出「一邊倒」的親蘇外交方針：「一邊倒，是孫中山的 40 年經驗和共產黨的 28 年經驗教給我們的，深知欲達到勝利和鞏固勝利，必須一邊倒。積 40 年和 28 年的經驗，中國人不是倒向帝國主義一邊，就是倒向社會主義一邊，絕無例外。騎牆是不行的，第三條道路是沒有的。我們反對倒向帝國主義一邊的蔣介石反動派，我們也反對第三條道路的幻想。」大局既定，中共在 9 月 21 日召開第一屆中國人民政協會議。毛澤東在會上宣告：「佔人類總數四分之一的中國人從此站起來了。」毛澤東又於 10 月 1 日在北京天安門城樓宣佈：「中華人民共和國中央人民政府今天成立了。」這就結束了近代、現代中國百多年來的半封建、半殖民地歷史。順帶一提，蘇聯一直與國民政府保持正常的外交關係，直到 1949 年 10 月 2 日，即中華人民共和國成立的第二天，才宣佈承認這個新的共和國。

2.2 國民政府的崩潰

國共內戰時，國民政府在施政方面大失民心，不少一直支持它的人也變得心灰意冷。

最明顯的一個問題是通貨膨脹失控。從下表數字可得悉內戰爆發後通貨膨脹燎原之勢：

年/月	法幣（元）對美元	物價指數 （1937 年 =100）
1940	20：1	-
1945/12	3,500：1	160,000
1946/12	6,500：1	600,000
1947/12	75,000：1	10,000,000
1948/5	2,000,000：1	欠缺數據
1948/6	4,000,000：1	欠缺數據
1948/7	8,000,000：1	欠缺數據
1948/8	11,000,000：1	280,000,000

　　內戰初期，蔣介石還狡辯說通貨膨脹是中共的宣傳把戲，最多只是上海一些投機倒把活動的反映。他又認為，通貨膨脹對廣大的農村腹地是不會產生嚴重影響的。然而，到了 1948 年夏季，完全失控的惡性通貨膨脹令使用現金變成一場災難。據有關上海物價的資料顯示，一袋約 171 磅的米於 1948 年 6 月初的售價是 670 萬元，到了同年 8 月漲至 6,300 萬元。同一時期，一包 49 磅的麵粉，價格從 195 萬元漲至 2,180 萬元；一桶 22 加侖的食用油從 1,850 萬元漲至 1 億 9,000 萬元。（1937 年夏天，上述三種商品的價格分別為 12、42、22 元。）1948 年 7 月，經蔣介石與宋子文等財經顧問商討後，國民政府決定放棄使用法幣並發行新的金圓券，匯率定為 300 萬法幣兌換 1 金圓。8 月 19 日，蔣介石動用總統的緊急處分權公佈一系列「財政經濟緊急處分」，包括：暫停銀行營業以便將舊法幣悉數回收；限定金圓券的

總發行量為 20 億元，以建立人民對金圓券的信心；嚴禁罷工與示威，同時凍結工資，禁止抬高物價；下令中國公民須到銀行，將私人擁有的金、銀和外匯全數兌換成金圓券，以增加政府所持有的「貨幣準備金」（specie reserve）與外匯存底。但由於政府無法大幅縮減因龐大軍費支出所造成的財政赤字，兼且未能獲得美國巨額貸款以穩定幣值，所以發行金圓券仍不能遏止物價飆升之勢。政府惟有趕印金圓券，但很快便超過了原本所允許的 20 億元上限。到 1949 年 4 月，金圓券的發行量已增加了 4,500 倍，通貨膨脹如同脫韁野馬，完全失控，社會上開始了以物易物的經濟活動。受害最深的，無疑是所得固定的受薪階級，包括工廠工人、商舖店員、公司職員、中小學教師、大學教授，甚至一般政府公務人員。當時主管軍事情報及警政的唐縱在其日記中披露，蔣介石對民情甚少了解——儘管蔣知道自 1941 年以來物價飛漲，財政窘困，但是百姓具體生活情況如何，物價上漲影響政府經費開支增長如何，卻心中無數。總而言之，物價飆漲嚴重影響國民的生計，徹底破壞政府的信譽。

法幣兌換金圓
1948 年 7 月，鑒於惡性通貨膨脹失控，國民政府遂決定放棄行使法幣，並下令中國公民在 10 月 1 日前將其所擁有的法幣兌換成新發行的金圓券，匯率定為 300 萬法幣兌換 1 金圓。圖為南京市居民把一捆一捆的法幣拿到中央銀行兌換金圓券。

資源短缺也激化了貪污。部份高級官員挪用了美國提供的援助後大量收購工廠企業，使他們擁有全國工業資產的 70%-80%，形成了中共所稱的「官僚資產階級」。蔣介石的至親宋、孔家族部份成員更捲入到重大的貪污案件中。1948 年 8 月，蔣介石派蔣經國以經濟督察員身份到上海「打虎」，實行「經濟管制」，以凍結物價及收兌民間所藏金銀、外幣等措施，打擊投機倒把、囤積居奇的奸商。該等政策在一段時期內頗見成效，但當蔣經國查封以孔祥熙長子孔令侃為董事長和總經理的揚子公司時，就碰到巨大阻力。宋美齡、蔣介石先後趕到上海，加以阻撓；蔣介石更公然下令，封閉敢言報紙，抗拒監察院的調查。蔣經國最後只好辭去經濟督察員職務，黯然離開上海。美國總統杜魯門退休後進行口述歷史時說，他經過一段時間後才發現，包括蔣氏夫婦在內的孔、宋家族，盜取了美國對華援助 35 億中的 7.5 億美元，投資於巴西聖保羅和紐約的地產，以及用於所謂「中國游說團」（the China Lobby）的有關活動。杜魯門毫不留情地罵道：「他們都是竊賊，個個都他媽的是竊賊。」（"They're all thieves, every damn one of them."）

　　至於一般工業家、企業家、商人（中共所稱的「民族資產階級」），他們對國民政府越來越失望和不滿。戰後，中國的貿易變得越來越依賴美國市場。1946 年 11 月，國民政府與美國簽署了《中美友好通商航海條約》（Sino-American Treaty of Friendship, Commerce and Navigation），實際上協助美國將其戰時生產過剩的物資向中國平價傾銷。這給予中國民族工業致命的打擊，只有買辦得益。

　　知識分子和學生亦深感不滿。國民政府在內戰期間變得更加專制。1946 年 12 月通過的新憲法，賦予蔣介石更大的權力。1947 年 5 月，上海爆發了由學生領導的「反飢餓」、「反迫害」運動（有時人稱之

參加「打老虎」行動的上海青年

內戰期間，不少商人囤積居奇，抬高物價，嚴重影響人民的生活。「打老虎」即檢舉這些不法商人的行為。圖為參加「打老虎」行動的上海青年。他們抱着滿腔熱血，準備以具體行動維護社會正義。

為「新五四運動」）；政府以強硬手段回應，竟將罷工、罷課、示威，以及十人以上的請願定為非法活動。運動因此擴大而演變為一場保衛公民權益運動。1948 年 4 月，美國向國民政府提供一筆 4 億美元的資助，但要求國民政府與日本和好。5 月，公民運動進一步演變為一場反美運動。

由此可見，社會上一般人都對國民政府失去了信心。1949 年 4 月，絕非親共的著名銀行家陳光甫對國民政府的潰敗顯得極度憂心，他坦然道出它受到挫敗的原因：「今日之爭非僅國民黨與共產黨之爭，實

在可說是一個社會革命。共產黨的政策是窮人翻身，土地革命，努力生產，清算少數分子……所以有號召，所以有今天的成就。反觀國民黨執政 20 多年，沒有替農民做一點事，也無裨於工商業。」

3、蔣介石的證言

蔣介石在大陸最後掙扎的日子裏，坦率地承認了其政權的種種弊端。他對國民黨、軍隊、政府機構內部的積弱，作出了嚴厲的批評。研究蔣介石的專家指出，蔣對下屬的批評一向切中要害，並不會無的放矢。

1947 年 6 月，即在中共開始全面反攻的前夕，蔣介石對戰情仍充滿信心。他說：「無論就哪一方面看，我們都佔有絕對的優勢：軍隊的裝備，作戰技術或經驗，共軍不如我們，至於軍需補給，如糧食彈藥等，我們也比匪軍豐富十倍。」

到 1948 年 1 月，蔣介石對戰況的逆轉感到困惑不解：「物質上我們有很好的裝備，有很精良的武器，可以說具備了一切勝利的條件。……但是，我們剿匪為甚麼還要遭受挫折，遭受損失呢？」

蔣介石作反思後，認為軍官表現差勁是打敗仗的主要原因。以下是蔣介石對其屬下軍官的批評：

第一、他們缺乏軍事學識和專業技能，所以「打糊塗仗」；

第二、他們對屬下士兵不聞不問，還侵吞軍餉，所以「士兵不叛變，不逃跑已算很好」；

第三、他們「精神疏懈，道德低落」；

第四、他們不能彼此合作，「大家都養成了自保自足的惡習，只

看到自己的一部的利益，對於友軍的危難，整個戰爭的成敗，幾乎是漠不相關」；

第五、他們邀功爭寵，推卸責任，「如果……打了敗仗，就彼此怨恨，互相攻訐，將自己的過失，盡量掩護，將打敗的責任，推得乾乾淨淨」，「勝利卻爭功爭賞」；

第六、他們虛報及不聽命令。[6]

蔣介石又對國民黨和三民主義青年團作出嚴厲的批評：

「老實說，在古今中外任何革命黨都沒有像我們今天這樣頹唐腐敗；也沒有像我們今天這樣的沒有精神，沒有紀律，更沒有是非標準，這樣的黨早就應該被消滅被淘汰了。」

「我們黨和團沒有基層組織，沒有新生的細胞，黨員和團員在群眾間發生不了作用，整個黨的生存，差不多完全寄託在有形的武力上，這是我們真正的危機，也是我唯一的憂愁。」

1949 年，眼看敗局已定，蔣介石悲痛地說：「軍事和政府部門對過去的失敗都負有責任。但是最主要的責任，這一點不能否認，是因為黨的癱瘓，黨員、黨的組織機構和黨的領導方式問題重重。因此，黨成了行屍走肉，政府和軍隊也就喪魂失魄，結果是軍隊崩敗，社會動亂。」

「今天，我痛心地指出，從抗戰後期到現在，我們革命軍隊中表現出的貪污腐敗，真是無奇不有，簡直難以想像。……這樣的軍隊就不能不走向失敗。」[7]

---

6 蔣介石只喜歡聽報佳音，聽到壞情況就會大發脾氣，這大概解釋了為何他的將領習慣虛報軍情以掩飾劣境；他們怕被蔣訓斥辱罵，又怕報告壞消息會刺激蔣的神經。據悉，有「蔣介石文膽」之稱的高級幕僚陳布雷特別負責篩選適合蔣看的報告和資訊；陳一方面要照顧到事情的重要程度，同時又要揣摩蔣的心情，絕非一件好辦的差事。

7 上述引文錄自易勞逸著，王建朗、王賢知譯：《蔣介石與蔣經國，1937-1949》，北京：中國青年出版社，1989 年；原文見 Lloyd E. Eastman, *Seeds of Destruction: Nationalist China in War and Revolution, 1937-1949*. Stanford: Stanford University Press, 1984。

4、蔣介石為何不撤掉失職、貪污的下屬？

蔣介石既然不滿意其下屬的表現，為何不乾脆把他們一起革職了事？這讓人費解。

1947 年 7 月 22 日，魏德邁以美國總統杜魯門特使的身份率領一個「事實調查團」（a fact-finding mission）到訪中國。他表示這次來華將「根據客觀徹底的考察」來判斷中國的局勢，藉此找到當前危機的真正原因，並據此改善美國的對華政策，協助國民政府謀求一條生存之道。魏德邁最後認定國民政府之所以在軍事與政治上陷入困境，最主要是人的因素，所以他建議要大批換人。在 8 月下旬離開中國之前，魏德邁在 60 位政府首腦出席的歡送會上，公開抨擊國民黨政治、軍事腐敗無能，令蔣介石和所有政府高官無法承受。從顏面的考量，蔣介石認為魏德邁的做法是對他絕大的侮辱，是中國最大的恥辱。儘管蔣介石自己也常常在講話和日記中嚴厲批評下屬無能與腐敗，但外人公開作出這種批評卻是另一回事；況且，魏德邁對國民黨的公開指責，更可成為反政府人士攻擊他的彈藥。蔣介石不可能原諒魏德邁。

魏德邁建議國民政府要大批換人，實在大大冒犯了蔣介石。魏德邁大概不曉得，蔣介石用人不重視能力，但求下屬對他忠心。李宗仁曾指出，蔣介石喜歡絕對服從他的人，沒有才能不是問題。歷任重要外交職務的顧維鈞同樣指出，蔣介石用人首先要考慮的，「總是此人是否可靠，是否無愧於他的信任，以及能否執行他的命令，並在任何情況下都效忠他。」當蔣介石陷入窘境時，不難想像他感到更有需要任用他相信的人。有一次，當宋美齡向蔣介石提示他屬下一個無能的將軍連指揮軍隊也做不到時，蔣介石竟然反問宋美齡：「你能找到比

這個人更服從我的人嗎？」美國「飛虎隊」（Flying Tigers）司令陳納德將軍（General C. L. Chennault）曾私下詢問蔣介石為何他不把所有失職、貪污的下屬撤掉。蔣介石顯得很不耐煩，只答了兩句說話就走了。蔣夫人替他作翻譯說：「他（蔣介石）說能夠與他共事的也就是這些人了。如果我們把他們都罷免，那誰留下來幹事呢？」

1948 年 3 月，蔣介石向美國駐華大使司徒雷登訴說，他真的很想進行改革，但不曉得怎樣去做。歷史學家汪榮祖和李敖分析說：「國民黨需要徹底的政治改革，黨內有心人早已洞悉。但是改革舉步維艱，原因是蔣介石個人獨裁難以改變，而其獨裁的基礎有四根支柱，一邊是 CC 與黃埔；另一邊是宋孔家族。前者的毛病是無能，後者的問題是貪污。前者是師生關係，後者是裙帶關係。如果真要砍去這四根支柱，蔣介石的政治基礎也就完了。這就是為甚麼他不可能拋棄四根支柱，只可能與四根支柱共存亡了。」[8]

5、難道蔣介石沒有責任？

蔣介石在其證言中明顯地將國民政府垮台的責任推到下屬身上。蔣介石苛責下屬是絕對有理由的，因為他們的表現確實令他太失望和痛心了。不過，蔣介石本人也恐怕難辭其咎，因為維護他個人權力的整套制度，完全缺乏問責性（accountability）。這正好解釋為何在他保護傘下工作的人員變得如此貪污腐敗和不得人心。

1949 年，國民政府在中國大陸垮台，基本上是由於其自身倒行

8　汪榮祖、李敖：《蔣介石評傳》，台北：商周文化事業股份有限公司，1995 年。

逆施所造成的。戰後的國民政府已變得敗壞腐朽，好像一所結構上出了問題的房子，遇到暴風雨便自然倒塌下來。司徒雷登於 1949 年 2 月 5 日所講的一番話，正好支持上述觀點。他慨嘆説：「戰後，尤其是去年下半年，我們親眼目睹了傳統型的中國政府體制的衰敗和沒落。⋯⋯至於蔣介石本人，他無疑為人正直，富有獻身精神，但其觀念和手段，仍是非民主的。政府也不乏正直、自由人士，但體制則滋生培育着罪惡，並進而導致自身的毀滅。它變得如此的腐敗無能，如此的不得人心，以致哪怕是任何自身的有序改革都少有希望，即使沒有共產主義運動，恐怕也會爆發出另一場革命。」除此之外，中共強大的統戰宣傳與國民黨軍政機關被中共情報人員滲透，也是國民政府崩潰的重要原因。

在此引用《孟子・離婁》篇的三句話來為 1949 年國民政府倒塌遷台作總結：「夫人必自侮然後人侮之，家必自毀而後人毀之，國必自伐而後人伐之。」

6、蔣介石「丟失了中國」？

1976 年，第一本外文的蔣介石傳記面世，作者替它取名為 *The Man Who Lost China: The First Full Biography of Chiang Kai-shek*（《丟失了中國的人：第一部蔣介石全傳》——筆者譯）。[9] 學術界對這本書的評價不一，但似乎一般人都接受了蔣介石於 1949 年「丟失了中國」

9　Brian Crozier, with the collaboration of Eric Chou, *The Man Who Lost China: The First Full Biography of Chiang Kai-shek*. London: Angus & Robertson (U.K.) Ltd., 1977. (First published in the U.S.A by Charles Scribner's Sons, 1976.)

（"lost China"）的説法。[10] 蔣介石真的「丟失了中國」嗎？要回答這個問題就不能不率先解答另一個問題：蔣介石是否曾經擁有中國？

蔣介石秉承孫中山北伐的遺願結束了軍閥混戰，又憑藉打着「三民主義」的旗幟解決了有關「法統」的問題；他理應擁有崇高的威望和受到國民的愛戴，惟事態發展恐難讓蔣稱心如意。就所謂「黃金十年」（1928-1937 年）而論，試問當時蔣介石的政令是否全國通行？各省指定上繳中央的稅收是否有送交南京？地方軍隊是否聽命於中央？國民政府制訂的社會、經濟、教育等政策是否得到廣大民眾的普遍認同？國民黨內的其他領袖是否對蔣介石表示尊敬？中國是否只有名義上的統一，還是實際上達成統一？有關上述問題，讀者不難從本書第七章中找到答案及箇中原因。無可置疑，蔣介石始終有一眾效忠於他的嫡系人馬，也肯定有認同他的理想、與他對國是看法一致的支持者。總的來說，支持他的人少，反對他的人多。

其實，蔣介石在國民心目中的威望曾在兩個重大歷史關頭颷升至頂點——其一是 1928 年 12 月 29 日東北領袖張學良通電「遵守三民主義，服從國民政府，改旗易幟」，當南京國民政府宣佈「統一告成」時，舉國歡騰；其二是 1945 年 9 月 9 日日方代表岡村寧次在南京中央陸軍軍官學校向中方代表何應欽遞交投降書，舉國上下為之沸騰。蔣介石卻沒有好好把握上述兩個人心歸向、萬眾同心的歷史性時刻，因而丟失了兩次整合國家社會的契機。但蔣介石並沒有「丟失了中國」，因為他沒可能丟失了他從未擁有過的東西。

10　2003 年出版的另　部外文蔣介石傳記也採用了同樣意思的書名，見 Jonathan Fenby, *Chiang Kai-shek: China's Generalissimo and the Nation He Lost*. New York: Carroll & Graf Publishers, 2003 [2004 ed.]。

總結

1900-1949 年，中國經歷了翻天覆地的變化。度過那漫長歲月的中國人，無不歷盡滄桑——他們見證了帝制覆滅、共和創建、軍閥肆虐、列強橫行、國共鬥爭、日本侵華、國共對決與共產政權的誕生。大城市的居民更體驗到「封建」禮俗和道德日漸式微，「摩登」（modern）物質及精神文明漸成時尚。這一切顯示 20 世紀上半葉的中國一直在變。

變，是人類歷史進程中一種不受時空和地域制約的常態。它是人類社會發展的原動力，也體現於發展的過程及其結果。沒有變，人類文明就沒可能有進展。社會的變遷，是一個非常複雜和不均衡的過程——它可以是全面的變，也可以是局限於某個或某些領域或範疇的變；可以是快速的變，也可以是緩慢的變；可以是有形的變，也可以是無形的變。從長遠的社會發展角度來看，政策的改變與人事的變動較為常見；制度的變革，或偶爾發生；經濟及社會形態的變化，通常涉及一個較為緩慢的過程；至於思想文化、價值觀及信仰的轉變，大概只會在社會經歷巨變後才會發生。

不少人把傳統中國形容為一個停滯不前的古老文明，這個看法值得商榷。無可否認，中國曾在過去二千多年沿用一套以皇帝為中心的中央集權體制，同時獨尊一套以「三綱五常」、「四維八德」為規範的儒家學說，但這並不表明中國自古以來一成不變。儘管傳統中國在表面上看似一個靜態文明，但實際上它是有經歷變遷的。譬如，舊政

策的廢除或新政策的制訂歷代皆有發生。人事的變動也頗常見，特別是更換統治者後，通常會出現重大的人事變動；俗語有說：「一朝天子一朝臣」，正是這個意思。制度的變革——如官制、學制、兵制及稅制的革新，亦時而有之。中國歷史上甚至偶有出現大型的規章制度改革，稱為「變法」，較著名的有戰國時秦國的「商鞅變法」、新朝的「王莽變法」、宋朝的「王安石變法」、明朝的「張居正變法」，以及清朝的「戊戌變法」。還有需要指出，中國自古雖以農立國，並且實行重農抑商政策，惟其商業與貿易卻一直有所發展。到了唐代，商賈的活動尤其蓬勃。宋代更出現了歷史學家所稱的「商業革命」，它體現於農業商品化、城市化、貨幣經濟及手工業生產的加速發展。就對外貿易而言，中國早在漢代已通過陸路與中亞、西亞，甚至地中海一帶建立通商關係；到宋、明、清三代，更發展海上貿易，與朝鮮、日本、東南亞、南亞，以及中東各地通商。不能不提的是一直被中國人崇奉的儒學，到了南北朝後就借鑒了道教和佛教的思想而發展成為宋明理學，並分為兩個主要學派，即以「理」為核心概念的程（頤）朱（熹）理學派及以「心」為核心概念的陸（九淵）王（陽明）心學派。由此可見，傳統中國在各方面都有經歷轉變。

步入 20 世紀，中國不再給人一個靜態文明的印象。這大概是因為中國在隨後的 50 年體驗了空前的劇變——無論是變化的速度，還是變化的廣度或深度，都跟以往截然不同。確切地說，中國這次所經歷的是全面的蛻變，其結果是把中國從一個古老文明轉化為一個充滿動態的現代文明。這個「現代轉向」（金耀基語）的由來，最早可以追溯到 19 世紀 60 年代滿清政府開展的洋務運動（亦稱自強運動）。當時不少士紳已看出中國在西方「船堅炮利」的威脅下正面臨一個前所未有的新局勢。他們用「變動」、「變端」、「創事」、「創局」

等名詞來形容這個新形勢。其中，最常用的是「變局」一詞——有說中國正面臨數百年來最大的變局（廣東巡撫黃恩彤）；有稱之為一千年來最大的變局（丁日昌）；亦有稱之為三千年未有之變局（李鴻章）；更有稱之為五千年未有之變局（曾紀澤）；甚至有稱之為自古以來未有之變局（張之洞）。為了應對當前的危機，部份士紳（即洋務派）決定「師夷長技以制夷」，具體措施包括創立翻譯館、新式學堂及派遣留學生來吸納西洋的火器、機器、科學知識，以便發展軍事國防工業。洋務運動其後更由發展軍事國防工業擴大到發展民用工業，即兼具「求強」與「求富」的雙重目標。簡言之，洋務運動啟動了中國的現代化。然而，直到19世紀末，中國對現代化所作的努力還是局限於器物技能的層面。深層次的「現代轉向」（如政治、思想現代化），要等到20世紀初才見端倪。

弔詭的是，帶領中國走上政治現代化道路者，正是往往被歷史學家視為保守、迂腐的滿清政府。八國聯軍攻佔北京的次天（1900年8月15日），慈禧帶着光緒和少數侍從逃到偏遠的西安。為了挽回朝廷的聲譽及保住老祖宗打下的江山，身在西安的慈禧下旨實行全面、激進、空前的變法。從1901年開始施行的「新政」，推翻了傳統的政治制度（皇權除外）、軍事制度及教育制度。「新政」中不少劃時代的措施（如廢除科舉考試、創辦新式武備學堂、籌備立憲，以及實行地方選舉等等），更促使社會產生蛻變。清廷大概意想不到，旨在救亡的措施卻適得其反地加強了反對它的勢力（如選派學生和軍官到日本留學，竟然孕育出一眾革命分子）。結果，革命派不單革了大清王朝的命，也革了已經存活了二千多年之帝制的命。

1912年，中國成為亞洲第一個共和國，沒想到中華民國首任大總統袁世凱竟於1915年12月推翻共和，復辟帝制。袁世凱對共和的背

叛，使他落得眾叛親離的下場，其帝制的美夢也頓成泡影。由此可見，帝制在許多中國人的心目中已成為一個逆現代化潮流的反動象徵。袁世凱倒行逆施，更使關心國家前途的知識分子意識到，將外國的政治制度生搬硬套在中國是徒勞無功的；若要救中國於水深火熱之中，就亟需徹底改變中國人的觀念、態度、行為，來一次思想、文化革命。中國因此在 1910 年代下半葉掀起了一場激烈的新文化運動——它鼓吹文學革命（棄用文言文，改用白話文寫作）、反傳統（提出「打倒孔家店」，全盤否定儒家倫理道德），以及迎接新思潮（崇尚西方學說，並以西方思想作為標準來評價儒學），是 18 世紀歐洲「啟蒙運動」在中國的翻版。儘管「科學」與「民主」是當時最受歡迎的口號，但事後看來，新文化運動最深遠的影響，莫過於部份知識分子接受了馬克思列寧主義。1921-1949 年，以孫中山之「三民主義」為其理論基礎的中國國民黨，和以馬列主義為其理論基礎的中國共產黨在中國政壇上一直爭持不下。國共兩次合作與分裂、鬥爭的歷史構成了現代中國政治發展的主線，直到 1949 年共產政權成立為止。

　　除政治外，中國的經濟面貌在 20 世紀上半葉也起了不少變化。譬如，現代經濟部門取得了長足的發展。第一次世界大戰時，國際市場對中國民用工業製成品及中國農礦初級產品原料的需求大增，因此刺激了中國民族工業（如紡織、麵粉、絲綢、火柴、水泥、煙草、糖等工業）的發展。到歷史學家所稱的「南京十年」（1928-1937 年），由於蔣介石認為資本主義生產方式有助國家富強，所以南京國民政府大力促進工業與科技現代化，又為現代經濟發展鋪設了許多基礎設施，如確立現代銀行體系，統一幣制，統一度量衡，改善及發展交通、運輸體系等等。事實證明，中國在 1900-1949 年間經歷了歐洲自文藝復興以來所經歷過的各種劃時代變革。若說現代中國是近世歐洲的一

個縮影，並不誇張。

上文交代了中國在 20 世紀上半葉的蛻變。這裏有需要指出兩種與上述現象相關的偏激觀點：其一認為現代中國只有變革沒有承傳，所以它是傳統中國的全盤否定；其二認為現代中國經歷了全盤西化，所以它是現代西方的翻版。

第一種觀點漠視了歷史的延續性。在人類歷史的進程中，斷裂（變革）與延續（承傳）兩股對立力量是交錯發展、循環不息的。當歷史進入大轉折的年代，斷裂性勢必明顯，但延續性（即對舊時代某些遺產的繼承）還是有的。鑒於中國邁進 20 世紀後不斷發生巨變，所以人們往往只注意到歷史的斷裂而忽視了其延續的一面。誠然，人類歷史是一個新舊交錯、貫穿着的連續體，它的發展是不會被一項嶄新政策的實施、一個政權的轉變，或一場大革命所帶來的變革完全割斷的。

民國成立伊始，最引人注目的創舉無疑是共和政體的確立，它促使中國的政治面貌煥然一新。然而，民國時期的中國雖然可以自誇擁有總統、國會、內閣、政黨，以及選舉等現代政體不可或缺的組成部份，但其政權的本質實與帝王時代沒有多大差別。袁世凱和北洋軍閥都是獨裁統治者，他們不只專制，還依賴武力去解決一切問題。新文化運動領導人陳獨秀在 1919 年底慨嘆道：「中華民國的假招牌雖然掛了八年，卻仍然賣的是中華帝國的藥，中華官國的藥，並且是中華匪國的藥。」孫中山領導護法運動時也曾抱怨説：「夫去一滿洲之專制，轉生出無數強盜之專制，其為毒之烈，較前尤甚。」以「〔孫〕總理忠實信徒」自居的蔣介石主政南京國民政府時，實行軍事獨裁、一人專政。他要求國民必須以他的意志為意志，有不服從他的主張者則當作「逆」或「匪」來對待。由此可見，中國廢帝制立共和，無非是新瓶裝舊酒，即以現代共和體制來掩飾仍然充滿「人治」色彩的政權。

除政治體制的轉變外，現代經濟部門的崛興（包括資本密集生產方式的擴大、鐵路與公路網的伸延以及對外貿易的拓展）與大城市「摩登」生活方式的盛行，也在一定程度上改變了中國社會的面貌。然而，在幅員廣大的農村，農民依舊採用勞力密集的耕種方式，並沿襲着日出而作、日落而息的生活習慣。至於在思想、文化領域，中國在新文化運動期間首次出現了「整體性的反傳統主義」（林毓生語）及嚮往西方文明、接受西方學說的熱潮。這標誌着中國思想現代化的開始，惟中國並沒有因為爆發以「打倒孔家店」為口號的思想革命而擺脫了傳統文化的束縛。新傳統主義（亦稱新儒家或新儒學）在新文化運動後期已出現，且頗受歡迎。蔣介石相信中國的傳統道德是一種跨越特定歷史時空的價值觀，與現代性互不排斥，所以他掌權後便提倡復興國粹來塑造「一種新的民族意識與群眾的心理」，以促成「中國的社會新生」。蔣介石還根據戴季陶對孫中山學說的詮釋，把「三民主義」解讀為中國正統儒家思想的現代表述，即將「三民主義」儒家化。上文說明一個無可爭議的事實：20 世紀上半葉的中國除了明顯地有變革外，也有承傳的一面。

第二種觀點錯誤地把中國近、現代史視為西方歷史的延續。中國的「現代轉向」無疑是西力東漸直接引發的。所謂「西力東漸」，是指擁有先進科技的西方，以帝國主義的形態來到包括中國在內的亞洲，進行略奪性的擴張活動。中國進行現代化，基本上是為了回應這個扭曲的「西方現代性」的衝擊。因此，中國的現代化是植根於「救亡」這個功利的動機，其根本動力是來自「雪恥強國」的意識。這解釋了為何中國在現代化的進程中傾向有選擇性地學習現代西方文明，因為它認為只需要學習西方那些有利國家富強、而中國還沒有的東西就已經足夠。

19 世紀下半葉，洋務派致力學習西方的先進科技，最初着眼於發展軍事國防工業，其後進而發展民用工業，以冀達到富強的目標。到 20 世紀初「清末新政」時期，鑒於滿清政府意識到憲政才是西方強盛的核心所在，所以它帶領中國走上君主立憲之路；又由於結合皇權與議會制度的日本於 1905 年擊敗了大國之一的俄國，所以清廷最終決定採用日本的立憲政體，惟此舉未能收到力挽狂瀾之效。「救亡」的動機也影響了一般「五四」知識分子對待西方思想的態度；他們雖然嚮往西方學說，但一般都自覺地選擇接受這些學說中有助解決中國當前問題的有關部份。「五四」新文化運動，原本是一場啟蒙運動，但運動發展下去卻變成是手段，「救亡」才是真正的目的。

　　20 世紀中國的革命潮流，也是在「西力東漸」的大環境下掀起的。同治及光緒兩朝開始學習西方文明，其經驗顯示改革或變法的方針無法解除帝國主義對中國的威脅。有見及此，越來越多先進知識分子和政治領袖把注意力轉移到現代西方的革命實踐，並嘗試以革命為手段來達到「救亡」、「雪恥」之目的。作為實幹家，政治領袖明白他們不能照抄照搬別國的革命模式，而是要探索出一條適合中國國情的革命道路。共和革命先驅孫中山主張把「外國的規制」與「本國原有的規制」加以「融合」。他因此在重要的憲法問題上將西方民主國家的行政、立法、司法三權鼎立制度，與中國古代政治制度中的科舉考試及御史監察制度「融合」，創立了以「五權分立」概念為核心理念的「五權憲法」。孫中山後來在領導「國民革命」時因對布爾什維克黨組織及紅軍深感興趣，故決定「以俄為師」，並制訂了「聯俄、容共（又稱「聯共」）、扶助農工」三大政策。儘管如此，但孫中山表明中國只可「師馬克思之意」，而不可「用馬克思之法」。他指出，中國不適宜實行共產主義或蘇維埃政體；「國民革命」推翻專制政權後，

就要着眼於和平「建設」，制訂一套既能令農民和工人得利，又能令地主和資本家不吃虧的雙贏方案。孫中山於是帶領中國走上一條具有中國特色的革命道路。

繼承「國民革命」傳統的蔣介石，宣稱效忠孫中山制訂的「三民主義」，其領導的南京國民政府也體現了孫中山倡議的「五權分立」制度。為了打造一個穩定及和諧的社會來進行「革命建設」，蔣介石給孫中山的革命遺產來個「創造性轉化」（林毓生語）；譬如，旨在宣揚具體社會政策以滿足國民衣食住行四大需求的「民生主義」，被闡釋為一套強調精神修養、道德提升及有紀律的生活方式的理論。蔣介石又明白，中國若想成為一個富裕和獨立的強國，只能繼續有選擇性地學習西方的強項。這解釋為何蔣介石一方面排斥資本主義社會自由民主及物質消費主義的特殊意識形態，另一方面卻崇尚能令國家富強的資本主義生產方式。他還借鑒當時法西斯主義的實踐經驗，好讓「國民革命」在反共、抗日的新環境下完成孫中山賦予它的使命。至於領導中國共產主義運動的毛澤東，他早於 1925 年初從廣州轉回家鄉韶山與農民一起工作時已經意識到，在中國發動革命惟有依賴農民才會成功。到 1930 年代初，毛澤東就在摒棄「教條主義」的原則下，將馬克思主義與中國革命實踐相結合，創立了他的「武裝奪取政權」、「農村包圍城市」、「黨指揮槍」的革命理論，雖然中共中央政治局的領導人皆主張所謂「正統」的城市、工人革命。當時國共兩黨正為了中國往何處去及該怎樣去這個影響數億國民福祉的問題而成為勢不兩立的敵人。但可以肯定的是，無論中國走資本主義還是共產主義道路，它都不會是歐美或蘇聯的翻版，而將會是一個具有中國特色的資本主義或共產主義國家。

毋庸諱言，現代西方對中國影響很大。但必須指出，每一個國家

或地區的歷史，都有其自身發展的動力，外來因素只能通過內在因素才能產生某種程度上的影響。我們不應低估現代西方對中國的影響，但切勿把中國近、現代史視為西方歷史的延續。

1900-1949 年是中國歷史長河中的一個空前轉折期。在這 50 年當中，中國見證了傳統秩序的解體，以及國共兩黨在鬥爭的同時各自探索和創建新秩序的艱辛歷程。回顧這段歷史，不難洞悉上述發展的始末。「清末新政」首先給予舊有制度致命的打擊，共和革命繼而顛覆了古老的帝制，而隨之而來的新文化運動更促使整個儒家秩序瓦解。儘管有新傳統主義（新儒家）的出現，惟西方個人自由主義及階級鬥爭理論在知識界的蔓延，卻使獨尊儒術的時代永不復返。從 1916 年袁世凱逝世到 1928 年北伐完成為止（即歷史學家所稱的「軍閥割據」時期），中國陷於持續不斷的混戰中，可以說無任何秩序可言。當時統治中國、被列強承認的北洋政府以 1914 年制訂的《中華民國約法》為正統，而領導「護法運動」的孫中山則以 1912 年制訂的《中華民國臨時約法》為正統，因此，人們對何為正統的「法」這個基本政治問題也無法達成共識。蔣介石領導北伐結束了這個全無秩序的局面。從 1928 年起，由於地方實力派與列強皆承認南京國民政府為中國唯一合法政權，有關「法統」的問題終於得到了解決。為了表示遵循孫中山「革命建設」的理念，蔣介石遂領導國民政府創建一個能使國家富強、百姓安居樂業的新秩序。簡言之，這是一個糅合「三民主義」（準確地說是經過儒家化的「三民主義」）與蘇俄、德國、日本現代發展經驗而成的嶄新秩序——它強調國家權力至上；鼓吹復興國粹；贊成資本主義的生產方式、私有制度和自由市場，但反對資本主義社會的自由民主和消費主義；又強烈反對共產主義和帝國主義。其目標是建立一個和諧、穩定、富庶的社會，並使中國躋身於世界先進工業

強國之林，惟此希望卻因中日兩國爆發全面戰爭及在其後的國共內戰中給中共打敗而付諸流水。大約在同一時期，毛澤東在內陸的蘇維埃根據地致力創建一個以鏟除土豪劣紳、解放貧苦勞動大眾、抵抗外敵入侵為口號的新秩序。它植根於馬克思列寧主義的階級鬥爭和反帝國主義理論，堅定走「群眾路線」以達全民政治動員、全面社會整合的目的。其終極目標是消滅私有制度，建立無產階級專政，並使中國成為一個獨立自主的現代強國。在全面抗日戰爭期間，毛澤東在陝甘寧邊區的中共中央根據地以「運動」方式推行一系列新政策，使它成為中共革命傳統中的一項重要特色。中共執政後，「運動」更成為整個毛澤東時代（1949-1976 年）的一種常態。

由於舊有秩序崩潰，而新秩序尚未能在全國範圍內建立起來，加上列強虎視眈眈、日本步步進逼，無怪乎 20 世紀上半葉的中國一直處於轉型和動盪中。上述時段是一個你爭我奪、風雲變幻、戎馬倥傯、弱肉強食的大時代。在戰禍天災頻仍、社會貧富懸殊的苦況下，一般老百姓只能在逆境中掙扎求存。有權勢者也大概因強敵環伺而人人自危。他們明白，只有擁兵自重才是生存之道，是故軍隊在這 50 年的政治發展中起了決定性的作用。積弱已久的滿清政府指令袁世凱訓練新軍，冀望藉此力挽狂瀾、扭轉乾坤。惟袁世凱卻在關鍵時刻憑着控制這支新軍迫使溥儀退位、迫使孫中山辭去臨時大總統職務，以及迫使革命派接受北京為中華民國的首都。袁世凱其後復辟帝制，亦同樣因為遭到各省將領興軍討伐而被迫放棄「洪憲帝制」美夢。袁世凱逝世後的十多年，從中央到地方之政權的更迭，全都取決於戰場上的勝負。當時孫中山領導國民革命飽受挫折，終於意識到革命若要成功，國民黨必須擁有自己的軍隊。他於是爭取蘇俄軍事協助，在廣州成立黃埔軍校，並主張以武力統一中國。黃埔軍校校長蔣介石其後就率領

黃埔黨軍，並採取收買地方軍閥的方法完成北伐的使命。另一方面，毛澤東在「大革命」失敗後就提出了「槍桿子裏出政權」的論斷。他在開闢井岡山根據地時就組織了中共第一支紅軍，因而獲得斯大林的青睞。毛澤東不久又斷言，武裝奪取政權是中國革命的主要鬥爭形式，而武裝奪取政權該走農村包圍城市的道路。隨後的差不多 20 年見證了國共兩黨在軍力、戰略及戰術上的較量。儘管蔣介石在抗日戰爭中損失了他最精銳的部隊，但國民黨的總兵力一直到 1948 年底遼瀋戰役後才被中共超越。到 1949 年中，即人民解放軍渡過長江後不久，中共在兵力上就取得了對國民黨的絕對優勢。1949 年是中國扭轉乾坤的一年。當年 9 月 21 日，中共召開第一屆中國人民政治協商會議，毛澤東在會上宣告：「佔人類總數四分之一的中國人從此站起來了。」毛澤東又於 10 月 1 日在北京天安門城樓宣佈：「中華人民共和國中央人民政府今天成立了。」這結束了半個世紀以來的分裂及紛亂局面，也標誌着中國從此踏上了獨立自主的道路。

　　從歷史承傳的角度來看，1900-1949 年這個大轉折的時代留下了兩個重要啟示：其一是中國對獨立自主的追求；其二是中國對「大一統」的追求。該段歷史也表明，若要達到上述兩個目標，國家必須有統一的領導，軍隊亦必須有統一的指揮。

參考書目

中文（按姓名筆畫序）

丁中江：《北洋軍閥史話》，北京：中國友誼出版公司，1992 年；北京：商務印書館，2017 年。

丁中江：《北洋軍閥史話》，台北：時英出版社，2000 年。

孔恩著，王道還編譯：《科學革命的結構》，台北：允晨文化實業股份有限公司，1985 年。

王克文：《汪精衛·國民黨·南京政權》，台北：國史館，2001 年。

王健英：《中國共產黨組織史——大事記實（1-4）》，廣州：廣東人民出版社，2003 年。

王觀泉：《一個人和一個時代——瞿秋白傳》，天津：天津人民出版社，1989 年。

史景遷著，溫洽溢譯：《追尋現代中國》，上、中、下冊，台北：時報文化出版企業股份有限公司，2001 年。

（美）史華慈著，陳瑋譯：《中國的共產主義與毛澤東的崛起》，北京：中國人民大學出版社，2005 年。

（美）托馬斯·庫恩著，金吾倫、胡新和譯：《科學革命的結構》，北京：北京大學出版社，2003 年。

余子道主編，余子道、曹振威、石源華、張雲著：《汪偽政權全史》，上、中、下冊，上海：上海書店出版社，2020 年。

吳景平：〈守住民族大義的底線——讀抗戰初期蔣介石日記有感〉，

宋曹琍璇、郭岱君主編：《走近蔣介石──蔣介石日記探秘》，
香港：中華書局（香港）有限公司，2016 年。

呂芳上主編：《蔣中正日記與民國史研究》，上、下冊，台北：世界
大同出版有限公司，2011 年。

呂芳上主編：《蔣介石的日常生活》，香港：天地圖書有限公司，
2014 年。

宋平：《蔣介石：總司令・委員長・總裁・主席・總統》，香港：利
文出版社，1988 年。

宋曹琍璇、郭岱君主編：《走近蔣介石──蔣介石日記探秘》，香港：
中華書局（香港）有限公司，2016 年。

宋淑萍、王長生：《蔣介石誅辭說屑》，台北：聯合發行股份有限公司，
2009 年。

李玉貞：《孫中山與共產國際》，台北：中央研究院近代史研究所，
1996 年。

李玉貞：《國民黨與共產國際，1919-1927》，北京：人民出版社，
2012 年。

李金錚：《重訪革命──中共「新革命史」的轉向，1921-1949》，香
港：開明書店，2021 年。

汪榮祖、李敖：《蔣介石評傳》，台北：商周文化事業股份有限公司，
1995 年。

（俄）亞歷山大・潘佐夫著，卿文輝、崔海智、周益躍譯：《毛澤東
傳》，上、下冊，北京：中國人民大學出版社，2015 年。

亞歷山大・潘佐夫、梁思文著，林添貴譯：《毛澤東──真實的故事》，
台北：聯經出版事業股份有限公司，2015 年。

周國全、郭德宏、李明三：《王明評傳》，合肥：安徽人民出版社，

1989 年。

尚小明：《宋案重審》，北京：社會科學文獻出版社，2018 年。

尚慶飛：《國外毛澤東學研究》，南京：江蘇人民出版社，2008 年。

岡本隆司著，李雨青譯：《袁世凱：左右近代中國的俗吏與強人》，台灣新北市：八旗文化 / 遠足文化事業股份有限公司，2016 年。

（美）易勞逸著，王建朗、王賢知譯：《蔣介石與蔣經國，1937-1949》，北京：中國青年出版社，1989 年。

（美）易勞逸著，陳謙平、陳紅民等譯：《流產的革命：1927-1937 年國民黨統治下的中國》，北京：中國青年出版社，1992 年。

林柏生編：《汪精衛先生最近言論集（從民國二十一年到現在）》，上、下編，上海；中華日報館，1937 年。

林博文：《張學良、宋子文檔案大揭秘》，台北：時報文化出版企業股份有限公司，2007 年。

林毓生著，穆善培譯：《中國意識的危機：「五四」時期激烈的反傳統主義》，貴陽：貴州人民出版社，1986 年。

林毓生：《政治秩序的觀念》，香港：商務印書館（香港）有限公司，2015 年。

法蘭西斯・福山著，李永熾譯：《歷史之終結與最後一人》，台北：時報文化出版企業股份有限公司，1993 年。

（美）法蘭西斯・福山著，黃勝強、許銘原譯：《歷史的終結及最後之人》，北京：中國社會科學出版社，2003 年。

邵銘煌：《和比戰難？八年抗戰的暗流》，台北：政大出版社，2017 年。

金一南：《苦難輝煌》，北京：作家出版社，2015 年。

金惠隆：《蔣介石的生活內幕》，長春：吉林人民出版社，1999 年。

金耀基：《中國的現代轉向》，香港：牛津大學出版社，2004 年。

（日）信夫清三郎著，周啟乾譯：《日本政治史》，上海：上海譯文出版社，1982年。

施純純：《革命抑反革命？：蔣中正革命道路的起源》，台北：國立中正紀念堂，2017年。

（美）柯文著，林同奇譯：《在中國發現歷史——中國中心觀在美國的興起》，北京：中華書局，1989年。

胡繩：《從鴉片戰爭到五四運動》，上、下冊，上海：上海人民出版社，1982年。

唐純良：《李立三傳》，哈爾濱：黑龍江人民出版社，1989年。

唐德剛：《民國史軍閥篇——段祺瑞政權》，台北：遠流出版事業股份有限公司，2012年。

唐德剛：《唐德剛作品集——段祺瑞政權》，桂林：廣西師範大學出版社，2015年。

徐中約著，計秋楓、朱慶葆、鄭會欣譯：《中國近代史》，上、下冊，香港：香港中文大學出版社，2000-2001年。

秦福銓：《博古和毛澤東——及中華蘇維埃共和國的領袖們》，香港：大風出版社，2009年

郝夢筆、段浩然主編：《中國共產黨六十年》，上、下冊，北京：解放軍出版社，1984年。

（英）馬丁·雅克著，張莉、劉曲譯：《當中國統治世界：中國的崛起和西方世界的衰落》，北京：中信出版社，2010年。

高華：《紅太陽是怎樣升起的——延安整風運動的來龍去脈》，香港：香港中文大學出版社，2000/2002年。

高華：〈解讀博古、毛澤東、周恩來的三邊關係——評《博古和毛澤東》〉（上篇），《二十一世紀雙月刊》，2009年12月號（總

第一一六期），120-128 頁。

高華：〈解讀博古、毛澤東、周恩來的三邊關係——評《博古和毛澤東》〉（下篇），《二十一世紀雙月刊》，2010 年 2 月號（總第一一七期），117-126 頁。

張玉法：《中國現代史》（增訂本），台北：東華書局，2001 年。

張玉法主編：《中國現代史論集》，一至十輯，台北：聯經出版事業股份有限公司，1980-1982 年。

張磊：《孫中山評傳》，廣州：廣州出版社，2000 年。

張憲文主編：《中華民國史綱》，鄭州：河南人民出版社，1985 年。

梁尚賢：《國民黨與廣東農民運動》，廣州：廣東人民出版社，2004 年。

梁啟超：〈中國歷史上革命之研究〉，《新民叢報》，1904 年 2 月。

梁啟超：〈汗漫錄〉，《清議報》，1900 年 2 月。

梁啟超：〈釋革〉，《新民叢報》，1902 年 12 月。

許育銘：《汪兆銘與國民政府：1931-1936 年對日問題下的政治變動》，台北：國史館，1999 年。

連浩鋈：《中國現代化與蛻變的歷程（1900-2000 年）》，香港：香港教育局課程發展處個人、社會及人文教育組，2009 年。

連浩鋈：《改革 革命 再革命 繼續革命 告別革命（改革開放）的歷程（1900-2000 年）》，香港：香港教育局課程發展處個人、社會及人文教育組，2009 年。

連浩鋈：〈軍閥與商人：陳濟棠與廣東糖商個案研究〉，《東方文化》第 39 卷第 1 期（2005 年），第 56-78 頁。

連浩鋈：〈陳濟棠主粵時期（1929-1936 年）廣州地區的工業發展及其啟示〉，《中國社會經濟史研究》2004 年第 1 期，第 90-99 頁。

連浩鋈：〈陳濟棠據粵的由來與「廣東省三年施政計劃」的緣起〉，《廣

東黨史資料》第 35 輯（2001 年 9 月），第 378-420 頁。

連浩鋈：《崢嶸歲月——當代中國歷史（1949-2000 年）》，香港：天地圖書有限公司，2018 年。

陳少白：《興中會革命史要》，台北：中央文物供應社，1935 年初版，1956 年再版。

陳建華：《「革命」的現代性——中國革命話語考論》，上海：古籍出版社，2000 年。

陳紅民等：《細品蔣介石——蔣介石日記閱讀札記》，北京：北京人民出版社，2016 年。

陳勤、李剛、齊佩芳等：《中國現代化史綱》，上卷：《無法告別的革命》，南寧：廣西人民出版社，1998 年。

陳德仁、安井三吉：《孫文と神戶》，神戶新聞出版中心，1985 年。

陶菊隱：《北洋軍閥統治時期史話》，北京：生活‧讀書‧新知三聯書店，1957-1959 年；太原市：山西人民出版社，2013 年。

彭明、程歔主編：《近代中國的思想歷程，1840-1949》，北京：中國人民大學出版社，1999 年。

（美）費正清主編，章建剛等譯：《劍橋中華民國史》，第一、二部，上海：上海人民出版社，1991-1992 年。

（美）費正清、劉廣京編，中國社會科學院歷史研究所編譯室譯：《劍橋中國晚清史，1800-1911 年》，上、下卷，北京：中國社會科學院出版社，1993 年。

馮自由：〈革命逸史‧革命二字之由來〉，《逸經》，1936 年第一期。

黃宇翔：〈香港歷史學者連浩鋈回眸共和國範式轉變〉，《亞洲週刊》，2018 年 9 月 16 日。

楊天石：《找尋真實的蔣介石——蔣介石日記解讀》，香港：三聯書

店（香港）有限公司，2008 年。

楊天石：《找尋真實的蔣介石——蔣介石日記解讀》（二），香港：
　　三聯書店（香港）有限公司，2010 年。

楊天石：《找尋真實的蔣介石——蔣介石日記解讀》（三），香港：
　　三聯書店（香港）有限公司，2014 年。

楊天石：《找尋真實的蔣介石——蔣介石日記解讀》（四），香港：
　　三聯書店（香港）有限公司，2017 年。

楊奎松：《西安事變新探——張學良與中共關係之謎》，南京：江蘇
　　人民出版社，2006 年。

鄒燦：〈「盧溝橋事變」中的中共政治動態〉，《大阪大學中國文化
　　論壇討論文件 No.2013-1》，2013 年 1 月 15 日。

廖彥博、白先勇合著：《悲歡離合四十年：白崇禧與蔣介石——北伐·
　　抗戰》，香港：天地圖書有限公司，2020 年。

廖彥博、白先勇合著：《悲歡離合四十年：白崇禧與蔣介石——台灣
　　歲月》，香港：天地圖書有限公司，2020 年。

廖彥博、白先勇合著：《悲歡離合四十年：白崇禧與蔣介石——國共
　　內戰》，香港：天地圖書有限公司，2020 年。

趙令揚、李鍔、汪瑞炯編註：《苦笑錄——陳公博回憶，1925-
　　1936》，香港：香港大學亞洲研究中心，1979 年。

劉熙明：《偽軍——強權競逐下的卒子（1937-1949）》，台北：稻香
　　出版社，2002 年。

廣州市政協文史資料研究委員會編：《南天歲月——陳濟棠主粵時期
　　見聞實錄》，廣州：廣東人民出版社，1987 年。

蔣永敬：《國民黨興衰史》（增訂本），台北：台灣商務印書館股份
　　有限公司，2009 年。

蕭超然、沙健孫主編：《中國革命史稿》，北京：北京大學出版社，
　　1984 年。

（日）濱下武志著，朱蔭貴、歐陽菲譯：《近代中國的國際契機：朝
　　貢貿易體系與近代亞洲經濟圈》，北京：中國社會科學出版社，
　　1999 年。

薛光前主編：《艱苦建國的十年》，台北：正中書局，1971 年。

羅威廉著，李仁淵、張遠譯：《中國最後的帝國——大清王朝》，台北：
　　國立台灣大學出版中心，2013 年。

英文

Alitto, Guy, "Chiang Kai-shek in Western Historiography", *Proceedings of Conference on Chiang Kai-shek and Modern China*, Vol. 1, Taipei, 1987.

Banac, Ivo (ed.), *The Diary of Georgi Dimitrov, 1933-1949*. New Haven & London: Yale University Press, 2003.

Bush, Richard, *The Politics of Cotton Textiles in Kuomintang China, 1927-1937*. New York: Garland Publications, 1982.

Chan, Adrian, *Chinese Marxism*. London, New York: Continuum International Publishing Group, 2003.

Cheng Pei-kai (鄭培凱), Chen, Janet & Lestz, Michael (eds.), with Spence, Jonathan D., *The Search for Modern China: A Documentary*

Collection. New York: Norton, 1999.

Clinton, Maggie, *Revolutionary Nativism: Fascism and Culture in China, 1925-1937.* Durham: Duke University Press, 2017.

Coble, Parks, *The Shanghai Capitalists and the Nationalist Government, 1927-1937.* Cambridge, Mass.: Harvard University Press, 1986.

Cohen, Paul A., *Discovering History in China: American Historical Writing on the Recent Chinese Past.* New York: Columbia University Press, 1984.

Dikötter, Frank, *The Age of Openness: China Before Mao.* Hong Kong: Hong Kong University Press, 2008.

Eastman, Lloyd E., *Seeds of Destruction: Nationalist China in War and Revolution, 1937-1949.* Stanford: Stanford University Press, 1984.

Eastman, Lloyd E., *The Abortive Revolution: China Under Nationalist Rule, 1927-1937.* Cambridge, Mass.: Harvard University Press, 1974.

Esherick, Joseph, "Harvard on China: The Apologetics of Imperialism", *Bulletin of Concerned Asian Scholars*, Vol. 4, No. 4 (1972), pp.9-16.

Fairbank, John King (ed.), *The Cambridge History of China.* Cambridge: Cambridge University Press, Vol. 10 (1978); Vol. 11 (1980); Vol. 12 (1983); Vol. 13 (1986) [Vols. 10 & 11: 1800-1911; Vols. 12 & 13: 1912-1949].

Fairbank, John King, Reischauer, Edwin O. and Craig, Albert M., *East Asia: The Great Tradition.* Boston: Houghton Mifflin, 1958, 1960.

Fairbank, John King, Reischauer, Edwin O. and Craig, Albert M., *East Asia: The Modern Transformation.* Boston: Houghton Mifflin, 1965.

Fairbank, J. K. and Teng, S. Y.(鄧嗣禹), "On the Ch'ing Tributary System", *Harvard Journal of Asiatic Studies*, Vol. 6, No. 2 (June, 1941), pp.135-246.

Fenby, Jonathan, *Chiang Kai-shek: China's Generalissimo and the Nation He Lost*. New York: Carroll & Graf Publishers, 2003 [2004 ed.].

Feuerwerker, Albert, *China's Early Industrialization: Sheng Hsuan-huai (1844-1916) and Mandarin Enterprise*. Cambridge, Mass.: Harvard University Press, 1958.

Fewsmith, Joseph, *Party, State and Local Elites in Republican China: Merchant Organizations and Politics in Shanghai, 1890-1930*. Honolulu: University of Hawaii Press, 1985.

Fukuyama, Francis, *The End of History and the Last Man*. New York: Free Press, 1992.

Garver, John W., *Chinese-Soviet Relations, 1937-1945: The Diplomacy of Chinese Nationalism*. New York, Oxford: Oxford University Press, 1988.

Garver, John W., "The Soviet Union and the Xi'an Incident", *The Australian Journal of Chinese Affairs*, No.26 (July 1991), pp.145-175.

Geisert, Bradley, *Power and Society: The Kuomintang and Local Elites in Kiangsu Province, China, 1924-1937*. Ann Arbor, Michigan: University Microfilm International, 1986.

Hamashita Takeshi, "The Tribute Trade System and Modern Asia", in A. J. Latham and Kawakatsu Heita (eds.), *Japanese Industrialization and the Asian Economy*. London: Routledge, 1994.

Hobsbawm, Eric J., *The Age of Revolution: 1789-1848* [Series: History of Civilization]. England: Weidenfeld and Nicolson, 1962.

Hsu, Immanuel C.Y.(徐中約), *The Rise of Modern China*. New York: Oxford University Press, 6th edition, 2000.

Jacques, Martin, *When China Rules the World: The End of the Western World and the Birth of a New Global Order*. London: Penguin Books, 2012 (2nd ed.).

Johnson, Chalmers A., *Peasant Nationalism and Communist Power: The Emergence of Revolutionary China, 1937-1945*. Stanford: Stanford University Press, 1962.

Karl, E. Rebecca and Zarrow, Peter (eds.), *Rethinking the 1898 Reform Period: Political and Cultural Change in Late Qing China*. Cambridge, Mass.: Harvard University Press, 2002.

Kuhn, Thomas S., *The Structure of Scientific Revolutions*. Chicago: University of Chicago Press, 1962.

Kwok, Daniel W.Y.(郭穎頤), *Scientism in Chinese Thought, 1900-1950*. New Haven: Yale University Press, 1965.

Levenson, Joseph, *Confucian China and Its Modern Fate*: Vol. 1, *The Problem of Intellectual Continuity*. Berkeley: University of California Press, 1958; Vol. 2, *The Problem of Monarchical Decay*. Berkeley: University of California Press, 1964; Vol. 3, *The Problem of Historical Significance*. Berkeley: University of California Press, 1965.

Lin, Alfred H.Y.(連浩鋆), "Building and Funding a Warlord Regime: The Experience of Chen Jitang in Guangdong, 1929-1936", *Modern*

China, Vol. 28, No. 2 (April 2002), pp.177-212.

Lin, Alfred H.Y. (連 浩 鋆), *China: Modernization and Transformation (1900-2000)*. Hong Kong: Hong Kong Education Bureau, Personal, Social and Humanities Education Section, 2010.

Lin, Alfred H.Y. (連 浩 鋆), *The Rural Economy of Guangdong, 1870-1937: A Study of the Agrarian Crisis and its Origins in Southernmost China*. Basingstoke: Macmillan Press Ltd. & New York: St. Martin's Press Inc., 1997.

Lin, Alfred H.Y. (連浩鋆), "Warlord, Social Welfare, and Philanthropy: The Case of Guangzhou under Chen Jitang, 1929-1936", *Modern China*, Vol. 30, No. 2 (April 2004), pp.151-198.

Lin Yu-sheng(林 毓 生), *The Crisis of Chinese Consciousness: Radical Antitraditionalism in the May Fourth Era*. Madison: University of Wisconsin Press, 1978.

MacKinnon, Stephen R., *Power and Politics in Late Imperial China: Yuan Shikai in Beijing and Tianjin, 1901-1908*. Berkeley: University of California Press, 1980.

Mayumi Itoh, *The Making of China's War with Japan: Zhou Enlai and Zhang Xueliang*. Singapore: Springer, 2016.

McCord, Edward A., *The Power of the Gun: The Emergence of Modern Chinese Warlordism*. Berkeley: University of California Press, 1993.

Moulder, Frances, *Japan, China, and the Modern World Economy: Toward a Reinterpretation of East Asian Development, ca. 1600 to ca. 1918*. Cambridge: Cambridge University Press, 1979.

Pantsov, Alexander V. with Levine, Steven I., *Mao: The Real Story*. New

York: Simon & Schuster, 2012.

Peck, James, "The Roots of Rhetoric: The Professional Ideology of America's China Watchers", *Bulletin of Concerned Asian Scholars*, Vol. 2, No. 1 (1969), pp.59-69.

Rowe, William, *China's Last Empire: The Great Qing*. Cambridge, Mass.: Harvard University Press, 2009.

Schram, Stuart R., *The Political Thought of Mao Tse-tung*. London and Dunmow: Pall Mall; New York: Praeger, 1963.

Schwartz, Benjamin, *Chinese Communism and the Rise of Mao*. Cambridge, Mass.: Harvard University Press, 1951.

Schwartz, Benjamin (ed.), *Reflections on the May Fourth Movement: A Symposium*. Cambridge, Mass.: Harvard University Press, 1972.

Selden, Mark, *The Yenan Way in Revolutionary China*. Cambridge, Mass.: Harvard University Press, 1971.

Sheridan, James E., *China in Disintegration: The Republican Era in Chinese History, 1912-1949*. New York: Free Press, 1975.

Sih, Paul K.T.(薛光前) (ed.), *The Strenuous Decade: China's Nation-Building Efforts, 1927-1937*. New York, 1970.

So Wai Chor(蘇維初), "The Making of the Guomindang's Japan Policy, 1932-1937: The Roles of Chiang Kai-shek and Wang Jingwei", *Modern China*, Vol. 28, No. 2 (Apr., 2002), pp.213-252.

Spence, Jonathan D., *The Search for Modern China*. New York: W.W. Norton & Co., 2nd edition, 1999.

Sun Yat-sen(孫逸仙), *Kidnapped in London,* London: Bristol, 1897.

Taylor, Jay, *The Generalissimo: Chiang Kai-shek and the Struggle for*

Modern China. Cambridge, Mass.; London, England: The Belknap Press of Harvard University Press, 2009.

Teng, Ssu-yu(鄧嗣禹) and Fairbank, John King, *China's Response to the West: A Documentary Survey, 1839-1923*. Cambridge, Mass.: Harvard University Press, 1954.

Thaxton, Ralph, *China Turned Rightside Up: Revolutionary Legitimacy in the Peasant World*. New Haven: Yale University Press, 1983.

Tsang, Steve(曾銳生), "Chiang Kai-shek's 'secret deal' at Xian and the start of the Sino-Japanese War". *Palgrave Communications*, Vol.1, No. 1, 2015, pp.1-12.

Tsui, Brian(徐啟軒), *China's Conservative Revolution: The Quest for a New Order, 1927-1949*. Cambridge: Cambridge University Press, 2018.

Van Dyke, Paul A., *The Canton Trade: Life and Enterprise on the China Coast, 1700-1845*. Hong Kong: Hong Kong University Press, published in conjunction with Instituto Cultural do Governo da R.A.E. de Macau, 2005.

Wright, Mary C., *The Last Stand of Chinese Conservatism: The T'ung-Chih Restoration, 1862-1874*. New York: Atheneum, 1965.

Young, Arthur N., *China's Wartime Finance and Inflation, 1937-1945*. Cambridge, Mass.: Harvard University Press, 1965.

Young, Ernest P., *The Presidency of Yuan Shih-k'ai: Liberalism and Dictatorship in Early Republican China*. Ann Arbor: University of Michigan Press, 1977.

圖片鳴謝

本書圖片由以下人士提供，謹此致謝！

林準祥：封面、書名頁、頁 66、69、98、109、173、174、203、
204、206、251、253、261、265（上）、265（下）、270、
273、294、297

徐宗懋：頁 96、163、165、175、176、196、254、259、268、299